FRANCOPHONIE, CEE
ET DROITS FONDAMENTAUX

FRANCOPHONIE, CEE ET DROITS FONDAMENTAUX

Sous la direction de
Françoise MASSART et Claude ROOSENS

Préface par Jean-Pierre GRAFE,
Ministre des Relations internationales de la Communauté française de Belgique

Avec des contributions de membres de la Faculté des sciences économiques, sociales et politiques, de la Faculté de droit et de l'Institut de Philosophie de l'Université catholique de Louvain et le concours de spécialistes extérieurs.

Robert BADINTER,
Ancien Ministre français de la Justice, Président du Conseil constitutionnel
Marcel BUZINGO,
Doctorant en droit à l'Université catholique de Louvain
Christine DESOUCHES,
Agence de Coopération Culturelle et Technique
Maître de Conférence à l'Université de Paris I
Georges-Henri DUMONT,
Membre de l'Académie royale
Professeur d'histoire économique et sociale contemporaine à l'ICHEC (Bruxelles)
Jacques ETIENNE,
Professeur ordinaire à l'Institut supérieur de Philosophie
de l'Université catholique de Louvain
Eric GOSSET,
Assistant à l'Unité des Relations internationales de l'Université catholique de Louvain
Guy HAARSCHER,
Professeur ordinaire à l'Institut de Philosophie de l'Université libre de Bruxelles
Edmond JOUVE,
Professeur à l'Université René Descartes (Paris V)
Membre de l'Académie des Sciences d'Outre-mer
Yves LEJEUNE,
Chargé de cours au Département de droit public de l'Université catholique de Louvain
Jean-Pierre MACHELON,
Professeur à la Faculté de Droit de l'Université René Descartes (Paris V)
Noël MADOUNGA,
Maître en journalisme de l'Institut de presse et des sciences de l'information de Tunis
Silvio MARCUS-HELMONS,
Professeur au Département de droit international de l'Université catholique de Louvain
Françoise MASSART,
Chargé d'enseignement à l'Institut d'Etudes européennes
et à l'Unité des relations internationales de l'Université catholique de Louvain
Claude ROOSENS,
Chargé d'enseignement à l'Unité des Relations internationales
et responsable de l'Unité des Relations internationales de l'Université catholique de Louvain
Eric TOTAH,
Maître en droit de l'Université du Bénin
Pierre VERJANS,
Assistant en science politique à l'Université de Liège

UNITE DES RELATIONS INTERNATIONALES
DEPARTEMENT DES SCIENCES POLITIQUES ET SOCIALES
UNIVERSITE CATHOLIQUE DE LOUVAIN

FRANCOPHONIE, CEE
ET DROITS FONDAMENTAUX

sous la direction de
Françoise MASSART et Claude ROOSENS

*Recherche réalisée avec le concours du
Commissariat général aux Relations internationales
de la Communauté française de Belgique*

Coll. *Echanges francophones*, n° 1   1990

ACADEMIA. Edition et Diffusion   **BRUYLANT**
Louvain-la-Neuve   Bruxelles

Chez les mêmes éditeurs

Droits de l'homme et droit au développement,
ouvrage collectif sous la direction de S. MARCUS-HELMONS,
Avec des contributions de François Rigaux, Peter Leuprecht, Kéba M'Baye,
Claude Cheysson et Silvio Marcus-Helmons.
1989, 100 pages, 15 x 23 cm, coédition Academia-Bruylant, 480 FB.

Nous remercions les représentants de la Commission des Communautés européennes, du Ministre belge de la Justice et les représentants de l'Ambassade du Canada, du Cameroun, de la France, du Maroc, du Togo et du Zaïre de leur participation aux travaux de la table ronde préparatoire à la publication de cet ouvrage, organisée par l'Unité des Relations internationales de l'Université catholique de Louvain le 8 décembre 1989 à Louvain-la-Neuve.

Les rapports publiés dans le présent ouvrage n'engagent que leurs auteurs.

D/1990/4910/16

ACADEMIA   ISBN 2-87209-104-1
BRUYLANT   ISBN 2-8027-0510-5

© **ACADEMIA. Edition et Diffusion**   et   **BRUYLANT**
42, Passage de l'Ergot   67, rue de la Régence
B-1348 Louvain-la-Neuve   B-1000 Bruxelles

Imprimé en Belgique

PREFACE

Jean-Pierre GRAFE

Ministre des Relations internationales de la Communauté française de Belgique

« Droits fondamentaux et Francophonie » ... L'objet de l'ouvrage peut surprendre. D'abord, parce que la littérature scientifique parle plus volontiers des droits de l'homme que des droits fondamentaux, notion peut-être imprécise quoique de plus en plus fréquemment utilisée. Ensuite, parce que la Francophonie couvre un espace de solidarité récent, donc peu connu.

Les chefs d'Etat et de gouvernement ayant en commun l'usage du français n'ont pas attendu les grands bouleversements survenus à l'Est pour s'intéresser aux droits fondamentaux. A Québec déjà, lors du second Sommet, il en fut largement question. Mais c'est à Dakar, en mai 1989, en terre africaine, à l'occasion du troisième Sommet, qu'une attention toute particulière a été portée à cette dimension de l'épanouissement de l'homme et du développement des peuples. L'adoption d'une résolution sur les droits fondamentaux par un ensemble de délégations, dans un cadre qui n'est ni universel ni régional, démontre que la cause des droits de l'homme atteint actuellement toute la vie internationale et qu'aucun type d'organisation, fût-il d'abord à vocation linguistique et culturelle, ne peut s'en passer.

La participation à l'universel par la langue, dans le respect des cultures, ouvre des perspectives nouvelles et originales pour la défense des droits fondamentaux. La Francophonie en a conscience et l'a solennellement fait savoir. Elle ne peut toutefois se permettre de se laisser aller à de beaux discours dont le sens n'apparaît que difficilement, même aux plus initiés. Il ne faut pas que la Résolution de Dakar soit une occasion manquée. Il faut, au contraire, qu'elle suscite une réflexion sur ce que devrait constituer le patrimoine de la Francophonie, espace particulièrement riche, puisque connaissant des différences multiples (économiques, géographiques, culturelles, sociales et politiques).

Le texte de Dakar peut paraître imprécis. Pourtant, l'acte posé par les gouvernements des pays francophones est d'une particulière importance, il est le gage de leur volonté politique de contribuer à la promotion des droits fondamentaux. Néanmoins, il pose de sérieux problèmes d'interprétation et, par conséquent, aussi, la question des effets que l'on peut attendre de pareille proclamation. Quelle suite est-il possible de donner à un texte où se juxtaposent différents droits non explicités et dont l'indivisibilité n'apparaît pas à première vue, alors même que règne un véritable chaos linguistique à propos de ces droits ? Comment ne pas être inquiétés par le foisonnement des expressions diverses (droits de l'homme, droit au développement, droit du développement, droit des peuples, droits fondamentaux, libertés fondamentales, droits fondamentaux des peuples, droits sociaux fondamentaux, droits économiques, sociaux et culturels, droit au libre développement de sa personnalité...) si, à la base, il n'y a pas un principe premier, une valeur centrale ?

A quoi servirait-il donc de faire des déclarations si l'on ne pouvait saisir les concepts de base de leur signification profonde ? Si l'imprécision n'était pas levée, la Francophonie pourrait perdre sa crédibilité, et les droits fondamentaux aussi.

Peut-être l'essai de clarification est-il une tentative dangereuse car, plutôt que de laisser chacun se réfugier dans un subjectivisme sécurisant, une telle entreprise introduit la part d'objectivation nécessaire à la prise de responsabilité au prix de l'abandon d'un rêve que l'on voudrait refaire aussi souvent que possible.

Que l'on se rassure, la Résolution de Dakar révèle à l'analyse une grande cohérence.

Un texte d'une telle portée diplomatique ne peut laisser indifférent. Il résulte du consensus d'une quarantaine de représentants des Etats réunis au plus haut niveau de la hiérarchie politique. Il constitue dès lors la vitrine morale de la Francophonie. Il lui offre un grand dessein, né du partage de valeurs communes. Les résolutions des organisations internationales sont des éléments constitutifs de la formation accélérée de la coutume. Elles peuvent devenir le droit de demain en le préfigurant, et proposent un droit d'anticipation. La Résolution sur les droits fondamentaux ne peut être dissociée de l'ensemble des autres résolutions adoptées lors du troisième Sommet francophone, et notamment, de la « Déclaration de Dakar » (la résolution n° 18), plus volontariste, plus proche du concret et qui, de ce fait, a une valeur programmatoire. Après tout, la Francophonie pourrait-elle survivre sans la « solidarité concrète », tant demandée par les pays du Sud ? Or, si une résolution est un engagement vis-à-vis de sa propre communauté, une déclaration est à la fois tournée vers les membres et vers le monde extérieur qu'elle prend à témoin. C'est tout l'intérêt de l'ouvrage de resituer les droits fondamentaux entre ces deux pôles que sont le pragmatisme et l'idéalisme.

Les déclarations, on le sait, sont à juste titre critiquées lorsqu'elles ne montrent pas une ferme volonté d'agir. Les juristes regrettent le manque de sanctions. Fort heureusement, cette faiblesse peut être compensée par d'autres mécanismes mis en exergue dans cette étude. Bien des exemples puisés au sein d'organisations internationales comme l'UNESCO ou la CEE prouvent que des procédures, à caractère informel ou confidentiel, basées sur le dialogue, remportent parfois plus de succès que la condamnation publique. La diplomatie trouve aussi en elle-même les moyens de sa propre efficacité, pour autant que les partenaires soient d'accord sur l'essentiel.

Il est apparu utile et urgent de réunir les spécialistes, de manière à étudier, grâce à une approche pluridisciplinaire, la portée de la Déclaration de Dakar, dans le but d'établir les rapports existant entre les différentes générations de droits fondamentaux, et aussi entre les droits collectifs et individuels ; de resituer le contexte dans lequel la Déclaration a été approuvée, de vérifier si l'appartenance des pays francophones à des organisations régionales du Nord et du Sud soucieuses de respecter les droits fondamentaux constitue un ciment ou favorise les spécificités. Cet ouvrage retourne au fondement même des sciences qui étudient ces droits et en présente une approche pluridisciplinaire, pour enfin, arriver à une lecture interprétative de la résolution adoptée à Dakar. A partir de ces analyses, établies, d'abord au niveau pluridisciplinaire et puis au niveau plurirégional, peut-on conclure que la Francophonie a un rôle particulier à jouer en matière de droits fondamentaux ? Les membres de la Francophonie sont chacun engagés dans des sphères internationales elles-mêmes sensibilisées aux droits fondamentaux. Aussi apparaît-il opportun de présenter l'activité de ces organisations et de vérifier leur poids sur l'espace francophone. L'UNESCO, l'OUA et la CEE ont fait l'objet d'une analyse aussi pertinente qu'originale, permettant de découvrir les forces et faiblesses des mécanismes appliqués, et, peut-être, de suggérer des pistes nouvelles au profit de la cause des droits de l'homme.

Ce livre présente des contributions inédites. Certaines vont jusqu'à s'intéresser aux transformations en cours, proposant une vue prospective. Celle-ci devrait réconforter tous ceux qui continuent de croire dans les droits fondamentaux de l'homme, cause que ne devraient pas seulement défendre quelques cercles restreints, mais bien chaque homme, parce que cette cause est la sienne !

Il me reste à remercier l'Unité des Relations internationales de l'Université Catholique de Louvain, et plus particulièrement Madame Françoise Massart-Piérard, Chef de travaux, d'avoir pris l'initiative opportune de cette publication qui, je l'espère, connaîtra un large rayonnement.

Première partie

UNIVERSALITÉ DES DROITS DE L'HOMME ?

Chapitre I

L'UNIVERSALITÉ DES DROITS DE L'HOMME DANS UN MONDE PLURALISTE[1]

Robert BADINTER

Ancien Ministre français de la Justice
Président du Conseil constitutionnel, Paris

L'universalité des droits de l'homme dans un monde pluraliste, cela veut dire d'abord « quelle universalité ? », ensuite « pour quels droits de l'homme ? », et enfin « avec quelles garanties ? ».

Sur l'universalité, il est apparu que régnait un accord presque universel qui est d'ailleurs conforme à l'ordre international. Si on regarde ce qui se passe dans le monde, il n'y a guère que quelques très rares pays — on a nommé, avec raison, l'Iran et l'Afrique du Sud — pour proclamer le refus ostentatoire, certains diraient cynique, des droits de l'homme, et se réclamer, parfois avec orgueil, de leurs violations. Hormis ces exceptions remarquables et désolantes, il règne à l'égard des droits de l'homme une sorte d'œcuménisme. Derrière ce consensus d'apparence, les Etats prennent toutefois certaines réserves. Il suffit à cet égard de relever que s'agissant du Pacte fondamental de 1966 sur les droits civils et politiques, sur les 150 membres des Nations unies, 87 Etats à ce jour ont adhéré et ratifié le Pacte, mais 43 Etats seulement ont accepté la compétence du Comité des droits de l'homme sur saisine des particuliers. On soutient les droits de l'homme mais on garde les réserves nécessaires...

---

[1] Cette contribution est tirée du rapport final du Colloque tenu à Strasbourg les 17, 18 et 19 avril 1989 et publié par le Conseil de l'Europe le 18 juillet 1989 sous la référence H/89/3.

Indépendamment de ce mouvement international, l'universalité — comme Madame Hersch l'a rappelé avec beaucoup de force — est en définitive l'expression même du concept de droits de l'homme. Imaginez un instant qu'on puisse les dénier à un homme sur cette terre; cela équivaudrait à renoncer tout simplement aux droits de l'homme dans leur ensemble. A partir de cette constatation que les droits de l'homme sont par essence les droits de tous les êtres humains, femmes et hommes sur cette terre se posent évidemment des questions essentielles. J'avoue être heureux qu'aujourd'hui on ait levé le voile du silence qui masque trop souvent la situation particulière des femmes au regard des droits de l'homme. J'étais assuré que Madame Gisèle Halimi le ferait avec talent; d'autres intervenantes ont également rappelé que les femmes, c'est-à-dire plus de la moitié de l'humanité, sont loin en fait de jouir à égalité avec les hommes de tous les droits des êtres humains, avec des degrés très variables selon les pays et les civilisations. Une des grandes causes des droits de l'homme aujourd'hui ce sont les droits de la femme et nous n'avons pas fini à ce sujet d'oeuvrer ensemble.

Doit-on pour autant songer à des instruments spécifiques, autonomes, à une sorte de déclaration universelle des droits de la femme à côté de la Déclaration universelle des droits de l'homme ? Nous aboutirions alors à la destruction du concept d'être humain. Inévitablement, avec l'apparition de ce qui serait cette espèce de radical relativisme des sexes, il faudrait renoncer au progrès d'ensemble de l'humanité qui est la vocation même des droits de l'homme. Je ne pense pas qu'une discrimination de fait, qui doit être dénoncée, constamment combattue et à laquelle il faut apporter sans délai remède, puisse remettre en cause l'universalité des droits de l'homme, au nom de laquelle on doit combattre cette discrimination.

L'universalité une fois constatée, se pose alors la question fondamentale de sa mise en oeuvre. Le juge Pathak et le Juge Bedjaoui ont, parmi d'autres d'ailleurs, rappelé avec force que les droits de l'homme ne nous ont pas été révélés mais qu'ils ont une histoire.

Ils ont d'abord une histoire comme concept. On a rappelé à juste titre qu'il fallait remonter au-delà des théoriciens du *jus naturalis* et au-delà du 18e et 17e siècle pour en saisir, au lendemain de la Réforme, les prémisses nécessaires. Ils ont une histoire comme ensemble idéologique, c'est-à-dire comme système cohérent de valeurs et d'élaboration conceptuelle d'une société. Histoire idéologique avec les étapes successives de l'apparition des grandes libertés classiques du 18e, avec les progrès des droits économiques et sociaux grâce à la critique, notamment marxiste, des libertés classiques, avec les droits collectifs au 20e siècle. Tout cela est vrai, mais ce serait une erreur de vouloir à la faveur de cette évolution historique opposer diverses catégories de droits les unes aux autres. Je crois pour ma part à une sorte de dynamique, de création continue de la pensée humaine en matière de droits de l'homme : une étape en ouvre une autre qui débouche sur une troisième.

Ce serait d'ailleurs une erreur de croire que les auteurs de la Déclaration des droits de l'homme de 1789 — celle dont nous célébrons le bicentenaire — n'envisageaient pas de prendre en compte ce que l'on appellerait aujourd'hui les droits sociaux : le projet du premier comité de constitution et celui élaboré par Sieyès faisaient état du droit de secours. Seule l'interruption des travaux à l'article 17 pour se consacrer aux problèmes de la Constitution explique que l'on n'a pas été plus loin. Mais, dans la pensée de beaucoup de Constituants de l'époque, cela ne souffrait pas de doute. Condorcet, dans le projet de la Constitution Girondine de 1792, inscrira au rang des droits de l'homme le droit au secours pour ceux qui perdaient leur travail ou pour les malades et le droit à l'instruction pour tous, filles et garçons à égalité, dans les mêmes écoles. Les Montagnards, dès l'an 1, consacreront également le droit au secours et le droit à l'instruction. On ne doit donc pas considérer les droits économiques et sociaux comme nés d'une critique de la Déclaration; en réalité, ils en étaient le complément nécessaire et inévitable.

Mais l'essentiel demeure pour nous cette conception d'un ensemble des droits de l'homme s'épanouissant, s'enrichissant, se développant à mesure que le temps s'écoule et que la pensée progresse. Le pire pour nous tous dans ce domaine serait de ressembler à des artistes néo-classiques dont le talent se résumerait à reproduire indéfiniment les modèles des grands ancêtres.

Histoire des droits de l'homme aussi comme réalité politique. Quand a-t-on consacré le caractère universel des droits de l'homme ? Il a fallu l'affrontement de la seconde guerre mondiale, l'écrasement d'idéologies qui, de façon ostentatoire, combattaient les principes des droits de l'homme et les dénonçaient comme funestes (l'idéologie nazie, l'idéologie fasciste) pour qu'on mesure qu'il était temps de proclamer à l'usage de l'humanité tout entière les droits de l'homme comme valeurs universelles. C'est pourquoi, il y a quarante ans de cela, fut proclamée la Déclaration universelle, complétée ensuite par les Pactes des Nations unies. C'est pourquoi aussi nous célébrons aujourd'hui sous ses auspices le 40e anniversaire du Conseil de l'Europe.

A ce sujet, une question vient aussitôt à l'esprit. On constate que les droits de l'homme sont nés en Occident, ils portent la marque de la culture occidentale, et expriment des concepts occidentaux. Pourtant, cette marque de l'histoire n'implique pas pour autant que les droits de l'homme soient ceux du seul homme occidental. Ici la création a échappé heureusement à ses créateurs qui, d'ailleurs, n'étaient pas tous des Européens. Les droits de l'homme, même s'ils expriment dans un ensemble de concepts où l'on retrouve l'empreinte culturelle de l'Occident, ne sont pas les droits de l'Occident. Qu'il me suffise de rappeler à cet égard que la décolonisation qui attentait directement aux intérêts des nations occidentales s'est faite pour une grande part en se réclamant des droits de l'homme.

Si les droits de l'homme s'inscrivent dans le temps, nos rapporteurs ont marqué aussi, à juste titre, qu'ils s'inscrivent dans l'espace, qu'ils s'expriment *in situ*. Dès l'instant où l'on évoque cette dimension spatiale, on pose inévitablement en clair la rencontre entre les droits de l'homme et cette réalité essentielle que représente le pluralisme des civilisations et des cultures.

Les droits de l'homme, dès qu'ils descendent du ciel des débats académiques, s'incarnent dans des femmes et des hommes qui relèvent d'Etats et de systèmes politiques, de modes de vie, de cultures, de techniques de production et également de confessions religieuses différentes. Là se trouvent évidemment à la fois l'intérêt de notre réflexion et sa difficulté. Nous admettrons le caractère universel des droits de l'homme parce qu'il exprime l'unité fondamentale de l'espèce humaine : nous sommes tous des hommes. Mais cette universalité doit, pour exister et prospérer et n'être pas marquée d'un impérialisme culturel, nécessairement s'accommoder de ce pluralisme de la civilisation qui est une des expressions les plus remarquables de la capacité créatrice des hommes.

Certains ont évoqué la possibilité d'une sorte d'uniformisation dans le monde moderne au regard de ce que l'on a évoqué comme étant la culture de la modernité. Certes les communications de masse paraissent d'une certaine manière vouées à uniformiser les civilisations, mais je ne crois guère que cela puisse aller très loin. Sans doute le propre du progrès scientifique et technique est d'entraîner l'humanité vers l'unité. Tous les pays veulent bénéficier de la technologie la plus avancée et des progrès scientifiques et tous les efforts de tous les chercheurs convergent pour que la marche s'effectue ensemble : c'est ici une marche vers l'unité du monde. En ce qui concerne les mille fleurs de la culture, ce n'est pas la même chose et je demeure convaincu, même si des inquiétudes ont été exprimées sur ce point, que les systèmes de communication de masse ne sont pas à même d'altérer ce qui demeure si profond, si intense, dans chaque individu comme dans toute communauté, à savoir aussi bien la spécificité créatrice que l'originalité culturelle des diverses civilisations qui composent l'humanité.

Nous avons donc une sorte de dialectique qui unit l'universalité et le pluralisme. Loin de brider les progrès des droits de l'homme, cette dialectique est un facteur dynamique de plus pour en assurer le progrès. Le Juge Pathak, le Juge Bedjaoui et d'autres intervenants ont évoqué à plusieurs reprises le relativisme culturel. Il existe, il est vrai : c'est le fondement de ce droit fondamental qu'est le droit à la différence, droit à la différence dont je dirai qu'il ne doit surtout pas engendrer un droit à l'indifférence...

Mais la critique fondamentale, celle qui a été beaucoup avancée il y a 10-15 ans de cela, à la faveur de travaux anthropologiques, c'était la proclamation que l'homme n'existe pas. Michel Foucault disait « l'Homme est mort ? », seuls existent des hommes dans des cultures déterminées. Par conséquent, si l'Homme n'existe pas et s'il n'existe que des hommes, il ne peut alors exister que des déclarations des droits des hommes noirs, blancs, jaunes, de l'Est, du Sud, de l'Ouest, des femmes, des hommes et nous entrons dans une sorte de galaxie de droits des êtres humains. On a pris conscience, même chez ceux qui soutenaient en ce temps-là cette irréductibilité des cultures, qu'elle n'enlevait rien au caractère universel des valeurs contenues dans le concept des droits de l'homme. Mais, comme nous l'avons presque tous déclaré ici, les droits de l'homme ne peuvent prospérer que s'ils prennent en compte la diversité des cultures et il faudra, le moment venu, en tirer les conséquences quand on examinera la question des garanties des droits de l'homme.

Les droits de l'homme prenant en compte la diversité des cultures, s'appuient en même temps sur l'universalité. C'est cette dimension universelle des droits de l'homme qui permet à tout homme, à toute femme, en tout lieu, de les invoquer à tout moment contre toutes menaces y compris celles venant de son Etat lui-même. Des hommes qui sont atteints dans leurs droits monte une demande à la conscience universelle de prendre en compte leur condition et de leur venir en aide. Si on dénie aux droits de l'homme leur dimension universelle, au nom de quelles valeurs mobiliserait-on la conscience des autres hommes lorsque les droits de l'homme sont violés dans telle ou telle partie du monde ou à l'égard de telle ou telle minorité ? On se retrouverait alors dans un monde morcelé, fragmenté en égoïsmes nationaux ou raciaux, et tout l'effort si durement accompli — n'oublions jamais que c'est seulement au lendemain de la seconde guerre mondiale que l'Europe a compris ce qu'il lui en avait coûté de méconnaître l'appel des droits de l'homme — tout le progrès réalisé, qui se mesure précisément à cette dimension grandissante de l'universalité, serait perdu.

C'est l'universalité qui garantit en définitive l'effectivité internationale des droits de l'homme.

S'il devait y avoir encore un doute sur cette universalité, il nous suffirait d'ailleurs de prendre conscience de la dimension des nouvelles menaces qui pèsent sur les droits de l'homme et qui sont à la mesure de l'humanité elle-même.

La prolifération nucléaire menace l'ensemble de l'humanité. Le développement industriel, sans frein ni contrôle, ruine l'environnement de l'homme. Les épidémies, en particulier le Sida, sont à la mesure hélas, demain, de l'humanité entière. Les manipulations génétiques peuvent affecter le sort de toute l'humanité et de tous les hommes. Des intervenants, et en particulier Mme Darcy de Oliveira, ont à juste titre évoqué une autre menace, encore trop mal perçue par les sociétés des pays riches. Il s'agit de la menace sur les droits de l'homme dans les pays en voie de développement qui naît du fardeau insupportable d'une dette mondiale qui les écrase. L'égoïsme des nations les plus industrialisées, le jeu abstrait, froid, presque cynique des mécanismes économiques tels qu'on les conçoit dans une économie de marché internationale implacable, aboutit à susciter de façon indirecte, mais constante et toujours aggravée, toujours plus de misère, d'analphabétisme, toujours plus de violence, et, ce qui est lié, toujours plus de sexisme, de racisme, de violations des droits de l'homme. Au nom de quoi ? Au nom du fait que le pauvre doit payer au riche les intérêts qu'il n'est pas à même de gagner. Voilà autant de menaces sur les droits de l'homme qui sont à la mesure de l'humanité entière. Si les menaces sont universelles, chacun concevra que l'universalité des droits de l'homme soit la réponse nécessaire.

L'universalité des droits de l'homme s'exprimant ainsi dans le respect du pluralisme culturel, se pose alors la seconde question : « Quels droits de l'homme ? ». Il ne faut pas reprendre les vieilles distinctions telles que libertés, droits civils et politiques, droits économiques et sociaux, droits collectifs pour les opposer ou les comparer. Une recherche de priorités dans ce domaine relève de l'exercice de style et je crois que rien ne serait plus mal venu qu'une division du travail en matière des droits de l'homme : aux sociétés occidentales, le champ des droits politiques, à développer constamment, à raffiner toujours plus; aux pays socialistes reviendraient les droits économiques et sociaux; aux sociétés en voie de développement les droits collectifs. Toute approche selon ces panoplies de droits, cette diversité culturelle, cette hétérogénéité de développement existent partout.

Dans son rapport, le Juge Pathak a mentionné l'existence d'une sorte de noyau dur de droits de l'homme intangibles qui s'imposent au respect universel sans qu'on puisse distinguer de priorités culturelles à cet égard. J'ai été aussi sensible aux propos de M. Hamburger rappelant que les droits de l'homme, contrairement à ce que croyaient les hommes du 18e siècle, ne sont pas les droits naturels de l'homme mais sont une conquête de l'homme, sans doute sur sa nature même. Ce noyau dur des droits de l'homme, comment pourrait-on ne pas le reconnaître immédiatement, sans ordre de priorité, pour tous les êtres humains ? Le droit à la vie et à l'intégrité physique : là où il y a menace de génocide ou de torture, il est impossible de dire qu'on respecte les droits de l'homme. Le droit à l'élémentaire liberté et à l'élémentaire sûreté : là où existe encore l'esclavage quelle qu'en soit la forme, le despotisme absolu, quel qu'en soit le visage, l'homme perd ce que Mme Hersch rappelait comme étant sa caractéristique même : la libre volonté et la responsabilité. Enfin, là où est méconnue la dignité première des êtres humains, où règnent le racisme ou le sexisme brutal et des conditions dégradantes de vie, l'homme ou la femme ne sont plus que des êtres avilis. Que reste-t-il alors des droits de l'homme ? On pourrait ajouter les droit aux soins et au secours et le droit à l'instruction. Il est aussi un autre droit qui, à titre personnel, me paraît nécessaire dans sa reconnaissance, même s'il n'apparaît pas aussi saisissant dans son expression immédiate que ces droits fondamentaux élémentaires que j'évoquais tout à l'heure : il s'agit du droit de l'homme à la liberté de pensée et d'expression. A regarder l'histoire de l'humanité, c'est de la liberté de pensée et de la liberté d'expression des êtres humains que sont issus les progrès de la science, de la condition humaine et les grandes oeuvres de notre culture.

Vous me permettrez d'emprunter à notre éminent participant, le Dalaï Lama, une image que j'ai trouvée séduisante et qu'on pourrait peut-être utiliser avec bonheur dans l'enseignement des droits de l'homme. Il a montré sa main et dit : « Les droits fondamentaux sont comme la paume et les droits civils et politiques qui les expriment sont comme les doigts. Les doigts sans la paume ne sont rien, et la paume sans les doigts, que peut-elle ? ». Je crois qu'il en est ainsi pour les droits de l'homme. Il y a au coeur de ceux-ci des droits fondamentaux dont le respect s'impose immédiatement pour tous les hommes et dont la violation doit appeler l'attention de tous les autres hommes. Selon les civilisations, au rythme des exigences et au rythme des possibilités de chaque culture, se développe alors l'ensemble des droits que j'évoquais tout à l'heure. Ce n'est pas pour autant que le respect du pluralisme doit signifier l'indifférence, ce n'est pas sans raison que récemment ceux qui pensent l'avenir des droits de l'homme ont senti toute l'exigence du droit à l'ingérence. Si les droits sont universels, la violation des droits interpelle l'ensemble de nos consciences et le devoir d'ingérence apparaît quand une violation éclatante des droits de l'homme le commande.

Cette considération m'amène au troisième volet : les garanties. A la limite, en effet, on peut se dire que proclamer des droits relève de l'exercice de style. Chacun de nous se souvient qu'une des déclarations des droits les plus riches et les plus développées est celle que Staline a fait rédiger en 1936 au moment des procès de Moscou. En vérité, les droits ne progressent que dans la mesure même où leur effectivité est garantie. Se pencher sur les droits de l'homme sans s'interroger sur les garanties, c'est se livrer à un jeu académique qui serait ici déplacé.

Quelles garanties ? Des niveaux successifs de garanties, de plus en plus assurées, ont été évoqués.

D'abord la façon la plus simple : l'énoncé des devoirs. C'est à la reconnaissance par chacun de ses devoirs vis-à-vis de l'autre, que se mesure la garantie des droits proclamés; sinon la proclamation des droits de l'homme n'est qu'affirmation d'égoïsmes triomphants. Et l'énoncé des devoirs a l'avantage considérable de les enraciner dans la conscience collective. Il y a là une liaison qui, l'histoire le montre, ne peut être aisément rompue.

Au-delà de ce rappel des devoirs, il y a un palier plus éclatant mais aussi plus moderne, de garanties apportées à l'effectivité des droits de l'homme. Ce sont les conventions internationales qui ont beaucoup fleuri depuis 40 années : 60 instruments internationaux ont été élaborés, signés mais pas nécessairement ratifiés. Même s'ils ont été ratifiés, ce fut très souvent avec des réserves : pas moins de deux cents réserves s'agissant du seul Pacte sur les droits civils et politiques. Mais quelles que soient les arrière-pensées des Etats signataires et l'utilisation de ces instruments comme des armes dans le champ de la politique internationale, il demeure que l'internationalisation tout comme dans l'ordre interne de la constitutionnalisation de l'effectivité de ces droits.

De nombreux pays qui ratifient ces conventions internationales reconnaissent que celles-ci ont une valeur supérieure à leurs lois internes. Dès lors, le justiciable, le citoyen est fondé à se réclamer de la convention internationale contre les lois de son Etat : c'est important et cela a été largement utilisé et pas seulement dans l'Europe Occidentale. On sait l'utilisation heureuse qui a été faite des Accords d'Helsinki. Le simple fait d'inscrire dans une convention internationale une norme internationale des droits de l'homme aboutit à permettre son utilisation dans tous les pays signataires et même comme référence au-delà. Il y a là un progrès constant de la conscience universelle en matière de droits de l'homme. Chacun de ces pactes apporte un élément de plus et l'Accord de Vienne récent est à cet égard tout à fait significatif.

Plus décisif : l'établissement d'institutions dont l'objet est précisément de garantir l'effectivité de ces droits. Dans le domaine des droits économiques et sociaux notamment, le représentant de l'Organisation internationale du Travail nous a exposé comment, dans le respect du régionalisme, on veillait d'une façon précise au respect des engagements contractés sans pouvoir se prévaloir d'une excuse tenant à la conjoncture économique pour se soustraire à des obligations en matière de droits de l'homme, dès l'instant où on les a acceptés et selon des normes qui peuvent en effet varier à l'échelon régional. Il en est de même en ce qui concerne le Comité des Nations unies pour les droits de l'homme qui peut être saisi : nous voyons alors se développer avis et rapports qui mettent en cause l'Etat. Tout cela apporte autant de garanties effectives au progrès des droits de l'homme.

Il y a enfin cette forme supérieure qui est la garantie juridictionnelle internationale des droits de l'homme. Là nous atteignons un niveau remarquable de garantie apportée aux individus contre les violations de leurs droits fondamentaux. Car ce n'est plus seulement leurs juridictions nationales mais, au-delà de leur Etat, ce sont des instances internationales qui veillent au respect de leurs droits fondamentaux. Le modèle en est la Commission et la Cour européenne des droits de l'homme, qui siègent ici même à Strasbourg. Qu'il me soit permis de souligner devant les magistrats ici présents, qui sont membres des hautes juridictions internationales, l'importance de leur rôle. Non seulement se trouve résolu un cas déterminé, mais la valeur très forte de la décision rendue par une de ces grandes juridictions en fait souvent retentir l'écho bien au-delà de l'Europe. On ne peut ainsi que se féliciter de voir que la Cour interaméricaine des droits de l'homme a rendu une décision condamnant un Etat. D'aucuns diront « enfin ? ». Mais je rappelle, qu'ici même à Strasbourg, la Cour européenne des droits de l'homme n'a exercé son influence que très progressivement. Ayons donc confiance en l'avenir.

Si l'Europe de l'Ouest est un lieu privilégié pour la protection juridictionnelle des droits de l'homme, tout me laisse à penser que l'exemple sera suivi. A cet égard, les propos du président de la Cour suprême de Pologne sont d'ailleurs encourageants.

De ces exemples, un enseignement doit être tiré. Si d'un côté on pose la nécessité de l'universalité dans la reconnaissance du pluralisme et que de l'autre on mesure qu'il faut un système de garanties effectif, la conclusion inévitable en est qu'il faut privilégier les pactes régionaux et les garanties régionales des droits de l'homme; non pas ignorer les garanties à dimension universelle, mais prendre conscience que l'on peut réussir, dans une même région à civilisations ou cultures sensiblement identiques et partageant souvent les mêmes valeurs, à instaurer un système de normes et un système de garanties plus aisément qu'en soumettant l'ensemble du monde, dans l'état actuel où il se trouve, à une sorte de juridiction internationale unique. Nous souhaitons tous une cour mondiale des droits de l'homme. Mais avant d'en arriver là, faisons déjà ce qui est en notre pouvoir et considérons que le plus facile, ou le moins difficile, à réaliser et le plus porteur de garanties effectives, c'est dans le cadre régional — l'exemple africain est là aussi pour le prouver — qu'on peut essayer de le réaliser. Sinon, à trop vouloir étendre l'on ne progressera pas avec suffisamment de rapidité. Ce progrès par la voie de pactes et d'institutions régionales est conforme à cette dimension actuelle des droits de l'homme : ils sont reliés par un lien, une filiation, une reconnaissance certaine avec ce qui constitue le fondement international même, mondial celui-là, des droits de l'homme. C'est une intégration, une expression à laquelle il faut donner sa dimension possible. Loin de contredire l'universalité, elle l'exprime dans une démarche progressive et adaptée à la réalité du monde d'aujourd'hui.

Au-delà des propositions qui ont été faites, on a eu raison d'évoquer la création possible d'une sorte d'ombudsman mondial avec une équipe de casques bleus des droits de l'homme, qui viendraient s'interposer entre les victimes potentielles des violations et leurs auteurs. Cela ne serait certes pas facile à mettre en oeuvre. des techniques et des inspections plus régionales seraient plus effectives mais l'idée est bonne en elle-même. Nous avons également entendu la demande combien justifiée et pressante des organisations non gouvernementales — qui jouent dans le domaine des droits de l'homme un rôle essentiel sur le terrain et auxquelles on ne rendra jamais assez hommage — de la reconnaissance complète de leur personnalité internationale et du droit d'intervenir auprès des instances et des juridictions internationales. C'était sous une autre forme l'*actio popularis* chère à M. Bedjaoui et qui est tout à fait prometteuse. Je crois que cet élargissement des possibilités d'action des organisations non gouvernementales est une des exigences les plus faciles à mettre en oeuvre et en même temps l'une des plus nécessaires pour accroître aujourd'hui la défense des droits de l'homme. Ce sont les membres de ces organisations qui constituent ce qu'on pourrait appeler les vrais militants des droits de l'homme. Ceci m'amènera aisément à ma conclusion.

A force de parler des droits de l'homme, on est souvent conduit, emporté par l'intérêt du sujet, à perdre de vue ce qui demeure l'essentiel des droits de l'homme : l'exigence qu'ils représentent pour des êtres humains. Considérons la justice : c'est une notion abstraite, chacun en a rêvé, nul ne l'a jamais rencontrée. Mais nous avons tous rencontré le visage de l'injustice. En matière de droits de l'homme, on mesure, sur les traits des femmes ou des hommes qui ont été torturés, — nous en avons connus — ou des enfants affamés ou livrés à toutes les oppressions, l'exigence et l'intensité de leur demande. C'est cela le vrai visage des droits de l'homme. C'est en pensant aux victimes des droits de l'homme, c'est en pensant à ces femmes, à ces hommes et à ces enfants que je disais que les organisations non gouvernementales nous ramènent d'une certaine manière du royaume des idées à notre monde dur et parfois cruel, tel qu'il est. Plus encore que de discours et de colloques, nous avons besoin, en matière de droits de l'homme, d'action et de dévouement et plus encore que de philosophes, de juristes, ou de ministres, nous avons besoin de militants.

Chapitre II

UNE ACTION CONCRETE DE L'UNESCO
EN MATIERE DE DROITS DE L'HOMME[1]

Georges-Henri Dumont

Membre de l'Académie royale,
Professeur d'histoire économique et sociale contemporaine à l'ICHEC (Bruxelles)

> « Quand les hommes deviennent conscients de leur qualité d'homme, quand ils reconnaissent la personne humaine comme telle, ils recourent aux droits de l'homme et s'appuient sur un droit naturel auquel tous peuvent recourir, vainqueurs et vaincus. Dès que surgit l'idée du droit, il devient possible de négocier, afin de découvrir le véritable droit par la discussion et une procédure méthodique ? ».

Karl Jaspers *(Die Schuldfrage)*

L'apparente unanimité avec laquelle a été célébré dans le monde le quarantième anniversaire de la Déclaration universelle des droits de l'homme pourrait faire croire que celle-ci est désormais le point de convergence des idéaux de la communauté internationale. Mais la connaissance de la réalité, telle que décrite notamment dans le rapport annuel d'*Amnesty International*, interdit tout abandon à l'illusion rassurante. Trop de discours faisant référence aux grands principes adoptés, en 1948, par l'Assemblée générale des Nations unies s'apparentent encore à l'hommage ambigu rendu par le vice à la vertu ...

---

[1] Ce texte paru dans la *Revue Internationale des Sciences Sociales*, en novembre 1989 mérite d'être réédité en raison de son actualité et de son caractère précis. C'est en effet à un témoin privilégié, G.-H. Dumont, membre du Conseil exécutif de l'UNESCO de 1981 à 1989 et président de son comité des conventions et recommandations de 1987 à 1989, qu'on le doit.

Est-ce à dire qu'aucun progrès notable n'a été réalisé durant ces der-nières années ? Assurément non. Le 10 décembre 1988, lors de la cérémonie officielle commémorant le quarantième anniversaire de la Déclaration univer-selle des droits de l'homme, l'émouvante présence de Sakharov et de Walesa dans la grande salle du Palais de Chaillot d'abord, à l'Elysée ensuite, avait valeur de symbole. Impensable il y a peu, elle était le signe indiscutable d'un certain changement.

A propos de ce changement, il serait injuste de ne pas souligner le rôle majeur joué par les institutions internationales du système des Nations unies. Celles-ci ont incontestablement reconquis une partie de leur prestige et de leur efficacité d'antan, et cela aussi est significatif.

En ce qui concerne plus particulièrement l'Unesco, son action en faveur des droits de l'homme répond à l'une de ses finalités essentielles, définies par son Acte constitutif : « [...] assurer le respect universel de la justice, de la loi, des droits de l'homme et des libertés fondamentales pour tous, sans distinc-tion de race, de sexe, de langue ou de religion, que la Charte des Nations unies reconnaît à tous les peuples ? »[2].

Il était donc normal que la Commission des droits de l'homme des Nations unies, qui siège à Genève, lui ait demandé de se charger du domaine de l'enseignement des droits de l'homme, à partir de l'élaboration d'une véri-table science les ayant pour objet. Cette tâche, l'Unesco l'a immédiatement assumée et continue de l'assumer par maints travaux d'experts et par de nombreuses publications dont la plus brillante et la plus opportune est un ma-nuel destiné à l'enseignement des droits de l'homme dans les universités, pu-blié en 1978 par Karel Vasak, son rédacteur général, sous le titre *Les di-mensions internationales des droits de l'homme*[3]. Un ouvrage fondamental qui mériterait d'être réédité, sans trop tarder, dans une version largement ré-visée.

Fort importante aussi est l'action normative de l'Unesco en matière de droits de l'homme : neuf conventions, vingt et une recommandations et deux déclarations relatives aux droits à l'éducation, à la culture et à l'information définis aux articles 9, 26 et 27 de la Déclaration universelle[4].

---

[2]   Article premier, par. 1, de la Convention créant l'Organisation des Nations unies pour l'éducation, la science et la culture.

[3]   K. Vasak (dir. publ.), *Les dimensions internationales des droits de l'homme. Manuel destiné à l'enseignement des droits de l'homme dans les universités*, Unesco, Paris, 1978.

[4]   On trouvera la liste des conventions, accords, déclarations et recommandations dans K. Vasak, *op. cit.*, pp. 505-506.

Mon propos n'est pas d'analyser ces normes, somme toute plus morales que juridiques, et dont la proclamation donne parfois le spectacle déprimant de paroles vaines. Je n'ai d'autre ambition que de faire connaître l'*action concrète* d'un comité du Conseil exécutif de l'Unesco, créé pour examiner les « communications émanant de particuliers ou d'associations invoquant la violation de certains droits éducatifs et culturels, par des Etats membres ou non-membres de l'Unesco ? ».

A ses débuts, de 1965 à 1977, ce Comité n'eut connaissance que des seules communications relatives à des discriminations dans le domaine de l'enseignement, c'est-à-dire des violations de la convention du 14 décembre 1960. C'est au cours de sa dix-neuvième session que la Conférence générale de l'Unesco franchit un pas décisif en chargeant le Conseil exécutif d'étudier *les procédures qu'il conviendrait de suivre dans l'examen des cas et des questions dont l'Unesco pourrait être saisi en ce qui concerne l'exercice des droits de l'homme dans les domaines relevant de sa compétence, afin de rendre ces actions plus efficaces*[5].

Pas décisif pour deux raisons majeures. La première : désormais tout le champ de compétence de l'Unesco devra être couvert par le Comité ad hoc. La deuxième : il s'agira d'examiner non seulement les cas individuels mais aussi les questions générales de violation des droits de l'homme. Il fallait s'y attendre. Au cours des travaux entrepris pour la mise en application de la résolution de la Conférence générale, le Conseil exécutif se trouva placé en face de deux exigences contradictoires. D'une part, l'Unesco doit pouvoir agir avec la plus grande efficacité possible : elle y est moralement obligée. Mais, d'autre part, il lui est institutionnellement interdit par l'article premier de son Acte constitutif d'intervenir en aucune matière relevant essentiellement de la juridiction intérieure des Etats membres.

A vrai dire, ce problème de la souveraineté de l'Etat, tant intérieure qu'extérieure, n'était pas nouveau en 1978. Il s'était déjà posé en fait, dès l'époque de la Société des Nations, et tout porte à croire qu'il pèsera longtemps encore sur toutes les organisations internationales. Et ce d'autant plus que la Déclaration universelle — c'est une de ses faiblesses — ne mentionne guère le contrepoids des droits de l'homme, à savoir les devoirs de l'homme, ses obligations à l'égard de la communauté et de l'Etat.

Quoi qu'il en soit, en sa session du printemps 1978, le Conseil exécutif de l'Unesco a tenté de concilier ces deux exigences contradictoires[6]. C'est

---

5   Résolution 19C/12.1, par. 10.

6   Le texte de la décision 104/EX Déc. 3.3, adoptée par le Conseil exécutif le 26 avril 1978, est reproduit dans le brochure *Le Conseil exécutif*, édition 1988, pp. 56-60.

ainsi que le paragraphe 7 de sa décision 104 EX/3.3 considère qu'en « matière de droits de l'homme relevant de ses compétences, l'Unesco fondant ses efforts sur des facteurs moraux et sur ses compétences spécifiques, doit agir dans un esprit de coopération internationale, de conciliation et de compréhension mutuelle ? ». Le même paragraphe rappelle que « l'Unesco ne peut jouer le rôle d'un organisme judiciaire international ? », ce qui équivaut à renoncer à la fonction de sanction, d'ailleurs inexistante dans l'ensemble des institutions des droits de l'homme.

Mais le paragraphe 8 de la décision reconnaît, aussitôt après, le rôle important assumé par le Directeur général de l'Organisation: *a) en cherchant constamment à renforcer l'action de l'Unesco visant à la promotion des droits de l'homme, à la fois par la solution de cas et par l'élimination des violations massives, systématiques ou flagrantes des droits de l'homme et des libertés fondamentales; b) en procédant à des consultations, dans des conditions de respect mutuel et de confiance, et de façon confidentielle, pour aider à trouver des solutions à des problèmes particuliers concernant les droits de l'homme.*

On aura noté le rappel qui est fait dans ce paragraphe de la distinction entre les cas individuels et spécifiques qu'il faut s'efforcer de résoudre et les questions relatives « à des violations massives, systématiques et flagrantes des droits de l'homme et des libertés fondamentales ? ».

Cette distinction se retrouve évidemment dans la procédure définie par la décision 104 EX/3.3. En effet, bien qu'il appartienne clairement au « Comité sur les conventions et recommandations »[7] de décider si la communication qui lui est soumise est un *cas* ou une *question*, il ne maintient à son rôle que les *cas* et renvoie les *questions* au Conseil exécutif siégeant en séance plénière.

Autre distinction : les *cas* sont examinés, en principe, en séance privée et donc d'une manière confidentielle, tandis que les *questions* peuvent être examinées en séance publique (par. 18).

Pour être considérées comme recevables, les communications doivent remplir un certain nombre de conditions énumérées au paragraphe 14 (a) de la décision 104 EX/3.3. A savoir :

1. *La communication ne doit pas être anonyme.*

---

[7]   Dénomination nouvelle du « Comité sur les conventions et recommandations dans le domaine de l'éducation », créé par la décision 82EX/4.24 en remplacement du « Comité spécial sur la discrimination dans le domaine de l'enseignement » établi par la décision 71EX/3.2.

2. *Elle doit émaner d'une personne ou d'un groupe de personnes qui peuvent être raisonnablement présumées victimes d'une violation alléguée de l'un des droits de l'homme mentionnés à l'alinéa 3 ci-dessous. Elle peut aussi émaner de toute personne ou groupe de personnes ou organisation non gouvernementale qui a une connaissance digne de foi desdites violations.*

En commentaire de cet alinéa 2, signalons parmi les nombreuses organisations auteurs de communications : Amnesty International, l'Association internationale des juristes démocrates, l'International Human Rights Law Group, la Fédération internationale syndicale de l'enseignement, la Fédération démocratique internationale des femmes, etc.

3. *Elle doit se rapporter à des violations de droits de l'homme qui relèvent de la compétence de l'Unesco dans les domaines de l'éducation, de la science, de la culture et de l'information, et ne doit pas être motivée exclusivement par des considérations d'un autre ordre.*

Il va de soi que, lors de l'examen de la plupart des communications, ces « considérations d'un autre ordre », en l'occurrence la situation générale du pays quant au respect des droits de l'homme, entrent en ligne de compte mais uniquement s'il s'agit d'une victime alléguée dont l'activité relève des domaine de compétence de l'Unesco.

4. *Elle doit être compatible avec les principes de l'Organisation, la Charte des Nations unies, la Déclaration universelle des droits de l'homme, les pactes internationaux relatifs aux droits de l'homme et les autres instruments internationaux concernant les droits de l'homme.*

Une réelle difficulté d'interprétation de cet alinéa résulte du fait qu'un certain nombre d'Etats n'ont pas ratifié tel ou tel instrument international et ne s'estiment donc pas liés par eux.

5. *Elle ne doit pas être manifestement mal fondée et doit paraître contenir des éléments de preuve pertinents.*

En vertu de cet alinéa sont notamment écartées, avant tout examen par le Comité, des communications visiblement rédigées par des malades mentaux.

6. *Elle ne doit être ni injurieuse, ni constituer un abus du droit de présenter des communications. Cependant, une telle communication pourra être examinée si elle répond aux autres critères de recevabilité, une fois que les termes injurieux auront été écartés.*

7. *Elle ne doit pas être fondée exclusivement sur des renseignements diffusés par les moyens de grande information.*

A ce propos, le Comité s'est parfois heurté au problème de la définition d'un moyen de grande information.

Les trois dernières conditions de recevabilité sont d'ordre plus formel :

8. *La communication doit être présentée dans un délai raisonnable à partir de la date des faits qui en constituent l'objet, ou de la date à laquelle ces faits auront été connus.*

9. *Elle doit indiquer si un effort a été fait afin d'épuiser les voies de recours internes disponibles concernant les faits qui constituent l'objet de la communication, ainsi que les résultats éventuels de tels efforts.*

10. *Les communications relatives à des problèmes qui ont déjà été réglés par les Etats intéressés, conformément aux principes relatifs aux droits de l'homme énoncés dans la Déclaration universelle des droits de l'homme et dans les pactes internationaux relatifs aux droits de l'homme, ne seront pas examinées.*

Sans pour autant entrer dans tous les détails des procédures prévues, il convient d'insister sur l'affirmation que *les représentants des gouvernements concernés peuvent participer aux séances du Comité afin de fournir des informations ou de répondre aux questions posées par les membres du Comité sur la recevabilité ou le bien fondé de la communication.*

En pratique, c'est le plus souvent au cours de la phase de l'examen de la recevabilité de la communication et après un ou plusieurs dialogues avec les représentants des gouvernements concernés qu'un grand nombre de cas ou de problèmes sont réglés et, dès lors, rayés du rôle du Comité, en vertu de la dixième condition citée au paragraphe 14 (a) de la décision 104 EX/3.3.

En cours d'examen de la recevabilité d'une communication et donc avant même de se prononcer à ce sujet, le Comité garde à la mémoire le caractère humanitaire de sa mission. C'est pourquoi, dans la décision qu'il adopte pour chaque cas, il ajoute souvent aux demandes de renseignements complémentaires, un appel à la clémence en faveur des victimes alléguées d'un âge avancé, malades ou dont la détention est particulièrement longue.

Lorsque, après l'échec éventuel du dialogue avec le gouvernement concerné ou après avoir constaté le silence obstiné de celui-ci, une communication est déclarée recevable par le Comité, l'action humanitaire se poursuit. Cela va de soi. Mais la tâche du Comité est rendue beaucoup plus difficile. En effet, le gouvernement concerné a tendance à se braquer. Il arrive toutefois qu'un changement de gouvernement intervienne dans le pays et que le nouveau gouvernement mis en place accepte de renouer le dialogue avec le Comité. Dans ce cas, il est fréquent que le Comité obtienne des solutions satisfaisantes sur le plan des droits de l'homme.

L'action du « Comité sur les conventions et recommandations? » de l'Unesco, sinon son existence même, est méconnue de l'opinion publique.

C'est à la fois regrettable et compréhensible. Regrettable parce que cette ignorance favorise certaines campagnes de dénigrement développées contre les organisations internationales. Compréhensible, parce que le Comité travaille d'une manière strictement confidentielle. Il y est statutairement obligé et puise, par surcroît, une partie notable de son efficacité dans le caractère privé de ses sessions de travail.

On ne trouvera donc, dans les données statistiques que je me suis efforcé de rassembler, ni indication précise des pays concernés, ni information sur les victimes alléguées. Le langage des chiffres m'a toutefois paru de nature à compléter par son éloquence propre l'exposé forcément théorique sur les objectifs et les méthodes du Comité que j'ai l'honneur de présider.

De 1978 à 1988, 355 communications (dont six concernant plusieurs Etats) ont été examinées. Elles se répartissent comme suit :

	1978	1979	1980	1981	1982	1983	1984	1985	1986	1987	1988
Groupe I (Etats Occidentaux)	1	6	5	3	3	2	7	6	2	3	3
Groupe II (Etats de l'Europe de l'Est)		3	6	3	5	5	4	5	4	4	4
Groupe III (Amérique latine et Caraïbes)	2	5	8	9	11	8	6	4	3	6	6
Groupe IV (Asie et Etats du Pacifique)		1	2	3	2	4	5	4	4	4	6
Groupe V (Afrique)			1	4	3	4	2	1		1	4
Nombre total des Etats concernés	**3**	**15**	**22**	**22**	**24**	**23**	**24**	**20**	**13**	**18**	**23**

Le nombre des déclarations déclarées recevables était encore assez élevé en 1979 (13); depuis lors, pour les raisons que j'ai signalées, il tend à diminuer très fort. Il est d'une seule unité depuis 1985. En revanche, le nombre de cas réglés est en forte croissance. L'année 1988 apparaît comme exemplaire à cet égard. Qu'entend-on par cas réglés ? Les circonstances sont évidemment très variables. Le tableau ci-dessous indique les principales.

Nombre de cas réglés.	1978	1979	1980	1981	1982	1983	1984	1985	1986	1987	1988
Par la libération ou l'acquittement de la victime alléguée		1	8	2	8	7	27	5	5	15	11
Par l'abrogation de l'exil intérieur ou par l'octroi d'un passeport										2	
Par le retour à la normale de la situation dans laquelle la vie des victimes alléguées a été menacé			2								
Par l'autorisation accordée à la victime alléguée de quitter l'Etat concerné				2	9	2			1		6
Par l'autorisation accordée à la victime alléguée de rentrer au pays			2	5	3	8	2		5	8	
Par le fait, pour les personnes disparues, d'avoir été retrouvées		2									
Par le fait pour la victime alléguée d'avoir pu retrouver l'emploi ou l'activité dont elle avait été privée	1				1	2		1	1		14
Par la modification de la loi de l'Etat concerné, ce qui a permis à la victime alléguée d'être recrutée dans l'enseignement public											3
Par la reconnaissance du droit à la retraite de la victime alléguée							1				
Par la solution trouvée au problème concernant la délivrance d'un diplôme et l'attribution d'une bourse			2								

Nombre de cas réglés.	1978	1979	1980	1981	1982	1983	1984	1985	1986	1987	1988
Par l'autorisation de reprendre une publication ou une émission interdites							4	1			1
Par une solution amiable à une situation (grève, problème de scolarisation des enfants, mesures disciplinaires, fermeture d'établissements d'enseignement, droit de scolarité...)	1	1		1	1	4		1			
Nombre de cas réglés par année	2	2	14	12	22	23	33	9	12	25	43

Il y a au total 188 cas individuels et neuf situations ou cas de portée générale correspondant à 128 communications.

Pour mesurer ces chiffres à leur juste valeur, il faut évidemment tenir compte du nombre de communications déclarées irrecevables, soit :

1978	1979	1980	1981	1982	1983	1984	1985	1986	1987	1988
2	2	14	12	22	23	33	9	12	25	43

Conclusion

Comparés au nombre de communications reçues, les résultats obtenus, surtout ces dernières années, peuvent être considérés comme relativement encourageants pour les membres du Comité, alors même qu'ils paraissent dérisoires par rapport à l'ensemble des victimes de violations des droits de l'homme dans le monde. Mais chacun de ces résultats — ils vont de la libération de personnes à des modifications législatives par l'Etat concerné — peut être légitimement ressenti par le Conseil exécutif de l'Unesco comme une victoire, modeste mais concrète, dans le combat pour la grandeur de l'homme, le respect de sa dignité, le libre accomplissement de sa vocation et le droit d'espérer.

« *Une seule injustice*, écrivait Charles Péguy, *un seul crime, une seule illégalité, surtout si elle est officiellement enregistrée, confirmée, une seule injure à l'humanité, une seule injure à la justice et au droit, surtout si elle est universellement, légalement, nationalement, commodément acceptée ?* » suffit à perdre l'honneur de tout un peuple. Pour en persuader les dirigeants politiques, le combat doit être mené sans relâche, la main dans la main, par les organisations internationales gouvernementales et non gouvernementales. Et le combat doit se dérouler sur tous les fronts : celui de l'enseignement à tous les niveaux, celui des normes à faire accepter par tous, et celui que nous venons d'évoquer et qui vise à restituer à tel homme ou à telle femme, victimes alléguées, soit la liberté physique, soit la pleine possibilité d'épanouir ce qu'ils ont de meilleur en eux.

Deuxième partie

DROITS DE L'HOMME,
DROITS FONDAMENTAUX ?
Approche pluridisciplinaire

Les textes de la seconde partie de cet ouvrage ont été présentés lors du colloque « Francophonie et Droits fondamentaux » le 8 décembre 1989 à Louvain-la-Neuve. Certains d'entre eux gardent des traces de leur caractère d'exposé oral; les auteurs ont tenté de les éliminer au maximum. Nous prions le lecteur de bien vouloir excuser les éléments de style « conversationnel » qui auraient malgré tout subsisté.

Chapitre III

LES DROITS FONDAMENTAUX,
UN POINT DE VUE PHILOSOPHIQUE

Jean ETIENNE

Professeur à l'Institut supérieur de Philosophie de l'Université catholique de Louvain

Les rapports humains, spontanément, s'organisent dans le cadre de la particularité. « La cohésion sociale, écrit Henri Bergson, est due, en grande partie, à la nécessité pour une société de se défendre contre d'autres, et... c'est d'abord contre tous les autres hommes qu'on aime les hommes avec lesquels on vit[1] ».

C'est au contraire grâce à un long cheminement, où des personnalités exceptionnelles ont tracé la route, que se dégage l'idée d'une solidarité universelle fondée sur une commune dignité. Les Stoïciens ont joué un rôle important dans cette évolution en saluant dans tout homme, par delà son appartenance à une cité, la présence de la Raison, du Logos souverain d'essence divine. Le Christ a porté à son accomplissement la notion juive de communauté humaine créée par un Dieu unique en proposant et en vivant son message d'amour, selon lequel une même qualité filiale envers un Dieu paternel fonde une fraternité qui s'impose au respect dans le concret du quotidien. Un Emmanuel Kant a exprimé la même intuition sur le mode philosophique en affirmant la dignité qui s'attache à chaque personne et qui la rend objet d'un respect inconditionnel.

Cette idée de dignité et du respect qui lui est corrélatif est à la base de la théorie des droits de l'homme; cette notion éthique est le sol dur sur lequel repose l'idée éthico-juridique des droits de l'homme. Dans celle-ci, en effet, on exalte l'humain en son universalité, sans se laisser enfermer dans les limites d'une cité, d'une race, d'une religion, et par là, loin de magnifier l'individualisme où se juxtaposent des êtres autosuffisants, on fait sienne une

---

[1] *Les deux sources de la morale et de la religion*, Edition du centenaire, 1959, p. 1002.

éthique sans frontières, celle de l'universel; en même temps on évoque des droits, on met en avant un concept juridique. S'agirait-il du droit positif ? Non, il s'agit d'une instance qui juge n'importe quel droit positif et qui lui prescrit, dans les citoyens et plus largement en n'importe quel être humain, de respecter la dignité humaine.

Mais comment déterminer cette exigence, comment la rendre concrète ? C'est l'oeuvre des législations particulières. Faut-il comprendre que des lois contingentes déterminent souverainement ce qui relève de la valeur de la personne ? Non, puisqu'elles sont au contraire soumises au critère de l'universel, de l'universellement humain; mais l'exigence universelle prend corps, compte tenu des circonstances, et son contenu a donc quelque chose d'historique; dans un pays à peine pourvu d'hôpitaux la requête humanitaire est de les multiplier et de leur assurer un équipement convenable, non de bâtir un centre ultra-spécialisé dans le traitement d'affections rares : il faut d'abord parer au plus pressé. Toutefois, quelles que soient les circonstances, l'exigence de respecter chaque personne au titre de sa dignité humaine ne peut passer dans une législation positive que si la communauté où cette loi est promulguée est suffisamment ouverte à la valeur de l'homme en tant que tel, que si cette valeur figure au nombre des valeurs reconnues par cette communauté. Encore une fois, ce n'est pas la reconnaissance de la dignité humaine par une communauté qui lui sert de fondement, mais faute de cette reconnaissance l'appel à respecter les personnes est dépourvu d'efficacité, il ne s'inscrit pas dans les faits, il ne régit pas les comportements.

De la sorte nous trouvons un ensemble de trois termes. L'idée de dignité universellement humaine; son acceptation de principe par une communauté historique qui la range dans sa table des valeurs; enfin son expression juridique dans des dispositions législatives qui détaillent en fonction des circonstances les applications de cette exigence formelle.

L'idéal est évidemment que toutes les communautés historiques s'ouvrent à l'exigence de l'humain et la traduisent dans leurs lois. Dans ce cas, jusque dans les inévitables divergences concernant les implications de la dignité humaine, l'idéal formel sera reçu : chacun reconnaîtra, par delà ses solidarités particulières, qu'il y va de l'homme, de sa dignité, de sa destinée. Telle est, me semble-t-il, l'armature spéculative qui nous permet de penser à la fois l'universalité de la communauté des hommes et la particularité des groupes humains, ainsi que l'articulation de l'éthique formelle, des morales historiques et de la diversité des législations positives.

A la lumière de ce qui précède il est utile de s'interroger sur la pertinence de la formule utilisée dans la « Résolution » du 26 mai 1989 et selon laquelle « aux droits de l'individu doivent correspondre les droits des peuples ».

A parler rigoureusement, c'est la personne, c'est chaque personne qui possède une dignité, ce n'est pas un peuple. Cependant, une personne est un noeud de relations et parmi celles-ci on peut s'efforcer de distinguer ce qu'on appelle d'un terme affectivement puissant mais notionellement imprécis, un peuple. Il faut encore ajouter que le respect dû à chaque personne ne peut se traduire en termes de droits qu'à l'intérieur d'une communauté qui légifère, c'est-à-dire avant tout un Etat ou un ensemble d'Etats. Comme on l'a dit antérieurement, la législation positive ne crée pas la dignité humaine mais elle est seule capable de lui donner, en des déterminations précises, force de loi, de lui conférer une expression légale. Respecter les personnes, c'est donc, entre autres, leur permettre d'établir ou de maintenir des liens sociaux où leur existence prend corps conformément à leur dignité; c'est dire que les configurations sociales, loin de mesurer la dignité humaine sont mesurées par elle, autrement dit qu'elles peuvent aussi bien opprimer que libérer les personnes. C'est seulement dans la mesure où une communauté est humanisante qu'elle correspond aux droits des personnes; c'est en ce sens qu'il convient d'entendre la formule de la Résolution : les droits des peuples (pour autant qu'il soit possible de désigner un peuple, d'en indiquer les contours) et, plus largement, ceux de n'importe quelle communauté, doivent correspondre aux droits des individus ou plutôt des personnes, doivent leur donner consistance.

Pour terminer, demandons-nous en quoi ces quelques réflexions rencontrent le thème de la Francophonie et les droits fondamentaux. La Francophonie constitue un groupe particulier dans le monde. Il importe, sous peine de nier l'idée de droits fondamentaux, qu'elle ne se replie pas sur elle-même; dans la particularité de ceux qui s'expriment en français, c'est la personne, c'est l'universellement humain qui appelle le respect. Mais l'universel n'existe que particularisé. Respecter un enfant ou un malade c'est prendre au sérieux sa condition d'enfant ou de malade. Respecter un être humain, c'est le rencontrer dans sa culture et, entre autres, dans sa langue. Faute de cette attention au concret, sous prétexte de vénérer l'universel on s'adresserait à une forme vide, on ne rencontrerait personne. Faut-il comprendre qu'une culture est à recevoir sans réserve ? Non, car ce sont les droits fondamentaux et, en définitive, l'idée de dignité qui la jugent; une configuration culturelle peut être oppressive et, sous prétexte de tradition ancestrale, perpétuer un régime inhumain ou du moins insuffisamment respectueux de l'homme. Il ne suffit donc pas d'en appeler à la Francophonie, il faut s'interroger critiquement sur les conditions qui y sont faites à la dignité des personnes. La communauté de langue, en l'occurrence le français, représente une chance pour que s'institue un fructueux dialogue inspiré par le respect des personnes; l'unité linguistique peut être, doit être l'organe d'un rapprochement dans le respect et dans l'amitié.

Chapitre IV

DROITS DE L'HOMME ET DROITS COLLECTIFS

Guy HAARSCHER

Professeur ordinaire à l'Institut de Philosophie de l'Université libre de Bruxelles

Je voudrais développer un certain nombre de considérations philosophiques sur la notion de droits de l'homme dans leur relation avec la notion de droits collectifs.

Le noyau de la philosophie des droits de l'homme consiste en une conception essentiellement individualiste de la société. Mais cette dernière doit être précisée, de façon à éviter les ambiguïtés et la confusion des esprits, qui émoussent le tranchant de la pensée critique. Si on parle des droits de l'homme à la première personne, tout le monde, ou presque, sera « pour », puisqu'il s'agit pour chacun de défendre pour lui-même le plus de prérogatives et de protections possibles. Mais s'il s'agit de défendre les droits de l'Autre, nous sommes cette fois confrontés à un impératif moral, en l'occurrence très exigeant. Peut-être est-il en fait infiniment *plus* exigeant que ne l'ont été les impératifs traditionnels, parce qu'il ne s'agit plus, cette fois, de défendre son groupe, son ethnie, sa tribu, son Etat, mais bien l'individu humain comme tel, où qu'il soit, quel qu'il soit. Et, évidemment, chaque fois qu'une violation des droits de l'homme se manifeste dans le monde, celui qui adhère à cette morale se sent nécessairement interpellé. Mais une telle interpellation ressemblerait au tonneau des Danaïdes : on n'aurait jamais fini de lutter contre toutes les violations des droits dans le monde, et l'action ordonnée se transformerait rapidement en gesticulation impuissante tous azimuths.

Il est bien entendu possible, dans certains cas, de défendre les droits de l'homme pour des raisons d'ordre utilitaire, comme quand un homme politique se trouve contraint de les conférer sous la pression populaire et lâche du lest pour éviter d'être tout simplement renversé; on peut également raisonner, comme l'ont fait les théoriciens contractualistes modernes, à partir d'un « état de nature », les individus décidant librement et rationnellement, par intérêt bien compris, de limiter leur liberté « naturelle », bref d'introduire un ordre

— et donc le respect d'autrui — pour s'en trouver mieux eux-mêmes. Mais si l'on oppose, par exemple, l'attitude des dirigeants des partis des pays de l'Est à celle d'Andreï Sakharov ou de Vaclav Havel durant l'ère « brejnévienne », des différences très claires se manifestent. Il est indéniable que les dirigeants des pays de l'Est font aujourd'hui (quelles que soient leurs motivations et stratégies) progresser les droits de l'homme, au sens où on les entendait en 1789. La destruction du Mur de Berlin signifie tout d'abord et essentiellement la conquête de la liberté d'aller et venir. En Union Soviétique, plusieurs libertés fondamentales classiques sont progressivement acquises, en particulier une certaine liberté d'expression, une dose de liberté de conscience, la réouverture d'églises, de synagogues, la création progressive d'un véritable Etat de droit, c'est-à-dire la protection de l'individu contre l'arbitraire et le droit à une justice équitable. Tout cela avance avec difficulté, de diverses façons, et avec une large part d'imprévu quant au rythme des transformations. Incontestablement, Gorbatchev a décidé de favoriser les droits de l'homme. Mais il a été relayé par une société très vigilante, qui l'a sans doute empêché de reculer et qui a radicalisé sa volonté de réforme.

Si l'on prend donc en considération la volonté politique de Gorbatchev, on peut imaginer qu'il existe de solides raisons économiques et institutionnelles l'incitant à défendre les droits de l'homme. La motivation première réside sans doute en ceci que l'Union Soviétique se trouvait — et se trouve toujours — dans un état économique déplorable et que, pour faire « repartir » cette machine dans un environnement où la puissance économique apparaît comme décisive (les grands vaincus de la Seconde Guerre Mondiale, le Japon et l'Allemagne, sont aujourd'hui très puissants), il fallait libéraliser l'économie, diminuer l'influence du Parti et remplacer les fidèles politiques de la *nomenklatura* par des gens compétents.

Mais pour arriver à un tel résultat, il est nécessaire de libéraliser l'information, d'apprendre aux individus à juger, à approcher les problèmes d'une façon objective et rationnelle. Cela crée une mentalité qui, au bout d'un petit temps, s'étendra inéluctablement à d'autres sphères d'activité. Il s'agissait au départ de conférer des droits d'ordre économique (favoriser l'initiative et la stimulation individuelle pour renforcer l'appareil productif), et sans doute les projets de réforme politique de Gorbatchev se ramenaient-ils alors à une sorte de despotisme éclairé : transformer une vieille tyrannie pourrissante en un autoritarisme efficace, c'est-à-dire maintenir la domination du Parti, mais accorder (contraint et forcé) la liberté économique. C'est ce qu'avait tenté Deng Xiaoping en Chine durant les années quatre-vingt. Or on s'aperçoit de plus en plus qu'une telle dissociation est impraticable.

En Pologne par exemple, on sait que la transition sera dure parce qu'un des éléments de la rationalisation économique consiste à éliminer toutes les subventions aux produits de première nécessité, qui coûtent très cher au pays et s'avèrent complètement irrationnelles du point de vue économique : mais elles maintenaient artificiellement la paix sociale. Dans de nombreux pays, il y a eu des émeutes de la faim quand la vérité des prix a été mise en oeuvre par les gouvernements (les hausses ont souvent été énormes). C'est ce qui risque de se passer en Pologne aujourd'hui. Pour cette transition, il faut qu'un leader crédible puisse exiger des gens du sang et de la sueur, en leur promettant (de façon crédible — ils en ont tellement entendu sur les lendemains qui chantent !) que cela ira mieux dans l'avenir. Il n'est pas possible qu'un leader discrédité des partis communistes de l'Est leur dise cela sans se ridiculiser. Cela apparaîtrait comme un vieux tour de dialectique. Il fallait donc vraiment porter au pouvoir un homme comme Mazowiecki, c'est-à-dire un leader crédible, élu, représentatif qui peut demander à la population de se mettre à l'ouvrage et d'accepter des sacrifices. Et voici la liberté politique apparaissant comme une conséquence quasi nécessaire du processus de libéralisation économique. Pas de réforme sérieuse sans leaders représentatifs, donc élus (ce qui signifie à plus ou moins long terme un hara-kiri pour le Parti, ou du moins pour les membres actuels de sa *nomenklatura*). Il y a donc eu des élections partiellement démocratiques en Pologne. Et ce n'est pas tout : pour qu'il y ait une liberté politique effective, il faut évidemment conférer la liberté d'expression. La société se réveille. Elle demande qu'on la considère en tant que telle, comme partie prenante aux grandes et douloureuses décisions à prendre. La liberté de conscience est exigée, de même que la sûreté, c'est-à-dire la possibilité, pour l'individu, d'obtenir des garanties judiciaires essentielles. C'est comme dans la vieille théorie des dominos : mais au lieu, cette fois que cette dernière fasse progresser, comme c'était le cas du temps de la guerre froide et du *containment*, le communisme dans le monde, elle se manifeste cette fois-ci en faveur de la liberté.

L'attitude de Sakharov était fondamentalement différente. Il aurait pu vivre en savant comblé d'honneurs, de richesses et de privilèges, comme le furent les grands dignitaires académiques du régime. Il a choisi le combat pour les droits de l'homme sous le règne de Brejnev, en n'imaginant pas qu'un jour, il y aurait un Gorbatchev qui le sauverait de la situation dans laquelle il s'était finalement trouvé (exil à Gorki dans des conditions très difficiles). Sakharov a donc fait ce qu'il pensait devoir faire, quelles qu'en fussent les conséquences pour lui. A Gorki, malade, il fut soigné; sa femme eut toutes les difficultés du monde à obtenir la permission de se rendre en Occident pour se faire soigner les yeux, etc. Bien entendu, Sakharov ne pouvait pas, à l'époque, prédire la venue de Gorbatchev. Il a agi sans intérêt matériel, pour l'idée. Ce qui veut dire qu'il a délibérément aliéné ses propres droits au nom et au profit des droits d'autrui.

La morale des droits de l'homme est très *abstraite*. Il s'agit de défendre non pas les gens qu'on aime, mais également — et surtout — ceux que l'on n'aime pas ou auxquels on est tout à fait indifférent, des gens qu'on ne connaît pas, qu'on ne connaîtra jamais, et qui n'existent peut-être même pas encore (on parle aujourd'hui du « droit des générations futures »: a-t-on le droit de leur laisser la planète dans un tel état écologique ?). Cette morale est donc très abstraite par son universalisme : elle vaut pour toute l'espèce humaine, au-delà même du temps présent. Il y a là une très rigoureuse exigence que l'on mesure souvent mal aujourd'hui, et que masque le consensus factice autour de l'*idéologie* des droits de l'homme.

Pourquoi parler, dans ce contexte, d'individualisme ? Parce que le premier objet du commandement moral consiste en le respect de la dignité de tous les hommes. Les droits de la Déclaration française de 1789, ou ceux de la Constitution américaine (dans ses dix premiers Amendements, appelés « Bill of Rights », 1789) constituent ce que l'on appelle la première génération des droits de l'homme. Cette génération est individualiste, parce qu'on sait clairement que seul l'individu comme tel (du moins idéalement : « Tous les hommes naissent libres et égaux ») est titulaire de ces droits. Un certain nombre de systèmes de protection s'installent petit à petit, dans les Etats, au niveau d'institutions internationales ou dans la « morale internationale », par le truchement de pressions politiques, etc.

La *deuxième* génération des droits de l'homme, c'est-à-dire les droits économiques et sociaux, peut entrer en conflit avec la première. Cela est clair pour plusieurs raisons, et tout d'abord parce que cette « génération » de droits présuppose un type d'Etat différent de celui que suppose la première. Cette dernière implique un Etat-arbitre, mais pas au-delà. Dans une partie de football, l'arbitre ne peut évidemment pas favoriser une équipe (c'est-à-dire, *mutatis mutandis*, un parti ou une confession), mais il doit pouvoir exclure un joueur qui ferait avancer ses intérêts propres, c'est-à-dire essaierait de gagner, en faisant des coups non permis (en l'occurrence : en portant atteinte aux droits d'autrui).

L'Etat minimal (Etat-arbitre, Etat-gendarme) n'est pas l'Etat des droits de l'homme de seconde génération. Celle-ci suppose au contraire l'idée d'un « *Welfare State* »: dans l'idée d'un droit à l'éducation, d'un droit au logement, à la sécurité sociale, etc., il y a une demande adressée à la collectivité, c'est-à-dire essentiellement à l'Etat. Ces prestations peuvent devenir de plus en plus importantes et entraîner un gonflement du pouvoir administratif, enserrer l'individu dans un corset de réglementations, de contrôles, d'informatisation, qui, à un certain moment, risqueront d'entrer en conflit avec les droits de première génération. Il existe donc une tension bien connue entre ces deux types de droits : les premiers sont ce que l'on appelle des

« droits-libertés », c'est-à-dire de véritables espaces d'autonomie pour l'individu, qui doivent simplement être garantis par le pouvoir. Tandis que, dans le deuxième cas, il s'agit de ce que l'on appelle des « droits-créances », l'individu possédant une sorte de créance sur l'Etat, qui a essentiellement, dans ce contexte, une vocation distributrice.

Je ne veux évidemment pas entrer dans des débats de type politicien. Disons que la droite est plutôt en faveur d'un retour pur et dur aux droits de première génération, tandis que la gauche veut maintenir le niveau de protection sociale tel qu'il a été développé en Europe. Mais il est clair par ailleurs qu'il existe des tensions philosophiques et qu'il faut donc toujours avoir à l'esprit les contradictions qui peuvent exister entre les deux contextes intellectuels. Il ne faut jamais accepter la confusion intellectuelle en matière des droits de l'homme, parce qu'un tel obscurcissement des problèmes émousse inévitablement la vigilance critique.

On (re)parle depuis quelque temps, mais essentiellement depuis quelques dizaines d'années, de « droits collectifs », de « droits des peuples ». Ce n'est que relativement récemment qu'on a voulu mettre certains droits collectifs au même niveau que les droits individualistes de première, et même de deuxième génération. Dans diverses proclamations, chartes, déclarations, pactes, conventions, sont apparus petit à petit ces droits dits collectifs, comme le droit des peuples à disposer d'eux-mêmes, le droit de constituer des communautés linguistiques ou religieuses (avec garanties et protections), le droit des familles, et ainsi de suite. Je pense que les groupes ont légitimement le droit de revendiquer un certain nombre de prérogatives, mais il existe sur ce point une confusion conceptuelle : *il est dangereux de placer les droits collectifs sur le même plan que les droits individuels*. Et ceci pour plusieurs raisons : la première se relie au fait qu'on sait ce qu'est un individu, et qu'il est donc *a priori* possible — du moins pour les droits de l'homme les plus fondamentaux — d'être intransigeant sur les principes. Même dans la première génération des droits de l'homme, il existe une différence de traitement : la liberté d'aller et venir, le droit de propriété, la liberté de conscience, la liberté d'expression, les droits politiques, sont des droits qui fonctionnent « au mérite », ils relèvent de la justice « méritocratique ». Vous en avez la jouissance, mais si vous commettez une infraction très grave, vous pouvez en être privé. Vous pouvez être emprisonné, dépouillé de votre liberté d'aller et de venir, conserver formellement votre liberté de conscience mais ne pas pouvoir manifester effectivement votre appartenance confessionnelle (ou politique, pour la liberté d'expression). Tous ces droits peuvent être très fortement limités. Si l'on veut en effet que les individus respectent les droits d'autrui, il faut les menacer (parce qu'ils n'agiront pas tous « bien » pour des raisons strictement morales); il faut les menacer dans leurs intérêts les plus importants, de façon à ce qu'il existe une véritable dissuasion. Mais cela revient évidemment à les menacer dans leurs propres droits de l'homme, puisque ce sont leurs intérêts les plus fondamentaux.

Il existe sans doute une liberté fondamentale de première génération qui, elle, n'est pas négociable : c'est le droit à un procès équitable, l'interdiction de traitements humiliants et dégradants, la présomption d'innocence, les droits de la défense, etc. Ce n'est pas *négociable.* On ne menace pas l'individu en lui disant : si vous faites quelque chose d'atroce, vous allez perdre ce droit-là. C'est un droit jugé tellement fondamental, droit de l'homme des droits de l'homme en quelque sorte, qu'on ne peut jamais en priver l'individu.

L'individu, on sait donc en principe « ce que c'est ». Il était question au début d'un petit nombre de droits. La Déclaration du 26 août 1789 est très claire et concise. Mais en revanche, *qu'est-ce qu'une collectivité ?* Les collectivités sont indéfiniment entrecroisées, et la question de savoir à quel moment l'une d'entre elles est en droit de revendiquer certains droits (autonomie, indépendance, droit à ce qu'une langue soit parlée dans telle ou telle institution, droit à ce que telle ou telle religion puisse se manifester par des signes extérieurs — nous en avons eu des exemples récemment, en France et en Belgique, avec l'affaire du voile). Je pense qu'il faut se montrer très vigilant à cet égard, et bien savoir que ces droits revendiqués ne peuvent être mis sur le même plan que les droits individuels.

.   Une collectivité, on ne sait jamais exactement ce que c'est, et cela à plus d'un titre. Tout d'abord, son *extension.* Quand on soulève le couvercle de la marmite (comme aujourd'hui à l'Est), le problème des nationalités, la menace de balkanisation, surgissent inévitablement. Et personne ne sait jusqu'à quel point il va falloir accorder l'autonomie ou l'indépendance à des minorités qui veulent s'autodéterminer, à des nations, des groupes sociaux ou religieux. L'autonomie ou l'indépendance ne signifient que trop souvent un pouvoir sans limite de ces groupes *sur leurs propres « membres ».*

Le deuxième élément important, c'est qu'une collectivité ne doit pas être envisagée de façon indifférenciée. Il y a essentiellement, dans l'ordre de nos préoccupations, *deux* types de collectivités. Le *premier* s'identifie à ce que le sociologue Tönnies appelait, à la fin du XIXe siècle, une *Gemeinschaft,* c'est-à-dire une communauté basée sur une tradition sacrée, dans laquelle les individus s'intègrent, les règles étant dictées par une transcendance : tradition immémoriale, Dieu monothéiste, tous les gestes des individus étant liés à leurs croyances ou à leur milieu fondamental. Il est donc inévitablement très traumatisant pour ces individus de participer à une société comme la nôtre, où la religion est devenue une confession à caractère privé.

La *seconde* forme de collectivité, c'est la *Gesellschaft*. Il s'agit d'une association à caractère essentiellement *volontaire*. Les Etats de droit, basés sur l'idéologie du pacte social, constituent pour ainsi dire de grandes *Gesellschaften*. Dans ces associations volontaires, les individus contrôlent les autorités. Ces dernières sont, d'une manière ou d'une autre, représentatives, quel que soit le système juridique, quel que soit la forme du contrôle démocratique.

C'est le contraire pour les *Gemeinschaften*. A partir du moment où, dans des Etats comme les nôtres, on donne des droits à des collectivités — dont on ne sait pas très bien qui les représente, parce que les procédures de représentation, de nomination, ne sont pas transparentes, et que les « membres » qui participent à ces collectivités ne sont pas traités comme des individus autonomes, — on met le doigt dans un redoutable engrenage. Quand le droit des peuples à disposer d'eux-mêmes ou le droit de telle ou telle collectivité, est invoqué, la première chose à faire consiste à demander à ces groupes, qui réclament une reconnaissance et un certain type d'autonomie, comment ils traitent *leurs propres membres*, et quel est leur caractère représentatif.

Je voudrais terminer mon propos par une référence à la francophonie, qui a tout à gagner à ce que l'on évite les ambiguïtés, et qu'on ne confonde pas, par exemple, un problème culturel avec un simple problème d'exportation. Il est bien évident que, partout où la francophonie recule, les produits, essentiellement l'information médiatique et les biens de consommation avec mode d'emploi en français, bref les produits qui sont achetés dans une société francophone, s'écoulent plus difficilement, et que cela coûte cher du point de vue de la balance commerciale. Je ne voudrais pas que la francophonie se réduise à cet aspect économique, certes important. Je suis parfois très inquiet quand je considère la manière dont les réunions de la francophonie ont lieu. Il y a eu il y a plusieurs années une réunion francophone à Montréal. Il y avait là des leaders démocrates, mais il y avait aussi des tyrans, voire de purs et simples tortionnaires, et je considère qu'il est dangereux de *faire prévaloir une communauté de langue sur une communauté de valeurs*. Ce n'est pas parce que quelqu'un parle la même langue que vous qu'il défend les mêmes valeurs. Et la première chose qu'il aurait fallu dire, c'est : est-ce que nous parlons avec des gens qui respectent fondamentalement les droits de l'homme, oui ou non ? En second lieu, la collectivité francophone, dans la mesure où on a d'abord manifesté une vigilance quant aux droits de l'homme, peut effectivement poser des problèmes légitimes : une langue et une culture peuvent, dans des circonstances précises, avoir à se défendre contre certaines agressions. Mais il faut en être conscient : les droits de l'homme se sont développés à la fin du XVIIIème siècle dans un contexte essentiellement *cosmopolite* (du moins idéalement : le nationalisme français a souvent absorbé cet universalisme en le faisant travailler à ses propres fins). Ce qui veut dire : les droits de l'homme transcendent toutes les communautés ethniques, linguistiques et religieuses, et il ne faut pas que, par confusion, les revendications (parfois légitimes, souvent illégitimes) de certaines communautés linguistiques viennent en quelque sorte prendre le pas sur la revendication des droits de l'homme.

Chapitre V

L'APPORT JURIDIQUE
DANS L'ÉLABORATION DES DROITS DE L'HOMME

Silvio MARCUS-HELMONS

Professeur au Département de Droit international de l'Université catholique de Louvain

L'idée d'accentuer la pluri-disciplinarité des droits de l'homme me paraît extrêmement importante et, paradoxalement, on ne s'en préoccupe que depuis peu. Les droits de l'homme ne sont pas l'apanage d'une seule science, puisqu'ils visent à la dignité de l'être et ne peuvent donc s'épanouir que s'ils prennent racines dans toutes les disciplines. Je crois que c'est le grand avantage d'un ouvrage comme celui-ci.

Parler du rôle de la science juridique dans l'élaboration des droits de l'homme est à la fois enthousiasmant et, peut-être, un peu décevant, dès lors que les juristes doivent faire preuve d'humilité et reconnaître le rôle très accessoire du droit. Le droit suit toujours le phénomène social, et, en principe, ne le précède pas. Les temps sont loin où Solon pouvait légiférer « in abstracto ». A l'heure actuelle, le droit se contente de consacrer les réalités socio-politiques pré-existantes. Et c'est certainement le cas, aussi, pour les droits de l'homme.

D'autres orateurs ont déjà rappelé la longue genèse des droits de l'homme à travers des manifestations très anciennes qui remontent effectivement à l'Antiquité. Le Moyen Age a apporté sa contribution. Aux XVIIe et XVIIIe siècles, il y eût les grandes déclarations anglaise, américaine et française. Mais on peut se demander s'il s'agit déjà de bonnes illustrations de la contribution juridique, dès lors que le droit, pour être parfait, se doit d'être muni d'une sanction. Il n'y a pas de droit sans sanction. Or, ces grandes déclarations-là n'ont pas de réelle sanction. On peut s'interroger : est-ce du droit ? On se trouve en tout cas sur la bonne voie, puisque ces déclarations s'efforcent d'élaborer des concepts, et le droit collabore également dans cette tâche. La science juridique reconnaît enfin les droits fondamentaux, lorsque les premières constitutions libérales naissent suite à la Révolution et à la Déclaration de 1789. Voilà sur le plan du droit interne.

Sur le plan du droit international, il me semble devoir attendre le 4 novembre 1950, c'est-à-dire la Convention européenne des droits de l'homme, pour trouver la première fois une sanction complétant une liste de droits. Puisqu'aussi bien la Déclaration universelle de 1948, elle aussi, était simplement une liste de droits.

Depuis lors, le droit qui se trouve généralement en aval, a mis les bouchées doubles. Mais je crois que s'il faut, d'un côté, reconnaître cette relativité du droit par rapport à la naissance des droits de l'homme, d'un autre côté, c'est aussi grâce au droit qu'ils ont reçu leur consécration fondamentale et principale, car tant qu'il n'y a pas eu ce complément juridique, les droits de l'homme sont restés des voeux pieux.

Donc, à la fois postérieur au phénomène de la genèse et par ailleurs, consécration suprême : voilà comment, à mon avis, il faut décrire le rôle du droit. Sans oublier ce que je viens d'énoncer il y a quelques instants : à savoir que le droit, depuis lors, a mis les bouchées doubles puisque, outre leur mention dans la constitution et dans la législation de tous les Etats, les droits fondamentaux sont maintenant reconnus et protégés, sur le plan international. En effet, depuis la Convention européenne de 1950, plusieurs autres textes internationaux les consacrent actuellement : les Pactes des Nations unies de 1966, la Convention américaine de Costa Rica de 1969, la Charte africaine de 1981 ... Il y a donc de nos jours, certains textes qui, non seulement définissent des droits, mais y attachent aussi un mécanisme de protection, c'est-à-dire une sanction.

Si vous le permettez, je voudrais ouvrir une parenthèse et présenter une contribution au débat relatif à l'influence des cultures sur la définition des droits de l'homme et à l'importance de l'apport occidental dans l'élaboration de ce concept. M'étant fort intéressé, il y a quelques années, à dégager les racines culturelles des droits de l'homme, j'eus une longue conversation au Japon à ce sujet avec un moine bouddhiste. Je lui demandai ce qu'il pensait de ce concept. Après de longues minutes de silence, il m'a regardé et m'a dit : « *Cher Monsieur, l'Occident considère que les droits de l'homme sont le nec plus ultra des aspirations de l'être humain. N'y a-t-il pas là une profonde naïveté de croire que le droit puisse appréhender la totalité des aspirations humaines ? Or, l'appellation même que vous employez se réfère à une expression juridique "droits de l'homme"* ».

Cette affirmation a provoqué une certaine humilité chez moi. Elle confirme, par ailleurs, l'idée que les droits de l'homme sont nés en Occident, au sein de la civilisation judéo-chrétienne. Il est normal, dès lors, de constater que les aspirations humaines varient selon les continents. Les droits de l'homme sont perçus différemment par les uns et les autres, d'après leurs traditions culturelles. Pour disposer d'une liste de droits fondamentaux qui corresponde mieux aux désirs de toute l'humanité, il faudrait sans doute tenir compte davantage des différentes civilisations. Pour fondée qu'elle soit, cette constatation doit néanmoins être nuancée : certains droits de l'homme de la liste classique concrétisent des aspirations vraiment universelles.

A mon avis, l'abolition de la torture, le droit d'aller et venir, le droit à la vie, l'abolition de l'esclavage, le désir d'une vie décente sont des besoins tellement fondamentaux que je ne connais aucune religion ou aucune philosophie qui semble les rejeter.

Ceci étant dit, je referme la parenthèse et j'en reviens au rôle du droit dans cette synthèse interdisciplinaire sur les droits de l'homme.

Puisque le droit a dressé une liste des droits de l'homme et leur a conféré une sanction, quel peut encore être son rôle dans le présent et dans l'avenir ? C'est par là que je voudrais terminer ces quelques réflexions.

Je pense que le droit a encore une mission à accomplir dans l'immédiat et dans le futur. Dans l'immédiat, il me paraît que l'acquis doit être préservé. Vous direz que c'est une lapalissade. Je n'en suis pas du tout si persuadé : nous vivons à une époque où les droits de l'homme sont reconnus dans le monde entier mais — tout le monde l'admettra — ils sont plus que jamais violés. Une fois de plus, l'imperfection du droit doit être soulignée, et il convient de rappeler la tâche énorme qui doit encore être accomplie. Il faut préserver l'acquis et, pour cela, corriger les défauts qui subsistent. La Cour européenne des droits de l'homme et d'autres juridictions nous ont montré les nombreuses faiblesses qui persistent dans notre système juridique. Tous ces pays d'Europe occidentale, si fiers de leur démocratie, si fiers de leur Etat de droit, sont régulièrement au banc d'accusation parce qu'il existe des lacunes dans leur système juridique. Il y a des injustices. Il y a des iniquités. Et je pense qu'il appartient au droit de se peaufiner, de se parfaire constamment, de veiller à ce que, précisément, ces lacunes dans son système soient petit à petit comblées.

Parmi ces déficiences, signalons d'abord les lenteurs de la procédure. Existe-t-il pire tourment que de laisser un être indéfiniment attendre que justice lui soit rendue ? Il est inconcevable qu'actuellement encore, la procédure dure si longtemps. A l'époque de l'ordinateur, à l'époque des décisions rapides, comment expliquer que, pour certaines juridictions, il n'est plus possible de fixer une affaire avant 1994. Ces lenteurs se traduisent sur le plan national et malheureusement sur le plan international. Récemment, la Cour européenne des droits de l'homme a rendu un arrêt dans les trois mois, parce qu'il s'agissait de l'extradition d'un citoyen allemand, arrêté sur territoire britannique et réclamé pour un crime par les Etats-Unis où la peine de mort existe. La Cour est intervenue en toute hâte parce qu'elle voulait empêcher une extradition vers un pays où la peine capitale est encore exécutée, alors que cette exécution est abolie dans les Etats d'Europe occidentale. Mais, en règle générale, même à Strasbourg, pour sanctionner une violation patente des droits de l'homme, il faut souvent trois à quatre ans, voire cinq ans quelquefois. Cela est choquant, voilà une des lacunes que le droit doit combler à l'heure actuelle.

Et puis, il y a l'avenir. Pour moi, l'avenir pose d'énormes problèmes. Mon but n'est pas de dresser une liste exhaustive des problèmes à résoudre : je n'en aurais ni le temps, ni les compétences. Je souhaite seulement lancer quelques pistes de réflexion et alimenter vos débats. Dans cet énorme travail qui reste à accomplir par le droit pour le développement des droits de l'homme, deux voies me paraissent insuffisamment explorées.

La première est relative à la sanction de quelques nouveaux droits fondamentaux.

Je ne désire pas entrer dans la querelle des priorités entre les différentes « générations » des droits de l'homme car, j'estime que tous ces droits sont indispensables à l'épanouissement de la personne. Il convient cependant de reconnaître que chronologiquement les droits civils et politiques furent les premiers à être consacrés en Occident. Ceux-ci exigent essentiellement un devoir d'abstention de la part des Etats : l'Autorité doit éviter d'interférer dans le droit au respect de la vie privée, dans la liberté d'association, d'expression, de religion, etc.

Avec la révolution industrielle de la fin du XIXe siècle, on a pris conscience de la nécessité de protéger les droits économiques et sociaux. Ces derniers imposent à l'Etat un devoir d'action : il faut organiser le droit au travail en prévoyant une allocation de chômage en cas d'absence de travail; il faut instaurer un système de sécurité sociale, etc. Cette fois, l'Etat a un rôle actif et accepte déjà plus difficilement un contrôle international sur ses éventuelles lacunes. Ce sont les droits de créance.

Il est vrai qu'actuellement, il n'y a plus de « portes étanches » entre les droits civils et politiques d'une part, et les droits économiques et sociaux d'autre part car, pour assurer une parfaite protection des premiers, il convient d'exiger également une action positive de l'Etat dans certains cas. La Cour européenne des droits de l'homme l'a affirmé dans deux arrêts connus : l'arrêt Marckx en juin 1979 et l'arrêt Airey en octobre 1979. Néanmoins, l'intervention de l'Etat dans la réalisation des droits économiques et sociaux demeure beaucoup plus importante que dans le cas des droits civils et politiques. On peut comprendre dès lors la réticence des Etats à accepter la mise sur pied d'un mécanisme contraignant de contrôle international.

Que dire de ce qu'on appelle la « 3ème génération » des droits ou les « droits de solidarité » : le droit à la paix, le droit à un environnement sain, le droit au développement ? Pour les juristes positivistes, il ne s'agit pas là de droits, dans le sens juridique du terme, mais de déclarations d'un idéal ou d'objectifs politiques. En effet, ces « droits » ne répondent pas aux critères d'un droit subjectif, à savoir qui en est débiteur, qui en est bénéficiaire, quel est le contenu précis du droit et comment est-il sanctionné ?

En se plaçant sur le plan de la théorie juridique, ces positivistes ont naturellement raison. Mais, si l'on considère que ces « droits » sont indispensables à la survie de l'humanité, si l'on songe qu'ils incarnent l'espoir le plus vif pour des millions, voire des milliards d'êtres humains, on peut se demander si la mission fondamentale du droit ne consiste pas à faire preuve d'imagination et à trouver une solution pour adapter ses critères aux besoins et non l'inverse. N'oublions jamais que le droit est fait pour l'homme et non pas l'homme pour le droit.

Enfin, la dernière voie que le droit devrait explorer à l'avenir est celle des progrès gigantesques de la science. En cette fin de XXe siècle, la science devient tellement puissante qu'on ne peut pas, non plus, la laisser se développer incontrôlée dans tous les sens, au risque de connaître une nouvelle forme de dictature.

Les hommes de science sont naturellement réticents à toute supervision qui leur apparaît comme un frein à la liberté de recherche. Je ne désire pas brider la science, mais je refuse de me soumettre à la dictature que pourraient engendrer les conséquences de certaines découvertes de la science.

Tout le monde est conscient de ce que l'informatique est un avantage dans notre vie contemporaine, mais peut aussi représenter un danger pour la vie privée de chacun.

De même, dans le domaine médical et génétique, les progrès énormes créent parfois des problèmes de même taille. Que faire des embryons congelés en surnombre dont on n'a plus besoin pour la fécondation artificielle ? Pourrait-on les employer pour des expériences scientifiques ? Serait-il admissible de manipuler le patrimoine génétique de certains êtres ? Faut-il continuer, voire intensifier, le recours aux mères de substitution dans certains cas de fécondation artificielle ? Toutes ces questions et beaucoup d'autres provoquent un nombre croissant de difficultés d'ordre psychologique et physique, mais aussi d'ordre juridique et moral.

Il n'appartient plus aux seuls chercheurs d'en décider. Cela devrait faire l'objet d'un large débat interdisciplinaire, car toute l'humanité est concernée.

Certains pays, comme la France, ont préparé des projets de loi dans la hâte. Ces derniers ne sont cependant pas toujours à l'abri de toute critique. C'est un travail d'envergure qui exige beaucoup de temps et de multiples compétences.

Voilà, pour le droit, une nouvelle mission capitale de collaboration dans le domaine des droits de l'homme.

Par ces quelques réflexions, j'ai voulu montrer que le droit ne joue qu'un rôle limité dans le développement des droits de l'homme, mais que ce rôle est indispensable et qu'il reste encore une grande tâche à accomplir.

Chapitre VI

LE DROIT AU DÉVELOPPEMENT EST-IL OUI OU NON INCLUS DANS LA DÉCLARATION UNIVERSELLE DES DROITS DE L'HOMME ?

Eric TOTAH

Maître en Droit de l'Université du Bénin

et Noël MADOUNGA

Maître en Journalisme de l'Institut de presse et des sciences de l'information de Tunis

Introduction

Il nous paraît opportun de rappeler de prime abord, en raison de la tendance générale à les confondre, que le droit du développement et le droit au développement sont deux concepts différents, même s'ils s'accordent sur les moyens de développement des biens et des personnes.

Le droit du développement, dont l'idée et l'expression ont été lancées au lendemain de la première CNUCED en 1964 est une « technique juridique et un ensemble de méthodes de législation propre à sous-tendre le développement économique et social dans les pays attardés »[1]. Il s'agissait pour ses promoteurs de jeter les bases d'un véritable droit international du développement qui, entre autres, permettrait d'appliquer le principe de réciprocité et d'avantages mutuels et favoriserait la multiplication des formules de coopération internationale à tous les niveaux, tâche spécifiquement juridique visant à corriger les inégalités du développement[2]. Le droit du développement rompt l'équilibre « liberté-ordre social » en privilégiant l'ordre sur les libertés et se démarque, partant, du droit au développement

---

[1] K. M'BAYE, « Droit et Développement en Afrique francophone de l'Ouest », in *les aspects juridiques du développement économiques »*, Dalloz, 1966, p. 137.

[2] M. VIRALLY, propos recueillis par E. JOUVE dans son ouvrage *Le Tiers-Monde dans la vie internationale*, Berger-Levrault, 1984, pp. 96-97.

dont le but ultime est d'assurer à tous les hommes la jouissance des droits fondamentaux, la personne humaine étant le seul privilégié du droit au développement[3].

C'est précisément de ce lien entre le droit au développement et les droits de l'homme qu'il est question de débattre à travers le thème : *le droit au développement est-il oui ou non inclus dans la Déclaration universelle des droits de l'homme ?*

Notre approche s'articulera autour de trois axes principaux; il s'agira notamment :

– d'examiner le bien fondé de ce droit, donc de donner les *différentes justifications du droit au développement.*

– d'investiguer le champ des textes internationaux, pour définir son *fondement juridique.*

– de préciser *sa nature et son contenu réel.*

Toutefois, il conviendrait pour des exigences d'ordre étymologique que requiert la compréhension du concept du droit au développement, d'élucider avant tout la notion du développement.

La notion de développement

Longtemps identifié à la croissance, le concept de « développement » va devoir sa complète autonomie à François Perroux qui distingue quatre niveaux dans l'évolution économique des sociétés.

– l'expansion, terme neutre indiquant l'augmentation de la dimension;

– la croissance, augmentation de la dimension mais homothétique c'est-à-dire sans différentiation, sans modification des composantes, sans changement de structures;

– le développement proprement dit : faisceau de transformations dans les structures mentales et institutionnelles, conditions de la prolongation de la croissance;

– le progrès, signification finaliste qui donne un sens au processus du développement.

Faisant fi de toute polémique doctrinale, nous retiendrons avec F. Perroux que le « *développement est la combinaison des changements mentaux*

---

3   J.-M. BECET et D. COLARD, *Les droits de l'homme, dimensions nationale et internationale,* Economica, 1987, p. 151.

et sociaux d'une population qui la rendent apte à faire croître cumulativement, durablement, son produit réel global »[4].

Nous déduisons de cette définition que le développement, c'est l'amélioration quantitative et qualitative, c'est une expression de « l'intégralité de l'homme répondant à ses besoins matériels en même temps qu'à ses exigences morales ». Et, si nous considérons l'homme comme étant au centre du développement, ce dernier serait alors perçu comme un mieux-être et un droit de l'homme. C'est à juste titre que J.M. Domenach considère que le « développement est le droit de l'homme, chaque homme a le droit de vivre et le droit de vivre mieux »[5]. Ce qui implique les conditions qui assurent sa sécurité et sa dignité et qui donnent un contenu à son pouvoir d'être libre et à sa capacité d'être heureux. Cette clarification faite, la légitimation du droit au développement appelle des justifications tant au niveau politique, économique, stratégique qu'au plan moral.

La légitimation du droit au développement

Le droit au développement est né de la revendication des pays sous développés de l'hémisphère Sud de leur situation inégale vis-à-vis des pays développés. Ceux-ci tirent de leurs rapports avec les pays sous développés un certain nombre d'avantages qui exigent en contre partie des obligations correspondant pour leurs partenaires à des droits, lesquels sont justifiés par les avantages économiques, stratégiques et politiques.

A. Au niveau économique

L'intérêt économique de l'aventure coloniale des pays développés a perduré. Il a réduit les pays sous développés dans leur fonction de fournisseur de matières premières et de main-d'oeuvre à bon marché ainsi que dans le rôle d'importateur de produits manufacturés. Le financement en vue du développement n'est dans plusieurs cas que subvention déguisée aux exportations. Les pays sous développés voient leurs termes d'échange se détériorer. C'est encore eux que des dévaluations touchent au premier chef. Ils ne sont ni consultés et encore moins informés de la fixation du prix de leurs produits. « Le dialogue n'est pas de mise dans ce cas, seul le communiqué est utilisé » disait Camus. Ce sont les pays développés qui sur les marchés de Londres, d'Amsterdam, de Paris et de Tokyo décident à leur place. Ainsi, malgré les énormes potentialités des ressources naturelles dont

4   F. PERROUX, *L'économie du XXe siècle*, p. 154.
5   A. MALCOLM, *Que mon pays s'éveille*, p. 230.

regorgent les pays sous développés, les règles du commerce international les maintiennent dans une situation de dépendance et d'inégalité.

B. *Au niveau stratégique*

Les pays sous développés sont l'objet de convoitise de la part des pays développés dans le but de conquérir des bases stratégiques classiques ou adaptées à l'armement moderne. Ces pays de la périphérie deviennent des cibles de telle ou telle puissance qui, dans le conflit, n'engage que ses finances, les pertes en vies humaines étant généralement du côté de la périphérie. Ces finances qui se justifient par les armes et tout le matériel de guerre contrastent avec la parcimonie en matière d'aide au développement.

C. *Au niveau politique*

Chaque pays bienfaiteur établit avec un ou plusieurs pays sous développés des relations économiques privilégiées espérant en tirer une certaine fidélité politique; l'ambition est de prolonger vers le Sud son idéologie. L'ingérence de plus en plus grande dans les affaires intérieures qu'une telle politique engendre à la longue rend de plus en plus suspects aux yeux de l'opinion les dirigeants des pays sous développés qui l'acceptent.

Somme toute, il s'agit d'un pacte colonial qui reste en vigueur jusqu'ici sous le couvert du droit international classique, véritable imposture juridique. Vouloir nier cette évidence remettrait en cause le droit au développement.

D. *Justification morale*

La liberté a-t-elle un sens pour celui qui va mourir de faim ? Pour ceux qui croupissent dans la misère, l'indigence et l'indifférence totale, les droits de l'homme sont une langue de bois « si un affamé est théoriquement un homme libre il reste pratiquement esclave ». C'est un axiome.

Seule une prise de conscience collective pourra vaincre l'égoïsme des peuples et celui des hommes. Ainsi le véritable fondement du droit au développement, c'est la solidarité : car l'Homme est au centre de toute entreprise humaine. Mais le droit au développement n'est pas seulement un droit au sens philosophique du terme, mais il est descendu de la morale au droit.

Fondements juridiques du droit au développement

Hormis les justifications politico-économiques, stratégiques et morales, le droit au développement a reçu une consécration dans différents textes juridiques depuis 1945.

Déjà, la Charte des Nations unies dans son préambule et dans les articles 55 et 56 a fait de la promotion du développement et de la coopération internationale une obligation juridique fondamentale de tous les pays signataires. Ceux-ci s'engagent entre autres, et ce en coopération avec l'Organisation, à favoriser le progrès social et à instaurer de meilleures conditions de vie dans une liberté plus grande.

Trois ans après, le 10 décembre 1948, date de la Déclaration Universelle des droits de l'homme, la communauté internationale a consacré l'ensemble des droits et libertés de l'Homme dans un document important. Dans ce document, figurent près d'une trentaine d'articles qui soulignent les obligations juridiques de toute entité pour le respect de la personne humaine. Cette déclaration reconnaît à toute personne le droit d'obtenir la satisfaction des droits économiques, sociaux et culturels indispensables à sa dignité et au libre développement de sa personnalité grâce à l'effort national et à la coopération internationale. Dans son article 25, elle considère *le droit à un niveau de vie suffisant ou minimum comme un aspect du droit au développement* : cet article conditionne la jouissance des libertés. Car un niveau de vie suffisant signifie que la personne humaine a assuré sa santé, son bien-être, son alimentation, son habillement et son logement. Ce qui ne peut être satisfait que si les conditions économiques le permettent, d'où l'élaboration des droits économiques, sociaux et culturels érigés en « but » au même titre que la paix et la sécurité. Partant, il y a une corrélation inhérente entre la jouissance de ces droits de l'homme et le développement économique. Il n'y a pas de jouissance possible des droits de l'homme sans développement économique. Car il ne peut pas y avoir de développement sans jouissance des droits de l'homme. Ainsi, si le droit au développement est le droit pour la personne humaine de se développer pleinement donc de mieux être et par là, de jouir de tous ses droits, *le droit au développement est un droit de l'homme.* Il s'agit d'un but vers lequel tous les Etats doivent coopérer.

En 1976, à Naïrobi, la Conférence Générale de l'UNESCO avait approuvé un « Plan à moyen terme 1977-1982 » qui prend en compte la promotion des droits de l'homme dans toutes leurs dimensions. Deux ans après, en 1978, lors d'une réunion d'experts à Paris sur « les droits de l'homme, les besoins de l'Homme et l'instauration d'un Nouvel Ordre Economique International », le professeur Jean Rivero estimait que « *le développement apparaît moins comme un droit distinct que comme l'ensemble des moyens qui permettront de rendre effectifs les droits économiques et sociaux pour la masse des hommes qui en sont douloureusement privés ».*

Si l'homme est au centre du développement dans un espace défini, il ne peut pleinement jouir de ses droits que si cet espace organise et gère ses ressources. Ainsi ces espaces qui sont des Etats ont le droit de choisir leur propre développement dans un environnement international favorable. Ce droit implique la souveraineté permanente sur les ressources naturelles, les richesses et les activités économiques. Or, la Proclamation de Téhéran de 1968 constate dans son paragraphe 12 que « l'écart croissant qui sépare les pays économiquement développés des pays en voie de développement fait obstacle au respect effectif des droits de la communauté ». D'où la nécessité d'aider ces pays à se développer, ce qui corrobore l'idée d'une coopération explicitement soulignée à l'article 28 de la Déclaration de 1948.

Cette idée de coopération est également exprimée dans la déclaration de 1974 sur le NOEI, qui, dans son article 9, insiste sur la nécessité de favoriser le progrès économique et social dans le monde entier et en particulier dans les pays en voie de développement. Ce qui répond aux besoins et aux objectifs de développement généralement reconnus et mutuellement acceptés des pays en développement. Car le développement et le progrès n'ont pour but que d'assurer la promotion des droits de l'homme ainsi que la justice sociale. Ainsi, le droit au développement semble plus concerner les pays sous développés du Sud que ceux développés du Nord. Car il est étroitement lié à l'instauration du NOEI.

Même si la reconnaissance de l'existence du droit au développement peut résulter d'une interprétation systématique des textes internationaux cités, dès lors que ces textes déclarent et protègent les droits économiques et sociaux de l'individu, on peut se demander quelle est sa nature exacte et quel est son contenu réel.

Nature et contenu réel du droit au développement

Par l'ampleur des questions qu'il soulève, le droit au développement est de nature multidimensionnelle, car il tend à faire la synthèse de l'ensemble des droits de l'homme. On dira même pour reprendre l'expression de Camus c'est un « *droit-carrefour* » dont pratiquement tous les autres droits fondamentaux de l'homme dépendent. Il est à la fois un droit de l'homme et un droit des peuples. Il est à un peuple ce que les droits de l'homme sont à un individu[6].

---

[6]   K. M'BAYE, « Le droit au développement comme un droit de l'homme », in *Revue des Droits de l'Homme*, vol. 2-3, 1972, p. 518.

C'est la transposition au niveau de la communauté internationale des droits de l'homme.

Ce caractère multidimensionnel explique la polémique sur la nécessité d'une codification du droit au développement. Si, certains juristes préconisent l'élaboration d'une convention[7], d'autres par contre, jugent inutiles de « s'encombrer d'une nouvelle Proclamation d'un droit au développement » alors même qu'il est déjà inscrit dans la Charte des Nations unies qui a contribué à la systématisation de ce droit et dans les différents textes internationaux[8]. D'autres encore estiment qu'établir un Traité serait une opération longue et aléatoire qui présente a priori plus d'inconvénients que d'avantages.

Nous ne voulons pas nous embourber dans le champ du formalisme juridique, ou polémiquer pour ou contre une nouvelle convention du droit au développement. Notre propos consiste à analyser le contenu réel de ce droit dans la mesure où toute la communauté internationale le reconnaît. Combien de textes juridiques à caractère international ont été élaborés, mais qui sont restés en veilleuse.

Même la Déclaration de 1948 dans laquelle figure le droit au développement est par certains côtés un texte de circonstance. Combien d'Etats membres de l'O.N.U. respectent cette Déclaration ? Bien peu. Cependant, si cette Déclaration proclame le droit au développement, la problématique réside dans son manque de dynamisme, car ce droit au développement fait l'objet d'une indifférence totale, il est refoulé dans le subconscient des gouvernements de certains Etats. Cette indifférence se traduit par le comportement des pays riches se refusant à s'engager sur le fond des problèmes relatifs, notamment à la participation des pays sous développés aux grandes négociations sur la réforme du système monétaire international, à la libération des échanges internationaux. Le refus des pays riches de se prononcer de nouveau sur le volume et les conditions de l'aide financière qu'ils accordent au Tiers-Monde. Il s'est créé un véritable front des riches face à des pays sous développés qui sont dans un état de dépérissement très avancé à cause de la détérioration des termes de l'échange. Nonobstant cette situation, les institutions financières internationales « préfèrent parler avec les entités moribondes — tels les pays moins avancés — des plans dits

---

7   La commission Justice et Paix d'Algérie avait préconisé de compléter la Déclaration de 1948 par la Proclamation d'un Droit au développement, *Revue des Droits de l'Homme*, vol. 2-3, 1972.

8   K. M'BAYE, *op. cit.*, p. 526.

d'ajustement structurel qui arrêtent toute possibilité de croissance et dont le souci majeur est de garantir le remboursement de la dette »[9].

Qu'on ne nous dise pas que la perception occidentale des droits de l'homme, vue sous cet angle, soit en parfait accord avec la conception humaniste du droit au développement. Si le droit au développement est un droit de l'homme, comment peut-on expliquer l'égoïsme des pays riches ? Pourquoi vouloir s'arroger la palme de défenseur des droits de l'homme alors que l'un des droits fondamentaux de l'homme : le droit au développement est sous-estimé voire bafoué ?

Halte à l'hypocrisie, car aucun pays aussi riche et aussi puissant soit-il, ne peut prétendre donner des leçons en matière de droits de l'homme. Que tous ces Etats qui se proclament chantres voire champions de la démocratie et du respect des droits de l'homme se détrompent. Car ce sont les droits de l'homme qu'ils foulent au pied en restant indifférents à la misère du Tiers-Monde.

Pour les pays sous-développés, il vaudrait peut-être mieux parler du droit de survie ou encore d'un laissez-passez pour la mort dont ils pourront bénéficier sans trop de peine. Alors, ne faudrait-il pas redéfinir fondamentalement la notion des droits de l'homme telle qu'elle est perçue par une certaine opinion occidentale ?

Il s'agit d'abord d'ouvrir les yeux sur les violations des droits de l'homme et sur les dénégations des droits des peuples qui sévissent aussi bien en Occident que dans les pays sous développés et ensuite, de recentrer les stratégies de manière à éviter le juridisme, l'idéalisme et le moralisme. Le plaidoyer du Doyen M. Benchikh nous paraît judicieux à ce propos : « en fait, comme le montre l'expérience des vingt dernières années, si l'indépendance nationale est une phase nécessaire pour le respect des droits des peuples et des droits de l'homme, elle n'en est pas une condition suffisante. La dépendance économique et le maintien des liaisons étroites qu'elle permet avec le capital international conduit à la continuation sous d'autres formes de la violation des droits des peuples.

Cette violation des droits des peuples en tant que conséquence de la dépendance économique est menée à la fois par le capital international qui en est le principal bénéficiaire et par les aristocraties ou les bourgeoisies privées ou étatiques des pays sous-développés.

En effet, comment les droits de l'homme pourraient-ils être sauvegardés là où serait violé le droit au développement ?

---

[9]   B. SCHNEIDER, *Le Tiers-Monde dans la vie internationale*, Berger-Levrault, 1984.

Si nous considérons que le respect des droits de l'homme passe impérieusement par la prise en considération du droit au développement, il apparaît nécessaire d'établir une liaison entre la lutte pour les droits de l'homme et le combat pour le droit au développement. Pour ce faire, il s'agit de vaincre l'expression manifeste de la négation de la dignité humaine, l'égoïsme des hommes et des peuples .

Chapitre VII

LE DROIT DES PEUPLES
DANS LA DOCTRINE MARXISTE-LÉNINISTE

Eric GOSSET

Assistant à l'Unité des Relations internationales de l'Université catholique de Louvain

Dans la théorie marxiste-léniniste, la question du droit des peuples est traitée sous le vocable « question nationale et coloniale ». Pour les tenants de la doctrine, cette question naît de l'existence du système capitaliste : d'une part, la bourgeoisie constitue historiquement sa domination sur une base *nationale*, en se prétendant la représentante de l'ensemble de la nation et en confisquant cette notion à son profit; d'autre part, à l'époque de l'impérialisme — fin du XIXème siècle, début du XXème siècle selon Lénine — la bourgeoisie triomphante s'internationalise et se partage le monde en *colonies* dont elle exploite, là encore, les richesses et les populations à son profit. Question nationale et question coloniale sont donc largement « contaminées » par l'action de la bourgeoisie, elles sont entachées de contenu bourgeois. C'est dire si la question du droit des peuples, du droit des nations à disposer d'elles-mêmes, est envisagée par le marxisme-léninisme d'une manière qui n'est pas exempte d'ambiguïtés ni d'arrière-pensées.

1. Marx et Engels

Dans la conception marxiste classique, il est clair que la lutte des classes doit l'emporter sur les luttes nationales. Marx proclame en 1848, dans le *Manifeste communiste*, que « les ouvriers n'ont pas de patrie »; l'émancipation réclamée par le prolétariat ne pourra se réaliser qu'au niveau international; le nationalisme, idéologie bourgeoise, ne peut que détourner les prolétaires de leurs intérêts fondamentaux, de leur conscience de classe. La nation est la réalité historique créée par les relations économiques capitalistes lorsqu'elles supplantent la « formation économique-sociale » antérieure, la féodalité ; poursuivant leur développement inéluctable, ces relations économiques s'étendent bientôt au-delà des frontières nationales. Ainsi, l'internationalisation de l'exploitation du prolétariat crée-t-elle, selon Marx, les conditions nécessaires à son émancipation définitive, c'est-à-dire internationale. Une fois parvenu au pouvoir, le prolétariat visera à abolir l'exploitation de l'homme par l'homme, mais aussi l'exploitation de la nation par la nation.

Le schéma est applicable d'un point de vue européo-centriste : Marx et Engels estiment que la révolution prolétarienne, émancipatrice de l'humanité, doit se réaliser d'abord dans les pays les plus développés économiquement, c'est-à-dire en Europe. Deux conséquences importantes en découlent pour le problème qui nous intéresse :

– le colonialisme et l'impérialisme trouvent une justification : l'implantation capitaliste européenne outre-mer avec son modèle de développement économique et social offre à long terme la garantie que les peuples opprimés s'orienteront vers le progrès (industrialisation, prolétarisation, lutte des classes, dictature du prolétariat),

– la question nationale est tout à fait minimisée. Le prolétariat qu'observent Marx et Engels est celui des grands Etats européens, qui, pour la plupart, sont des Etats nationaux unifiés ou en voie de l'être (France, Angleterre, Allemagne, Italie). Le problème national n'apparaît donc pas comme étant une question aussi cruciale que le problème social. Dans cette perspective, seuls seront soutenus les mouvements nationaux qui favorisent la création de grandes unités politiques, jugées progressistes; les autres mouvements nationaux seront rejetés comme réactionnaires, parce que désintégrants[1].

Dans les deux cas, le droit des peuples apparaît comme une catégorie parfaitement étrangère au marxisme, objectivement bourgeoise.

Chez Marx et Engels, toutefois, la question nationale ne se pose pas aussi simplement que la thèse « classique » (de classe)[2], concluant à l'incompatibilité du marxisme avec le nationalisme, le laisse apparaître. D'abord, il convient de remarquer que « la question nationale et coloniale » n'a jamais fait l'objet, dans les écrits des fondateurs du marxisme, d'une analyse « simple et systématique »[3] : relevant de l'ordre de la superstructure au sein de la théorie globale, elle reste à l'arrière-plan, confinée dans un « flou conceptuel »[4]. Ensuite, il faut souligner que Marx et Engels réfléchissent et

---

[1] Cfr. H. CARRERE D'ENCAUSSE, « Communisme et nationalisme », *Revue française de science politique*, vol. XV, n° 3, juin 1965, pp. 466-498.

[2] Jeu de mots sur le terme latin « classicus ». Relevé par W. CONNOR, *The National Question in Marxist-Leninist Theory and Strategy*, Princeton (NJ), Princeton UP, 1984, p. 20.

[3] D. COLAS, « Les marxistes et la question nationale », *Le Monde*, 21 janvier 1989, p. 2.

[4] Id.

agissent au milieu du XIXème siècle européen, c'est-à-dire dans un environnement où l'émergence du principe des nationalités met à mal l'existence même de certains Etats; il n'est donc pas étonnant de les voir prendre progressivement en compte la question du droit des peuples, dans la mesure où celui-ci peut favoriser les desseins de la révolution mondiale.

Cette attitude se concrétise surtout dans les années 1860, lorsque Marx et Engels apportent leur soutien aux revendications nationalistes irlandaises. Ils défendent le principe suivant lequel un peuple qui en opprime un autre ne saurait s'émanciper : si la classe ouvrière anglaise, à bien des égards la plus progressiste du monde, veut réussir sa libération, elle ne peut poursuivre sa complicité avec la bourgeoisie d'Angleterre en soutenant la sujétion de l'Irlande; le droit de la nation irlandaise à disposer d'elle-même devient ainsi la condition nécessaire de l'émancipation véritable de la classe ouvrière anglaise. A travers le cas irlandais apparaît ainsi une conception stratégique de la question nationale dans le marxisme[5] : il n'est pas question de reconnaître comme principe, comme valeur absolue, le droit de chaque peuple à créer son Etat s'il le souhaite; mais ce droit peut être inséré comme composante de la stratégie globale du mouvement révolutionnaire, illustrant la théorie du « maillon faible » de la chaîne du capitalisme. Autrement dit, l'internationalisme reste fondamental; cependant, la lutte des classes peut se développer sur une base nationale, mais « en forme », non « en substance ». C'est surtout Lénine qui va exploiter cette veine du marxisme.

2. *Lénine*

Lénine envisage la question nationale dans un contexte fortement différent de celui qui prévalait au temps de Marx et Engels.

Il y a des différences que l'on pourrait qualifier de « structurelles » : la réflexion et l'action de Lénine surgissent dans le cadre d'un Etat multinational, l'Empire des Tsars, dont le ferment d'unité est une politique de russification[6]; de plus, le parti de Lénine, le Parti ouvrier social-démocrate de Russie (POSDR) est confronté à des problèmes d'organisation, dans lesquels la question nationale tient sa place[7].

---

5   W. CONNOR, *op. cit.*, p. 20.
6   « L'accélération du mouvement national dans l'Empire tsariste coïncide entièrement avec le développement du projet de russification ». H. CARRERE D'ENCAUSSE, *Le grand défi. Bolchéviks et nations, 1917-1930*, Paris, Flammarion, 1987, p. 15.
7   Cfr. le rôle du Bund (Ligue des ouvriers juifs de Lituanie, de Pologne et de Russie) qui prône l'organisation du parti sur une base fédérale et autonome; Lénine s'y oppose.

D'autre part, on peut relever des différences d'ordre « conjoncturel » : la question nationale, en ce début du XXème siècle, prend de plus en plus d'importance au sein de la IIème Internationale ouvrière, notamment sous l'impulsion des penseurs austro-marxistes Karl Renner et O. Bauer. En fait, Lénine doit se garder à la fois sur sa droite, critiquant les « révisionnistes » Bauer et Renner qui voient dans la nation l'agent principal du changement social, et sur sa gauche, houspillant le « dogmatisme » de Rosa Luxemburg qui, au nom du primat de l'internationalisme marxiste de la lutte des classes, refuse toute concession au nationalisme, bourgeois par essence.

La nécessité pour Lénine de s'intéresser au droit des nations est encore renforcée par le déclenchement de la première guerre mondiale. Selon sa lecture, celle-ci marque la faillite de l'internationalisme ouvrier devant le nationalisme bourgeois : les dirigeants ouvriers ont trahi les intérêts de leur classe, en votant les crédits de guerre et en refusant de transformer la guerre « impérialiste » en guerre civile de classes. Il est donc urgent de récupérer cette puissante force nationaliste et de la manipuler pour la mettre au service de la révolution mondiale. Dès lors, de même que la question de l'Irlande avait conduit Marx à envisager une stratégie nationale, fondée sur le principe de « maillon faible », de même Lénine verra-t-il dans les mouvements nationaux des pays colonisés, notamment en Asie, le point d'impulsion susceptible de redonner vie au projet révolutionnaire du prolétariat des pays occidentaux avancés.

Dans cette stratégie, le rôle-clé revient à la notion d'autodétermination, « droit des nations à disposer d'elles-mêmes ». Le nationalisme, bien qu'il s'agisse d'une idée bourgeoise, ne peut être abandonné à la seule bourgeoisie, vu son potentiel mobilisateur. Proclamer le droit à l'autodétermination, c'est, pour Lénine, renforcer la confiance entre les peuples, notamment au sein de l'Etat multinational; c'est faire des mouvements nationaux les alliés de la révolution prolétarienne; c'est enfin, grâce aux soutiens mutuels des prolétariats nationaux, « éduquer le prolétariat dans un esprit internationaliste »[8]. Ce qu'il faut souligner ici, c'est le mot « proclamer » : lancer le slogan de l'autodétermination (c'est-à-dire le droit des nations à la sécession et à se constituer en Etat, ainsi que le droit d'égalité entre les nations) permet à Lénine d'espérer des résultats sans avoir à appliquer réellement le principe. Ici aussi, le droit des peuples conçu comme droit des nations, excluant la reconnaissance des droits des minorités, se révèle comme un droit essentiellement relatif[9], subordonné aux intérêts du parti de la révolution. Il est d'ailleurs

---

[8]   Voir H. CARRERE D'ENCAUSSE, *op. cit.*, pp. 55-56.

[9]   W. KOLARZ, « Die Nationalitäten », in J.M. BOCHENSKI, G. NIEMEYER (ed.), *Handbuch des Weltkommunismus*, München-Freiburg, Karl Alber, 1958, p. 262.

symptomatique de constater que Lénine, jusqu'en 1917, se prononce contre le fédéralisme (pourtant proposé par Staline dans sa brochure de 1913 sur la question nationale). Son ralliement à l'idée fédérale après la Révolution d'octobre reste purement tactique et tient surtout aux difficultés rencontrées par l'Etat soviétique à se maintenir uni, alors que les nations de l'ancien empire ont pris au pied de la lettre le droit à la sécession (Finlande, pays baltes, Pologne, Ukraine, Georgie, ...). Le but reste toutefois très clair : « La fédération est la forme transitoire vers l'unité totale des travailleurs des différentes nations »[10]. En attendant l'assimilation ultime, qui doit se faire sur une base de plein volontariat, quelques concessions culturelles minimales et une autonomie relative seront accordées aux peuples. A la fin de 1922, touché par la maladie au moment où se constitue l'Union des républiques socialistes soviétiques, Lénine prendra la mesure des conséquences logiques auxquelles conduisent ses principes, tels que les met en oeuvre un zélé Géorgien à la tête du parti. Mais il sera trop tard...

En ce qui concerne le parti communiste, Lénine ne cèdera jamais sur la question de l'unité : le parti de la classe ouvrière, son avant-garde consciente, c'est-à-dire internationale par essence, ne peut être organisé sur une base nationale, ni même fédérale.

Céder sur le principe, c'est laisser le loup entrer dans la bergerie, c'est contaminer la révolution avec les idées bourgeoises. Dans le marxisme-léninisme, le droit des peuples est loin de constituer une valeur absolue.

3. Staline

Ce qui différencie Lénine de Staline dans la question nationale, c'est l'habileté tactique avec laquelle le problème est abordé. Tout en se fixant pour objectif l'éradication du nationalisme, dénoncé comme valeur bourgeoise, au profit de l'internationalisme que doit promouvoir tout prolétariat, Lénine fait preuve de réalisme sur la question nationale : sachant celle-ci cruciale et en même temps largement contradictoire avec la théorie marxiste, il est capable d'appâter la force nationale en multipliant les concessions formelles à son égard (droit à l'autodétermination, fédéralisme). Poursuivant le même but, Staline se montre beaucoup plus rigide dans l'approche du problème, ce qui le conduit à des incohérences. D'un côté, il envisage la question du droit des nations comme une « partie de la question générale de la révolution prolétarienne, subordonnée à l'ensemble »[11], c'est-à-dire dépourvue de valeur

10   V. LENINE, « Première ébauche des thèses sur les questions nationale et coloniale », in *Oeuvres*, Paris-Moscou, 1920, t. 31, p. 148.
11   J. STALINE, « Des principes du léninisme », 1924, in *Les questions du léninisme*, 11ème éd., tome 1, Paris, Editions sociales, 1946, p. 56.

propre et durable; de l'autre, sa définition de la nation comme « communauté stable » fondée sur un territoire[12], définition toujours officiellement en vigueur en Union soviétique aujourd'hui, laisse percevoir le caractère durable, substantiel, immuable dans son fond du phénomène national. Ainsi, voulant condamner la théorie de la nation prônée par les austro-marxistes Bauer et Renner (c'est le but de sa brochure de 1913), Staline en vient à leur reconnaître la valeur de ce principe fondamentalement incompatible avec le marxisme[13]. On remarquera que Lénine s'est bien gardé d'émettre une telle théorie générale de la nation, puisque ce phénomène doit être essentiellement transitoire.

Très certainement sensible, en tant que ressortissant du Caucase multinational, au danger que constitue la question nationale pour le marxisme, Staline est donc amené, au nom de l'internationalisme prolétarien, à reprendre l'ancienne politique des tsars. Russification et centralisation, moyennant une autonomie de pure forme, constituent finalement le moyen le plus sûr d'éliminer l'idéologie bourgeoise du nationalisme. La définition restrictive de la nation permet de nier le droit à l'existence de toute une série de peuples, autorise la déportation sans consultation de peuples entiers.

On remarquera que cette attitude ne se limite pas à l'Union soviétique; l'Internationale communiste elle-même, le Komintern, se montrera davantage au service de la nation russe qu'à celui d'un véritable internationalisme : d'où les problèmes de Staline avec le communisme chinois, par exemple. Cette institution sera d'ailleurs dissoute quand elle se révélera contreproductive pour les intérêts russes, pendant la deuxième guerre mondiale ; l'« Internationale » sera abandonnée comme hymne « national » soviétique. Ainsi, au principe bourgeois du droit des peuples, Staline substitue le principe transnational du droit d'*un* peuple : c'est la revanche de Hegel sur Marx.

Conclusions

Si la méthode diffère entre Lénine et Staline, le but poursuivi reste identique : l'élimination de la question nationale jugée incompatible à long terme avec l'émancipation internationale du prolétariat. La politique stalinienne fait l'objet dans l'URSS de M. Gorbatchev de critiques acerbes, alors que le réveil des nationalismes montre l'ampleur des dégâts qu'elle a provo-

---

[12] Voir J. STALINE, *Le marxisme et la question nationale et coloniale*, 1913, Paris, Editions sociales, 1949, p. 15.
[13] H. CARRERE D'ENCAUSSE, *op. cit.*, p. 52.

qués[14]. Mais si une telle politique a pu être menée, n'est-ce pas finalement à cause du refus de Lénine, et même de Marx d'accorder au droit des peuples une valeur plus fondamentale que celle d'instrument stratégique au service d'intérêts jugés plus importants ? A cet égard, à quelles sortes de garanties doivent s'attendre les peuples à qui on promet, court-circuitant Staline, le retour à une « politique léninienne en matière de nationalités » ? Le parti communiste soviétique est encore loin d'admettre en son sein le principe du fédéralisme sur une base nationale : ce serait renoncer au principe léniniste de l'« unité de la volonté ». En outre, la plate-forme adoptée en septembre 1989 par le PCUS en matière de politique nationale met l'accent davantage sur le principe de l'union de la fédération soviétique que sur celui du droit de ses composantes nationales[15]. Les travaux des austro-marxistes sur la question vaudraient, sans doute, la peine d'être sérieusement pris en compte, dans la perspective d'une redéfinition de la « nation socialiste ». Mais Bauer et Renner n'étaient-ils pas tenus par Lénine pour « révisionnistes ». Par ailleurs, peut-on encore parler à ce propos de marxisme, dans la mesure où Marx n'a pas vraiment étudié la question nationale ? Il est indubitable, en tout cas, que la spécificité marxiste-léniniste en matière de droit des peuples mène à une impasse. Voilà une voie que l'internationale francophone pourra éviter sans regret.

Quelques indications bibliographiques

BOCHENSKI J.M., G. NIEMEYER (ed.), *Handbuch des Weltkommunismus*, München-Freiburg, K. Alber, 1958.

CARRERE D'ENCAUSSE H., « Communisme et nationalisme », *Revue française de Science politique*, vol. XV, n° 3, juin 1965, pp. 466-498.

CARRERE D'ENCAUSSE H., *Le grand défi. Bolchéviks et nations, 1917-1930*, Paris, Flammarion, 1987.

COLAS D., « Les marxistes et la question nationale », *Le Monde*, 21 janvier 1989.

CONNOR W., *The National Question in Marxist-Leninist Theory and Strategy*, Princeton (N.J.), Princeton UP, 1984.

[14] Voir « La question nationale en URSS : hier et aujourd'hui », supplément de la revue *Socialisme, Théorie et Pratique*, n° 4, 989 (recueil d'articles de la revue théorique du PCUS *Kommounist*). Sur la critique de Staline, V. ZOTOV, « La question nationale : les observations du passé », pp. 3-8.

[15] Voir C. URJEWICZ, « La crise des nationalités en URSS », *Problèmes politiques et sociaux*, n° 616, 29 septembre 1989, pp. 41-44. On notera à cet égard, que le bureau politique formé à l'issue de 28ème Congrès du PCUS, en juillet 1990, comprend un représentant de la fraction du PC lituanien restée fidèle à Moscou, au détriment de la fraction majoritaire qui a proclamé son autonomie vis-à-vis du PCUS.

COURTOIS S., LAZAR M., *Le communisme*, Paris, MA Editions, 1987.

HENDRICKX M.M., *Le problème d'un Etat multinational en URSS*, mémoire de licence en affaires publiques et internationales, Louvain-la-Neuve, Université catholique de Louvain, septembre 1989.

LABICA G., BENSUSSAN G. (eds.), *Dictionnaire critique du marxisme*, 2ème éd., Paris, PUF, 1985.

MATARASSO L., « Droits de l'homme et droit des peuples », *L'Homme et la société*, n° 85-86, 1987, pp. 125-129.

« La question nationale en URSS : hier et aujourd'hui », *Supplément STP*, Moscou, n° 4, 1989.

ROUX J., *Précis historique et théorique du marxisme-léninisme*, Paris, Laffont, 1969.

THOM F., *Le moment Gorbatchev*, Paris, Hachette, 1989.

URJEWICZ C., « La crise des nationalités en URSS », *Problèmes politiques et sociaux*, Paris, n° 616, 29 septembre 1989.

Chapitre VIII

LES DROITS DE L'HOMME,
ENTRE L'IDÉOLOGIE ET LE DROIT

Pierre VERJANS

Assistant en science politique à l'Université de Liège

Introduction

La science politique tente d'étudier les modes suivants lesquels les collectivités humaines s'organisent pour survivre dans le temps et dans l'espace, en fonction des contraintes extérieures à cette collectivité et des contraintes internes. De ce point de vue, parmi les contraintes matérielles de diverses natures, le poids de l'idéologie « pure », abstraction faite de ses rapports antérieurs avec la réalité, semble particulièrement léger. Les droits de l'homme, comme idéologie vue à travers la lorgnette du politologue, doivent donc s'inscrire dans une réflexion sur l'invention du politique par des acteurs inscrits dans un contexte social, culturel, économique, militaire, bref, historique et géographique, contexte qui ne peut être limité à des frontières nationales mais qui doit être intégré dans l'évolution des rapports internationaux.

Le droit et l'idéologie, question de mots

Pour clarifier le propos, il semble utile d'insérer le concept de droit dans une définition rigoureuse, utilisable par le politologue. D'après L. François, le droit est un ensemble de normes, voeux impératifs assortis de pression par menace de sanction[1]. Le droit est ainsi restitué à sa fonction d'énonciation du socialement possible, au rôle de la gouvernementalité au sens où Foucault l'entendait, comme action sur des actions possibles, le rapport de force inhérent à tout rapport social étant rappelé par la présence de la menace de sanction. Ce type de définition positiviste interdit de considérer des actes tels la

---

[1]   Cfr. L. FRANCOIS, *Le problème de la définition du Droit*, Faculté de Droit, d'Economie et de Sciences Sociales de Liège, 1978, 221 p.

déclaration universelle des droits de l'homme comme source de droit puisqu'aucune sanction n'est prévue à l'encontre des contrevenants. La distinction devient affaire de mots seulement dès lors qu'on s'entend sur les définitions et nous parlerons d'idéologie des droits de l'homme là où d'autres verront des droits qui ne sont pas respectés partout.

L'utilisation polémique et conative du concept de droit (« Vous n'avez pas le droit ! », « Sommes-nous encore dans un Etat de droit ? ») oblige cependant à se poser la question de savoir dans quelle mesure l'énonciation face à l'opinion publique de certains faits ne constitue pas une sanction en soi. Lors, le politologue risque de se trouver prisonnier de l'effet prédictif de son discours, dans un processus semblable au paradoxe du menteur[2]. Interrogé dans une société imparfaite où l'idéologie des droits de l'homme représente une valeur défendue par nombre de citoyens, l'homme de science sociale sait qu'il peut démobiliser la population en annonçant un triomphe définitif et rassurant de ces droits. Par contre, en faisant voir le risque d'un écrasement, d'un mépris ou d'un oubli de ceux-ci, il met en oeuvre la possibilité d'une réaction populaire qui démentira sa prévision pessimiste, diminuera sa crédibilité scientifique — n'était la faculté d'oubli du public — et amoindrira l'efficacité de son intervention ultérieure.

Tous pour un ...

La politique n'est rien d'autre que la gestion de la *poliw* (polis : cité, en grec), donc de la collectivité. Le corollaire de cette définition, c'est que la politique ne peut provoquer en soi une harmonisation des rapports sociaux; elle ne peut que retranscrire, sur un plan défini comme collectif et avec ses propres règles de fonctionnement, les rapports de force issus des relations sociales, culturelles et économiques. La politique sera donc le lieu social de la lutte pour le monopole de la violence publique, du pouvoir et de la représentation de la population. Dans la définition fondamentale du pouvoir comme élément central de la collectivité, il faut citer la fonction du REX tel que le définit Benveniste[3]. Le REX est investi du pouvoir de *regere fines*, c'est-à-dire de « tracer en ligne droite les frontières », pouvoir religieux en vertu duquel il

---

2 La personne qui affirme :« Je mens » pose, on le sait, un gros problème quant à la valeur de vérité de sa proposition. En effet, ou bien elle dit la vérité au moment où elle énonce cette proposition car elle ment et alors, elle ne ment pas en disant cette phrase, auquel cas il n'est pas possible de dire qu'elle ment et dès lors sa phrase est un mensonge, ou bien elle ne ment pas et c'est alors en disant qu'elle ment que son mensonge est commis, puisqu'aussi bien, il n'y a pas de mensonge à constater outre celui qu'elle profère en se dénonçant faussement.

3 E. BENVENISTE, *Le vocabulaire des institutions indo-européennes. Pouvoir, droit, religion*, Paris, Minuit, 1969, p.14.

délimite « *l'intérieur et l'extérieur, le royaume du sacré et le royaume du pro-*
fane, le territoire national et le territoire étranger ». Cette définition territoriale
et non personnelle des rapports de la royauté se retrouve également dans la
notion grecque de DEMOS[4], « *concept territorial et politique, (qui) désigne à*
la fois une portion de territoire et le peuple qui y vit.(...). De même, le terme
poliw, qui a, à l'origine le sens de « forteresse, citadelle » (*akropolw* : acro-
pole)[5] sera utilisé par les guerriers achéens pour désigner le groupement
d'habitat commun, cadre territorial qui abolira les anciennes divisions sociales
fondées sur la descendance généalogique[6].

Dans un de ses propos, le philosophe Alain soulignait dans le même
sens que la société était fille de la peur née du besoin de sommeil, bien plus
urgent et inévitable que le besoin de manger, sommeil qui laisse l'être humain
vulnérable durant un tiers de sa vie et pendant lequel il doit donc organiser
une protection sociale. Cette contrainte matérielle se retrouve dans pratiquement toute société et explique que la soumission au pouvoir soit plus fré-
quente que les tentatives d'y échapper. Cette fonction à proprement parler militaire de la vie en collectivité fixe le contexte à l'intérieur duquel le rapport au
pouvoir va évoluer.

a. Les libertés féodales

Le cadre historique du développement de l'idéologie des droits de
l'homme se situe à l'intérieur du capitalisme, au sein de l'espace de liberté
laissé par l'éthos bourgeois.

L'émergence de la notion de liberté dans les traditions européennes a été
étudiée par Otto Hintze[7]. Il a souligné qu'il y avait dans la féodalité occidentale des institutions spécifiques qui favorisaient l'éclosion de la démocratie.
Ces institutions se caractérisent d'une part par une volonté d'*immunité de*
l'individu par rapport au pouvoir et d'autre part par une *résistance à l'autorité*
injuste. A l'intérieur même du système féodal, une série de règles témoigne
que l'on n'attend pas l'arrivée de la bourgeoisie, pour défendre la liberté de
l'individu face au pouvoir. Les chartes que les bourgeois arrachent aux sei-
gneurs ne constituent pas des innovations étonnantes pour ceux-ci qui y re-
produisent des institutions dont ils ont déjà l'habitude. On retrouve d'ailleurs

---

4   *Idem*, p.90.
5   E. BENVENISTE, *Le vocabulaire des institutions indo-européennes. L'économie,*
     parenté, société, Paris, Minuit, 1969, p. 367.
6   *Idem*, p. 309.
7   O. HINTZE, *Staat und Verfassung : Gesammelte Abhandlungen zur allgemeinen*
     Verfassunggeschichte, Göttingen, 1962 cité par Barrington MOORE, *Les origines*
     sociales de la dictature et de la démocratie, La Découverte, Paris, 1983.

très précisément ces notions dans le concept de contrat défini comme *le rapport féodal de vassalité qui est bien un engagement mutuel librement consenti par des personnes libres*. Or donc, si les principes de protection de l'individu face aux empiétements du pouvoir préexistent à la naissance de la bourgeoisie, c'est dans l'héritage commun de celle-ci et de l'ancien régime qu'il faut chercher pour trouver le fondement de ce principe.

b. La réalité politique et la théorie

La question à nous poser, nous la trouverons en filigrane d'une observation du meilleur analyste du fonctionnement du capitalisme — même si les hommes d'action qui se sont inspirés de son oeuvre se sont révélés moins féconds —. Karl Marx signale que, si le capitalisme n'a pas pu se développer dans la civilisation grecque qui, par maints égards rappelle la civilisation commerçante qui éclôt au Moyen Age, c'est essentiellement parce qu'il manquait dans l'antiquité classique une classe d'hommes libres de vendre leur force de travail ; libres dans deux sens, à savoir être propriétaires de leur puissance de travail, de leur propre personne et complètement dépourvus des choses nécessaires à la réalisation de sa puissance travailleuse[8]. Il faut donc que l'esclavage soit aboli pour que le capitalisme puisse se développer. Or, outre les révolutions économiques et la destruction de toute une série de vieilles formes de production sociale, l'abolition générale de l'esclavage s'inscrit dans une modification des mentalités propre à une civilisation donnée.

L'influence du judéo-christianisme joue ici un rôle important. Les différences entre le christianisme proprement dit et le paulinisme dont le rapport au pouvoir semble plus révérencieux, plus prudent, plus pragmatique, plus institutionnel peuvent expliquer la pérennité de l'Eglise catholique comme pouvoir négociant avec d'autres pouvoirs en même temps que comme porteuse d'un discours détaché des contingences matérielles et sociales. Prenant trois brèves citations déjà connues attribuées au prophète-fondateur, « Rendez à César ce qui est à César et à Dieu ce qui est à Dieu » (Marc, XIII, 36), « Bienheureux sont ceux qui sont persécutés pour la justice car le Royaume des Cieux est à eux » (Matthieu, V, 10) et « Mon Royaume n'est pas de ce monde » (Jean, XIX, 36), nous constatons que cette mentalité se caractérise par une séparation entre la quête mystique individuelle et la logique du fonctionnement social réel. Nous constatons aussi qu'une action, même sans espoir sur le plan pratique, peut se révéler efficace à un autre point de vue, impalpable mais essentiel pour le croyant. Au-delà du réel et du social, la

---

8   K. MARX, *Le Capital*, Livre 1, Chapitre 6: *L'achat et la vente de la force de travail*, Editions Sociales, Paris, 1950, p. 172.

culture chrétienne postule donc l'espoir que l'être humain s'épanouisse même à l'encontre du pouvoir en place qui n'occupe d'ailleurs pas un rôle prépondérant dans sa vision du monde.

A l'inverse, la culture grecque se méfie de l'espoir. Dans le mythe de Pandore, il apparaît que la jarre contenant tous les maux de l'humanité : maladies, souffrance et mort, est refermée juste avant que le pire de tous les maux, c'est-à-dire l'espoir ne puisse se répandre dans l'humanité. Le suicide de Socrate est justifié par l'obéissance aux lois de la cité et la nécessité des lois s'explique par le manque de confiance en l'homme, par l'obligation de le contraindre afin que la vie en société reste possible. Le Nazaréen, comme Socrate, refuse, à la veille de sa mort, l'aide de ses amis qui lui proposent d'échapper au pouvoir civil et à la condamnation capitale. Mais ce « suicide » diffère de celui du philosophe attique par sa justification qui est basée sur l'espoir et la foi dans une logique qui n'est pas celle de la réalité. La résurrection comme espoir d'une vie après la vie concrète marque bien cet optimisme par rapport à l'avenir. Il semble donc que le christianisme ait contribué à rendre possible l'imagination d'une société où les producteurs ne seraient plus contraints de produire par la force militaire mais par la pression sociale et économique, par la nécessité d'obtenir un salaire, ce qui constitue une pression *a posteriori* que le pouvoir peut se permettre parce qu'une prévision sur l'avenir peut découler de l'optimisme fondamental. Tout investissement suppose l'espoir en sa rentabilité, même un investissement en contrôle social. Ce n'est peut-être pas seulement par ironie que l'économiste internationaliste utilise une image religieuse pour expliquer le fonctionnement mental de l'homme aux écus « *La vie éternelle de la valeur que le thésauriseur croit s'assurer en sauvant l'argent des dangers de la circulation, plus habile, le capitaliste la gagne en lançant toujours de nouveau l'argent dans la circulation* »[9].

c. Rousseau : l'homme et sa collectivité

« *L'homme est né libre et partout il est dans les fers. (...) Mais l'ordre social est un droit sacré qui sert de base à tous les autres cependant ce droit ne vient point de la nature; il est donc fondé sur des conventions* »[10]. Les contradictions des théories du citoyen genevois se trouvent déjà concentrées dans le premier chapitre de sa politique du contrat social. Cet homme dont la première loi est de veiller à sa propre conservation est conçu comme cocontractant à la convention collective pour la sauvegarde de chacun. Les libertés

9   K. MARX, *op. cit.*
10   J.-J. ROUSSEAU, *Du contrat social* (et autres oeuvres politiques), Chapitre 1, Garnier, Paris, 1975, p. 236.

dont l'homme peut se prévaloir ne sont donc pas destinées à le protéger contre la collectivité définie comme le souverain mais contre les magistrats qui peuvent vouloir détourner le pouvoir de son objet, à leur profit. La Déclaration des droits de l'homme de 1789 représente, à la suite de la pensée de Rousseau, non une protection de l'individu contre la collectivité mais bien la naissance d'une nouvelle société dont les magistrats sont définis comme étant au service de la collectivité et non se servant de celle-ci. L'homme devient citoyen et non plus sujet d'un seigneur mais cette citoyenneté a pour objet la protection de tous et non la sienne seule.

d. Société autoréférentielle et force brute

Une part importante de l'innovation que les philosophes, appelés par la bourgeoisie qui se cherchait une théorie justifiant sa montée au pouvoir, les philosophes des Lumières ont apportée dans la pensée politique se trouve dans l'athéisme. Préparant le terrain un siècle et demi auparavant, Grotius posait déjà comme principe à son « Droit des Gens ». « *Etiamsi daremus deum non esse...* », « *Même en admettant que Dieu n'existât pas...* » sur un mode conditionnel prudent qui n'en demeurait pas moins une audace même à titre de simple hypothèse au dix-septième siècle.

Quitter ainsi la légitimité d'une société hétéro-référentielle pour une légitimité auto-référentielle où la convention sociale devient sacrée en tant que telle, impose bien sûr aux législateurs de cette nouvelle société de devoir faire violence à des incompréhensions issues du passé. Sans vouloir rentrer dans un débat sur la responsabilité des intellectuels quant à la mise en pratique par d'autres qui se prétendent héritiers spirituels de leurs réflexions, il reste à rappeler ce passage de Rousseau : « *Si donc, lors du pacte social, il s'y trouve des opposants, leur opposition n'invalide pas le contrat, elle empêche seulement qu'ils n'y soient compris : ce sont des étrangers parmi les citoyens. Quand l'Etat est institué, le consentement est dans la résidence, habiter le territoire, c'est se soumettre à la souveraineté* »[11]. L'utilisation de la force semble inhérente à une société autoréférentielle qui ne trouve de légitimité que dans sa propre existence, dans sa lutte pour la vie en tant que collectivité, dans sa volonté de puissance : tous les totalitarismes modernes pointent ici et s'apprêtent à remplacer tous les « obscurantismes » anciens.

---

[11] ROUSSEAU, *ibidem*, p. 310.

e. Continuité idéologique du libéralisme au socialisme

La fondation de la Ligue des droits de l'homme date de l'affaire Dreyfus et illustre l'autre versant de la pensée rousseauiste, ce lui de la remise en cause de magistrats qui oublient leur fonction première. Le fait qu'un Jaurès parvienne à emporter une prise de position des représentants de la classe ouvrière dans cette affaire d'Etat capitaliste illustre la parenté entre les droits civils dits de la première génération et les droits sociaux de la deuxième génération. La discontinuité idéologique entre le libéralisme et le socialisme est peut-être moins grande qu'il n'y paraît à première vue. Le socialisme ou plus exactement la social-démocratie continue en quelque sorte la réflexion libérale et tente de permettre à chaque individu de s'intégrer dans la société en conservant sa dignité humaine, par une série de mesures pratiques qui constituent autant de frein au fonctionnement du capitalisme laissé à lui-même. Mais un système social et économique peut-il être conçu comme fonctionnant lui-même ? Le modèle de l'Etat protecteur inventé et mis en pratique par Bismarck et non par les sociaux-démocrates s'est étendu à l'ensemble des pays européens au cours du siècle.

Par ailleurs l'idéologie des partis européens a convergé au cours de la période qui va de 1875 à 1960, la droite empruntant les thèmes de la gauche tandis que cette dernière se « déradicalisait ». Les violences des raz de marée révolutionnaires se trouvent d'ailleurs inscrites dans les hymnes nationaux dont le langage exterminateur rappelle que c'est le baptême de sang qui a permis la reconnaissance de l'universalité du droit de vote. « *Parmi les dix-sept pays de l'OCDE, six ou sept seulement ont vu naître le suffrage universel masculin en vertu d'un processus purement interne qui pouvait d'ailleurs ne pas être pacifique (la guerre de 1847 en Suisse par exemple). Dans les autres, il a constitué la récompense donnée aux peuples mobilisés à l'issue d'une guerre, ou bien il a vraiment pris son sens dans un tel contexte. Il y a un siècle, il était devenu délicat de refuser la citoyenneté électorale à des hommes à qui on avait fait porter les armes en leur imposant la citoyenneté militaire. C'est pour résoudre cette difficulté que le droit de vote s'est stabilisé en France, après la guerre de 1870-1871. En 1918, il en a été de même en Grande-Bretagne comme en Allemagne l'année suivante, avec le vote des femmes* »[12]. Acceptant de coexister dans une société qui ne les laisse vivre qu'ensemble, le socialisme et le libéralisme sont réduits à l'état d'associés-rivaux, comme pôles opposés d'un même aimant.

---

[12] G. HERMET, *Le peuple contre la démocratie*, Fayard, Paris, 1989, p. 128.

f. L'effet politique de la déclaration de principes

Le pouvoir est parfois pris à revers par des pièges tendus aux dominés. Ainsi, Napoléon III était passé maître dans l'art de la manipulation électorale. La technique du référendum et du plébiscite, comme confirmation du mandat personnel du chef avait été rendue possible par la sympathie populaire et plébéienne pour un Exécutif fort. Mais par une sorte d'effet pervers de ses manipulations, pressions, intimidations, la légitimité du pouvoir s'est trouvée placée dans les urnes et après la défaite militaire et la révolution communarde, la droite traditionnelle en revenant au pouvoir a dû laisser le suffrage universel au peuple qui avait fini par croire ou par feindre de croire en sa propre souveraineté.

Conclusions :

La francophonie comme revendication des pays pauvres

La francophonie comme espace de rencontre — puisqu'elle ne constitue pas un espace de pouvoir en tant que telle — représente à l'origine une revendication des pays pauvres, incarnés par les chefs d'Etat Bourguiba, Sedar Senghor et Sihanouk. Cet espace linguistique représente une opportunité technologique d'accès des pays pauvres à un marché du Nord. Reste à voir ce qui pourra en être fait. On sait déjà, par exemple, comment le ministre français de la francophonie se propose de supprimer la chaîne des télévisions francophones TV5 pour la remplacer par un programme cent pour cent français pur parisien. Connaissant le fonctionnement « normal » des échanges dans le système capitaliste, il est loin d'être sûr que cette ouverture pour les pays francophones du Sud se révèle intéressante.

On connaît, autre exemple, les efforts qui sont annoncés dans certains pays pour favoriser l'alphabétisation dans la langue indigène et non plus dans la langue de l'ancien colonisateur qui n'a pas laissé que de bons souvenirs dans la mémoire collective. Ces efforts pour briser le poids « impérialiste » du français notamment semblent démesurément coûteux pour une efficacité trop réduite. Outre que les pédagogues ont été formés dans la langue internationale et qu'ils doivent subir un véritable recyclage pour arriver à enseigner dans un langage jusqu'alors uniquement parlé, et le coût que cette formation représente, quelle utilité représente l'apprentissage de la lecture et de l'écriture d'une langue qui ne donne accès à rien sur le marché international et qui coupe le nouvel alphabétisé des racines vivantes de cet idiome?

Le développement est-il décrétable ?

En lisant la déclaration de Dakar, on doit se demander qui gagne quoi à décider d'en appeler au respect des droits de la personne comme au respect du droit au développement ? Que signifie cette déclaration d'intention et qui s'engage à quoi sous le contrôle de quelle institution ? Est-il crédible de prêcher le droit au développement sans que la logique qui crée la richesse et la pauvreté soit atteinte ou modifiée ? N'est-on pas en train de tendre un miroir aux alouettes en prétendant en appeler à modifier un processus qu'on ne peut ou ne veut modifier ? Que vont dire les générations suivantes de ces peuples si le développement avance aussi lentement dans les trente prochaines années qu'il n'a progressé durant les trente années qui viennent de passer ?

L'imprévisible force des peuples

Derrière les pressions économiques, derrière les systèmes politiques et militaires de contrainte et de coercion, on ne peut jamais oublier l'imprévisible force des peuples. Les émeutes et leur répression à Caracas en 1989 ont pris moins de place dans les media et dans la conscience collective intercontinentale que les soulèvements de l'Est autorisés par le Secrétaire général du Parti Communiste d'Union Soviétique, bien qu'elles fussent plus meurtrières et au moins aussi éclairantes sur les risques d'évolution du monde dans les années à venir. Mais la légitimité populaire et la revendication des droits de l'homme, idéologies et leviers d'action, viennent d'être répercutées en 1990 dans d'autres parties du monde, chez des peuples classés jusqu'alors dans la catégorie des non-démocrates exotiques. De nouveau, il faut répéter que si l'injuste ajustement structurel se trouve être la cause fondamentale de ces soulèvements, leur imprévisibilité vient de ce que le levier qui modifie momentanément la soumission du peuple est vision du monde, audace, pensée, soit culture.

Chapitre IX

CONCLUSION DE L'APPROCHE PLURIDISCIPLINAIRE

Yves LEJEUNE

Chargé de cours au département de Droit public de l'Université catholique de Louvain

C'est avec un certain subjectivisme, vous m'en excuserez d'avance, que je vais essayer de vous présenter une synthèse des grands thèmes qui ont été évoqués ici, en distinguant peut-être deux aspects dans notre problématique. D'abord, quelques questions de terminologie : je crois qu'il faut essayer d'être plus précis que nous ne l'avons parfois été dans l'emploi de certains termes. Dans un second temps, je tenterai de synthétiser les rapports que nous avons voulu établir entre les trois disciplines mises à contribution aujourd'hui : l'idéologie des droits de l'homme, la philosophie morale et l'institutionnalisation juridique de ces droits.

Sur les questions de terminologie, j'ai relevé, pour ma part, au moins quatre questions auxquelles nos travaux ont apporté des éléments de réponse.

a) On s'est demandé s'il fallait faire une différence entre la notion de « droits de l'homme » et la notion de « droits fondamentaux ». La réponse à cette question ne peut, à mon sens, résulter que d'une pure convention. A chacun de déterminer le sens de son vocabulaire. Pour ce qui me concerne, je considérerais volontiers que les droits de l'homme se situent en deça ou au-delà du droit, c'est-à-dire qu'ils constituent des exigences morales qui limitent l'emprise de l'Etat, tandis que les droits fondamentaux se concrétiseraient dans les constitutions et les législations particulières dont parlait le chanoine Etienne tout à l'heure. Dans les constitutions, dans les déclarations de droit, les droits de l'homme apparaissent en termes de droits subjectifs, dont certains sujets sont titulaires, et qui sont opposables à d'autres personnes ou à d'autres groupements.

b) Deuxième éclaircissement : les droits de la personne, c'est, évidemment, une expression canadienne. Nos amis canadiens sont un peu réticents devant l'expression traditionnelle de « droits de l'homme » qu'ils trouvent sexiste. Les « droits de la personne » sont les droits de la personne humaine, qu'elle soit homme ou femme.

c) On a évoqué trois générations de droits de l'homme, sinon quatre. S'agit-il d'évolutions marquantes du droit positif ou ne faut-il y voir qu'une succession d'idéologies distinctes ?

Quand on parle de générations des droits de l'homme, on décrit à mon sens une évolution du droit positif en la matière. M. Haarscher a bien montré qu'il y a une première génération de libertés — franchises vis-à-vis de l'Etat. Celui-ci apparaît à la fois comme un épouvantail et comme un veilleur de nuit. C'est l'autorité publique qui intervient, quand c'est nécessaire et, si possible, le moins souvent, pour éviter que les droits des uns ne portent préjudice aux droits des autres. Vient ensuite la seconde génération : les droits économiques et sociaux dans un « Welfare State ». Ces droits économiques et sociaux ont contribué, par leur insertion progressive dans les ordres juridiques des Etats, à rendre effectifs les droits de la première génération. Peut-être y-a-t-il là une bribe de réponse à ce débat sans cesse recommencé, qui est celui de faire valoir les droits de l'homme quand les gens ne peuvent manger à leur faim ou quand ils n'ont pas reçu d'instruction. C'est par le développement de ces droits économiques et sociaux que l'on va permettre aux citoyens d'utiliser effectivement, au mieux de leurs capacités, la liberté d'expression ou la liberté de réunion, par exemple. Dans cette perspective, la personne humaine n'est plus envisagée comme un être abstrait, mais comme un être « situé » à qui l'Etat, par son intervention positive, va permettre, précisément, de développer ses capacités.

Quant à la troisième génération, c'est celle des droits collectifs ou des droits des peuples. Il faut, avec M. Haarscher, bien montrer à cet égard la différence fondamentale entre les deux premières générations et la troisième : c'est une différence de titulaire.

d) Ceci m'amène à la quatrième et dernière observation terminologique. Elle est relative au droit des peuples. S'il existe, effectivement, un problème de définition du titulaire (qu'est-ce qu'un peuple ?), nous nous heurtons aussi à un problème de relations entre le droit de la collectivité et le droit individuel des personnes qui en sont membres ; à cet égard, paraît tout à fait fondamentale cette distinction qu'a faite M. Haarscher entre les « Gemeinschaften » et les « Gesellschaften », c'est-à-dire entre les collectivités dans lesquelles l'individu semble écrasé par une tradition supérieure, par des ordres qui lui échappent, et les associations qui organisent une représentativité d'organes exprimant la volonté collective et assujettis à l'obligation de rendre des comptes aux membres de la collectivité.

Je suis loin, je le sais bien, de présenter une synthèse suffisante des idées qui ont été développées ici, mais le temps me manque, et j'en viens donc à la deuxième partie de cette synthèse : quel rapprochement peut-on effectuer entre l'idéologie, la philosophie et l'institutionnalisation juridique des droits de l'homme ? La « juridicisation » vient-elle après, comme l'a soutenu M. Marcus-Helmons ? A mon humble avis, il s'est produit une véritable interaction, une influence réciproque de l'histoire des idées, de la théologie et des conceptions juridiques. Tous nos intervenants ont souligné — MM. Verjans, Marcus-Helmons, Haarscher, entre autres — que les droits de l'homme relevaient d'une idéologie située, d'une idéologie occidentale, judéo-chrétienne, même si, au XIXème siècle, en tout cas, cette idéologie se développe dans une dimension qui se veut universaliste.

a) Quelles sont les étapes de cette histoire de l'idée des droits de l'homme ? Le chanoine Etienne a cité l'apport du stoïcisme, l'apport du christianisme aussi, dans la mesure où tous les hommes, étant enfants de Dieu, sont dans un lien de fraternité les uns vis-à-vis des autres. M. Verjans a cité l'apport du droit médiéval, et notamment du contrat féodal qui se fonde sur le respect de la parole donnée. On peut, sans doute, y ajouter — toujours à l'époque féodale — la limitation du pouvoir du monarque par les lois divines, qui dérivent directement de la conception religieuse de la société.

On a cité encore l'apport de la philosophie des Lumières et de la sécularisation de l'Etat. Après la souveraineté d'origine divine, se trouvent affirmés, par opposition à cette vision ancienne du pouvoir politique, des droits subjectifs individuels, inaliénables, qui sont autant de remparts contre l'arbitraire du pouvoir. Aussi paradoxal que cela puisse paraître à première vue, on a relevé à cet égard une certaine parenté des doctrines libérale et socialiste, qui puisent toutes deux à cette même source de la philosophie des Lumières.

Je voudrais ajouter que, par la suite, avec le développement de la question sociale, on voit apparaître aussi une idée qui est celle de la *Drittwirkung* ou de l'effet des droits fondamentaux à l'égard des tiers. Dans quelle mesure, les droits que l'on dit opposables aux pouvoirs publics ne sont-ils pas opposables aussi aux personnes privées ? Le droit au respect de la vie privée, est-ce seulement le respect de cette vie vis-à-vis des ingérences de l'Etat (communications téléphoniques) ou puis-je également en exiger le respect par mon voisin ? De ce point de vue aussi, il y a, certainement, une évolution des idées.

b) Si je passe à la deuxième discipline que l'on a convoquée à cette session, à savoir la philosophie morale, je trouve dans les exposés de nos conférenciers, deux grands rapprochements.

G. Haarscher nous a montré combien le respect des droits de l'homme constitue une morale exigeante, alors que le chanoine Etienne a développé une philosophie personnaliste fondée sur l'exigence de dignité humaine universelle, peu à peu acceptée par une communauté historiquement située, puis traduite sous la forme de législations et de réglementations. La question qui demeure, pour nos deux conférenciers, est de savoir dans quelle mesure ces droits qui se sont développés à partir de l'idée de dignité de l'homme sont, dans leur généralité, tout à fait universels.

S. Marcus-Helmons a posé la question de savoir si la naissance de cette morale et de cette idéologie dans le contexte de la civilisation judéo-chrétienne n'empêche pas les hommes d'en percevoir les exigences de la même manière en Chine ou au Japon. Il a avancé un intéressant élément de réponse : par delà les approches différentes de cette question, il y aurait certainement un dénominateur commun minimum. Quelles que soient les civilisations, à quelqu'époque de l'histoire du monde que ce soit, on retrouve toujours l'image de l'homme juste et vertueux, comme aussi l'idée d'un juste pouvoir au service du peuple. Il y a donc certainement un fondement commun, même si cette idéologie et cette philosophie sont nées dans une certaine partie du monde.

c) La troisième discipline, c'est le droit. S. Marcus-Helmons nous a montré comment s'est produit un investissement progressif de notre matière par les règles juridiques. Sans doute, d'abord d'une manière pragmatique, dans le droit anglo-saxon. On voit apparaître depuis la Grande Charte jusqu'à la Révolution glorieuse, une série de garanties processuelles, dont est finalement issue notre notion de procès équitable. A quoi servent, au fond, dans la pensée anglo-saxonne, les meilleures libertés si elles ne sont pas garanties par un juge impartial, par des procédures rigoureuses, parmi lesquelles l' « *habeas corpus* », bien entendu ?

Seconde étape dans le développement juridique : l'apparition de l'Etat moderne. La Déclaration d'indépendance américaine en 1776 porte témoignage, pour la première fois dans l'histoire, du rôle éminent dévolu au droit constitutionnel en matière de protection des libertés : la Constitution limite le pouvoir de l'Etat ou, plus exactement, des autorités publiques, ménageant ainsi un espace de liberté aux individus.

Il y a une troisième étape que je me suis permis d'indiquer : la protection contre les abus des assemblées législatives prétendûment souveraines, la protection de la minorité contre les abus de la majorité. La toute-puissance des parlements est limitée par les droits fondamentaux que peuvent garantir des juridictions constitutionnelles. Ce n'est plus seulement l'administration, ce sont désormais les législateurs, lors même qu'ils énoncent des droits économiques et sociaux, qui sont limités par les libertés proclamées dans les Constitutions. Les lois que les parlements adoptent peuvent dorénavant être annulées pour le motif qu'elles violeraient ces règles constitutionnelles.

Viennent enfin les garanties internationales qui, sur le plan contraignant, trouvent une première réalisation en 1950, lors de l'adoption de la Convention européenne de sauvegarde des droits de l'homme et des libertés fondamentales. Ce traité instaure un mécanisme de sanctions, non seulement au niveau européen, mais au niveau de chacun des Etats membres, puisque la plupart des dispositions de la Convention qui énoncent des droits sont opposables aux autorités publiques au sein de l'Etat lui-même. Chaque juge national est à même de refuser l'application de dispositions législatives ou administratives qui seraient contraires aux droits proclamés par la Convention de Strasbourg. Cette Convention a servi ultérieurement de modèle pour l'élaboration d'instruments internationaux liant des parties contractantes beaucoup plus nombreuses : les Pactes internationaux de 1966, la Convention inter-américaine, la Charte africaine ...

Terminons par un point d'interrogation. Si, comme l'a dit M. Marcus-Helmons, l'acquis qui vient d'être rappelé doit absolument être préservé, il reste que le droit ne peut pas résoudre à lui seul tous les problèmes. Les questions bio-éthiques que l'on a évoquées sont une bonne illustration de ce constat. Ce n'est, évidemment, pas aux juristes à trouver des solutions ; il leur revient seulement de mettre en forme juridique les solutions admises par la société.

Encore faut-il dégager clairement ces solutions en tentant d'établir des équilibres entre les différents intérêts en présence dans une problématique aussi difficile que celle du droit à la vie. Ce sont là des questions essentielles, mais il ne nous sera certainement pas possible, aujourd'hui, de leur donner une réponse définitive.

Chapitre X

SYNTHESE GENERALE

Jean-Pierre MACHELON

Professeur à la Faculté de Droit de l'Université René Descartes (Paris V)

Une seule journée, Madame le Doyen, mes chers collègues, Mesdames, Messieurs, ne pouvait évidemment suffire à traiter un thème comme celui des droits fondamentaux, un thème comme celui de la francophonie, et, a fortiori, un thème comme celui de leurs relations croisées. Pourtant, à l'heure où nous sommes, nous pouvons dire que les difficultés et paradoxes relatifs à tous ces concepts ont été explorés de manière constructive. La synthèse partielle de Monsieur Lejeune l'a bien montré, et elle va me permettre d'être très concis. Je me bornerai à poser quelques questions, à avancer certains éléments de réponse, puis à risquer, en terminant, une suggestion.

Je parlais de paradoxes. Le premier de ces paradoxes concerne la francophonie, tout simplement. Si étonnant que cela puisse paraître, la francophonie n'a vraiment pris corps qu'à partir du moment où les structures qui l'avaient fait naître, c'est-à-dire l'empire colonial français, ont disparu. Le mot a été lancé il y a plus d'un siècle, par le géographe Onésime Reclus, et la chose n'est pas nouvelle. Mais la francophonie, comme ma collègue Madame Desouches l'a parfaitement montré ce matin, correspond essentiellement à une volonté qui s'est illustrée dans la période récente, avec les conférences successives des chefs d'Etats et de gouvernements ayant en commun l'usage du français. Référence aujourd'hui a surtout été faite à la dernière de ces conférences, celle de Dakar, qui s'est tenue il y a six mois.

La francophonie correspond-elle à une communauté culturelle ? C'est une question parfois posée. Mieux vaut parler, comme on l'a fait ici plus volontiers, des rapports de la francophonie avec l'idée, un peu différente, d'identité culturelle. Ces rapports, on l'a vu, sont de plus en plus étroits. L'identité culturelle est l'une des composantes de la communauté francophone.

Quelle place assigner aux droits fondamentaux, l'autre grand concept à l'ordre du jour ? Assurément, la francophonie a partie liée avec les droits fondamentaux. Le lien existe dans les textes — j'allais dire « dans les faits », ce n'est pas exactement le cas — depuis la résolution sur les droits fondamentaux du Sommet de Dakar (26 mai 1989). Mais il prête à contestation. Il ne faudrait pas, a souligné le professeur Haarscher, particulièrement soucieux de ne pas faire prévaloir une communauté de langue sur une communauté de valeurs, donner à penser que seuls les francophones respectent les droits fondamentaux et que tous les francophones les respectent. Mêler, comme on l'a fait à Dakar, les droits des peuples et les droits fondamentaux, n'est-ce pas, d'ailleurs, affaiblir le combat pour les droits de l'homme ?

L'une des principales questions concerne ainsi l'idée même de droits fondamentaux. Pour éviter des confusions dont presque tous les intervenants, d'une façon ou d'une autre, ont montré la nocivité, il convient d'affiner un concept encore trop imprécis. Est-il besoin de le dire, nous n'avions nullement la prétention de fixer en quelques heures ce que, depuis tant d'années, les spécialistes du droit international et des libertés essaient de mettre au clair.

Est-ce que « droit fondamental » est synonyme de « droit de l'homme » ? Souvent, mais pas toujours, car les classifications sont subjectives (néanmoins, ce matin, plusieurs constructions ont été rappelées ou proposées, qui sont extrêmement intéressantes). « Droit fondamental » est synonyme, souvent aussi, de liberté inhérente à ce qui est de plus précieux, c'est-à-dire la dignité de la personne humaine. Et là, nous nous rapprochons des libertés dites classiques. Mais essayons d'être rigoureux et de séparer pour commencer deux plans, celui du droit interne et celui du droit international.

En droit interne, une espèce d'accord général semble se faire aujourd'hui pour considérer qu'est fondamental tout droit ou liberté constitutionnellement protégé.

En droit international, le problème paraît plus compliqué. Cependant, l'idée a été émise, et elle a la séduction de la simplicité et de la rigueur, que le droit fondamental est le droit « intangible », par opposition à « conditionnel », par opposition à « ordinaire »; il est le noyau dur, le droit qui n'est pas susceptible de dérogation. Dans la Convention européenne des droits de l'homme, quatre droits fondamentaux figurent en ce sens-là, qui est le plus restrictif : le droit à la vie, le droit de ne pas être torturé ni de subir des traitements inhumains ou dégradants, l'interdiction de l'esclavage ou de la servitude et la non-rétroactivité de la loi pénale. Si nous prenons maintenant un instrument à caractère plus général, voire universel, comme le Pacte international sur les droits civils et politiques des Nations unies, de 1966, qui est entré en vigueur en 1976, il convient d'ajouter le droit à la reconnaissance de la personnalité juridique, le droit à la liberté de pensée, de conscience et de religion, et le principe : pas de prison pour dettes. Nous en sommes à sept principes. Et ces sept principes consacrent ce qu'on appelle habituellement des droits individuels.

Faut-il dès lors rejeter, comme non pertinente dans notre débat, la théorie des générations des droits de l'homme ? La première génération serait celle des droits civils et politiques (ceux du 18ème siècle), c'est-à-dire des pouvoirs de faire, des facultés d'agir ; la deuxième celle des droits économiques, sociaux et culturels, pour parler le langage des Nations unies (mais le grand juriste allemand Jellinek, à la fin du 19ème siècle, les opposait déjà aux autres) ; la troisième génération, enfin, serait celle des droits dits de solidarité, qui sont présentés comme des droits essentiellement collectifs — avec des intentions diverses, plusieurs intervenants, le professeur Marcus-Helmons notamment, s'y sont référés aujourd'hui. Cette théorie peut être révoquée en doute au motif qu'elle induit une idée de progrès, de progression, qui aboutit à marginaliser les droits de l'homme de la première génération, inhérents à la nature humaine. Aussi bien, pour une notable partie de la doctrine, la catégorie des droits fondamentaux, conçus comme droits intangibles, ne saurait englober les droits de collectivité.

Ceux-ci, au demeurant, ne doivent pas être confondus avec certains droits individuels. Il y a des droits individuels dont l'exercice est collectif, comme la liberté syndicale, et il y a les droits des collectivités. C'est d'eux seuls qu'il s'agit ici.

Alors, je reprends ma question : faut-il jeter par-dessus bord l'idée de droits des peuples, dont parlait, pour la francophonie, le Sommet de Dakar, au mois de mai dernier ? Le droit international fournit des arguments contradictoires. D'une part, plusieurs instruments tendent à montrer, tendent à affirmer plutôt, qu'il n'y a pas de hiérarchie possible entre les droits de l'homme, les droits fondamentaux et les droits de solidarité ; nous connaissons tous ici la Résolution de Téhéran du 13 mai 1968, adoptée par la Conférence internationale des droits de l'homme, qui a proclamé l'indivisibilité et l'interdépendance des droits de l'homme. D'autre part, l'Organisation des Nations unies a adopté en 1966 deux pactes séparés, touchant aux deux domaines dont nous parlons, droits civils et politiques, et droits économiques, sociaux et culturels, ce qui revient, malgré certaines affirmations de principe, à nier l'indivisibilité.

En fait, pour les Etats, tous les droits de l'homme ne sont pas placés sur le même plan. Seuls les droits intangibles, qui sont des droits individuels, font naître des obligations absolues, les autres sont des droits ordinaires et, parmi ces droits ordinaires, seuls les droits individuels sont effectivement sanctionnés par le droit positif.

D'autres droits ont certes été consacrés, qui tendent à préserver l'intégrité des collectivités, par la prévention et la répression du crime de génocide par exemple (convention adoptée par l'Assemblée générale des Nations unies le 9 décembre 1948) ou l'élimination et la répression du crime d'apartheid (convention du 30 décembre 1973); mais ces droits ont été consacrés distinctement des droits de l'homme. Ce qui complique les choses dans le cas du droit des peuples c'est que, dès la Déclaration du 14 décembre 1960 sur l'octroi de l'indépendance aux pays et aux peuples coloniaux (résolution 1514 (XV)), il a été associé par les Nations unies à la notion de droit de l'homme et de droit fondamental : « La sujétion des peuples à une subjugation, à une domination et à une exploitation étrangères constitue un déni des droits fondamentaux de l'homme (...) ».

La critique est cependant facile. Il suffit d'admettre ce qui, dans le contexte de la décolonisation, apparaissait naguère comme une évidence : le droit des peuples — c'est-à-dire, plus explicitement, le droit des peuples à disposer d'eux-mêmes — est par essence un droit de collectivités, non un droit individuel. Ce n'est pas un droit de l'homme, c'est un droit à l'indépendance, c'est le droit de devenir un Etat.

Nous voici bien au-delà de la notion de droit fondamental et en bonne position, à mon avis, pour apercevoir l'infirmité conceptuelle des droits de l'homme de la troisième génération. Si éloquemment qu'ils soient présentés, les « droits de solidarité » (le « droit » à l'air pur, à la paix, au développement ...) sont entachés de multiples incertitudes, souvent relevées du reste, notamment quant au rôle de l'Etat dont nul ne sait au juste s'il est créancier ou débiteur. Techniquement, ces « droits » ne sont pas des droits.

L'intérêt de la francophonie me semble commander en conséquence que le juriste s'attache à une analyse plus classique. Toutefois le juriste n'est pas seul en cause, et, en remerciant nos hôtes pour leur excellent accueil et la qualité des échanges qu'ils ont su provoquer, j'aimerais suggérer qu'on empruntât une double voie. Au juriste de réfléchir sur les droits fondamentaux, en n'oubliant jamais que la protection de l'individu contre le pouvoir concerne aussi la francophonie, en n'oubliant pas non plus — cela a été fort utilement rappelé aujourd'hui — que les relations de l'individu et du pouvoir ne sont pas les mêmes et ne peuvent être envisagées à l'identique dans toutes les zones francophones. Au politiste, qui détient parfois les clés du droit en train de se faire ou du droit de demain, de contribuer à approfondir, sur un plan méta ou parajuridique, la dimension collective.

Vaste programme et programme bien imprécis ! Mais pourquoi, si l'on m'autorise encore une question, ne pas confier à un groupe de travail la mission de le préciser ? De la sorte, la rencontre d'aujourd'hui, avec ses concordances, avec ses dissonances, utiles elles aussi (elles attestent que les vrais problèmes sont abordés...), apparaîtrait comme le prélude d'une oeuvre plus ample que ses organisateurs me semblent particulièrement bien placés pour orchestrer.

Troisième partie

FRANCOPHONIE
ET DROITS FONDAMENTAUX

Chapitre XI

LES ORIGINES DE LA RÉSOLUTION DE DAKAR

Christine DESOUCHES

Cabinet du Secrétaire Général de l'Agence de Coopération Culturelle et Technique
Maître de Conférences à l'Université de Paris I

La Résolution sur « les Droits Fondamentaux », adoptée par la Conférence des Chefs d'Etat et de gouvernement des Pays ayant en commun l'usage du français, 3ème Sommet de la Francophonie à Dakar, en mai 1989, marque un tournant important dans la construction et le renforcement de l'identité de la Communauté francophone.

De façon solennelle et lapidaire, elle formalise la reconnaissance par les Pays membres des Sommets, des principes des droits fondamentaux de la personne et des peuples, et cimente ainsi le caractère politique et moral de cette entreprise engagée depuis près de trente ans.

Je rappellerai d'abord, pour expliquer le contexte dans lequel cette Résolution a été adoptée, les étapes de la réalisation de la Communauté francophone qui est devenue, selon les termes de la Déclaration de Dakar « une réalité politique, économique et culturelle fondamentale dans la vie de nos Etats, et en même temps, un facteur d'équilibre entre les nations ».

Nous examinerons, ensuite, les origines plus immédiates et les sources de cette Résolution, ainsi que son dispositif, pour, enfin, en étudier la portée et les perspectives d'application.

Genèse et structuration de la communauté francophone

L'avant-projet

Initiée et défendue, au lendemain des indépendances, par les Présidents Léopold Sedar Senghor du Sénégal, Habib Bourguiba de Tunisie, Hamani Diori du Niger, l'idée d'une « Communauté organique » regroupant les Etats utilisant une même langue, le français, à des titres divers (langue maternelle, langue officielle, langue d'usage et de communication etc.), tout en s'inspirant d'ensembles préexistants, comme la Communauté francophone africaine et le Commonwealth, présentait des caractères d'indéniable originalité.

Elle reposait sur le postulat que le partage d'une même langue, porteuse elle-même d'une culture et d'une civilisation propres, crée entre ceux qui la pratiquent, unis, par ailleurs, par une Histoire commune, une communauté de fait et une facilité de communication propices à l'instauration de liens de concertation et de solidarité, et à la mise en place de mécanismes de coopération privilégiés.

Cette idée s'appuyait sur l'existence de nombreuses institutions tant publiques que privées et de nombreux accords de coopération liant déjà les Pays francophones, qu'il convenait de généraliser, de rationaliser, et de multilatéraliser, dans le respect de la souveraineté et de l'indépendance de tous les partenaires.

C'est dans le cadre de l'Organisation commune africaine et malgache (OCAM), en 1966, que fut élaboré l'avant-projet de cette « communauté mondiale » faite de plusieurs cercles concentriques de solidarité, les domaines et les modalités de coopération entre les pays francophones, variant en fonction de l'appartenance à l'un ou l'autre des trois cercles envisagés : la Francophonie A rassemblerait la France et les Etats d'Afrique noire et de Madagascar; la Francophonie B regrouperait ces Etats auxquels viendraient s'adjoindre les Pays du Maghreb, le Liban, et les Etats de l'ancienne Indochine ; la Francophonie C comprendrait la France, les Etats francophones en voie de développement et les Etats développés dont le français était la langue nationale à côté d'une ou plusieurs autres langues : Canada, Belgique, Suisse, Luxembourg.

L'Agence de Coopération Culturelle et Technique

De ce projet ambitieux, dont l'objectif était de créer un véritable forum et un front de concertation pour dégager des positions communes aux Etats francophones, à défendre au sein des instances internationales plus spécialisées, devait résulter, en 1970, à Niamey au Niger, la création d'une organisation internationale gouvernementale regroupant des Etats souverains et des « Gouvernements participants », l'Agence de Coopération Culturelle et Technique, « plus petit dénominateur commun » des intérêts nationaux qui s'étaient manifestés en faveur d'un tel regroupement.

Cette institution regroupant aujourd'hui trente-neuf Etats souverains et deux « Gouvernements participants », le Québec et le nouveau-Brunswick, fondée sur des instruments internationaux spécifiques, Convention et Charte qui lui confèrent un ordre juridique distinct, se voyait reconnaître des compétences en matière de coopération culturelle et technique, dans une approche multilatérale et complémentaire des autres types de coopération. Son budget, dit « régulier » provient des cotisations de ses membres, selon une clé de répartition fixe.

Ses organes de délibération et de décision, Conférence générale et Conseil d'administration rassemblent les Ministres de Tutelle, qui sont en charge, par ailleurs, la plupart du temps, de Départements, sectoriels comme la Culture, la Communication, l'Education, la Jeunesse et les Sports etc..., ou à compétence plus générale, comme les Affaires étrangères et la Coopération.

La naissance de l'Agence ne mettait, toutefois, pas un terme à la volonté initiale du Président Senghor d'institutionnaliser une concertation entre les Pays francophones, au plus haut niveau politique, c'est-à-dire celui des Chefs d'Etat et de Gouvernement, pour mobiliser réellement l'ensemble des compétences de l'espace francophone.

Les obstacles à une telle réunion, dont le principe était bien accueilli, tenaient essentiellement aux modalités du choix des participants, notamment la possibilité pour les « Gouvernements participants » à l'Agence d'être représentés, ainsi qu'à l'opportunité politique de provoquer ce rassemblement.

Les Conférences des Chefs d'Etat et de gouvernement des Pays ayant en commun l'usage du Français dites « Les Sommets »

Une entente étant intervenue à la fin de l'année 1985 entre le Canada et le Québec sur le premier point, et un consensus s'étant dégagé sur le deuxième, l'Etat français prit l'initiative de réunir à Paris, en février 1986, la Première Conférence des Chefs d'Etat et de gouvernement des Pays ayant en commun l'usage du français.

Ce premier Sommet, suivi de ceux de Québec en septembre 1987, et de Dakar, en Mai 1989, et auxquels participent tous les Pays membres de l'Agence, encore que ce critère ne soit pas automatique[1], a imprimé un nouvel élan à la Francophonie, dans le sens de l'approfondissement des relations de concertation entre Pays francophones et de la mise en oeuvre de projets concrets de coopération, dans des domaines diversifiés et jugés prioritaires pour le développement : agriculture, énergie, culture et communication, in-

---

[1] La Suisse a participé aux Sommets sans être membre de l'Agence. Elle a toutefois fait connaître lors de la Conférence Générale, à Ottawa, son intention de devenir Etat membre de l'ACCT. De même le Cap vert a assisté au Sommet, sans qu'il soit membre de l'ACCT. Enfin, la participation de la Communauté française de Belgique et de la Région wallonne est identifiée lors des Sommets.

formation scientifique et développement technologique, industries de la langue. Le Sommet de Dakar a retenu deux autres domaines de coopération : l'éducation et la formation, la coopération juridique et judiciaire.

La préparation et le suivi de ces Sommets, précédés de réunions des Ministres des Affaires étrangères, ont été confiés à des mécanismes, à la fois politiques et techniques, « *sui generis* », Comité International du Suivi (CIS), et Comité International Préparatoire (CIP), mis en place, d'abord de façon pragmatique, pour être reconnus, ensuite, de façon officielle, par la Résolution n° 10 du Sommet de Dakar, relative à l'avenir des institutions francophones et aux mécanismes du suivi du Sommet de Dakar.

Cette même Résolution consacre le rôle de l'Agence de Coopération Culturelle et Technique qui constitue « *par sa qualité d'unique organisation intergouvernementale de la Francophonie, découlant d'une Convention, une garantie institutionnelle pour la dimension multilatérale devant présider à la conception et à la mise en oeuvre des projets découlant des décisions des Chefs d'Etat et de Gouvernement* ».

Instrument principal et privilégié d'exécution des décisions du Sommet, l'Agence se voit également conférer une mission essentielle de proposition de programmation et d'affectation budgétaire.

Elle continue, en outre, « *d'exercer les rôles d'animation, de consultation et de concertation du monde francophone, tels que prévus à sa Charte* », *en direction, notamment, du monde associatif, appelé à être, selon les Chefs d'Etats,* « *renforcé dans son rôle de relais* ».

La Conférence des Chefs d'Etat et de Gouvernement formalise ses délibérations et prend « des décisions », sous la forme de l'adoption de rapports sectoriels et de synthèse (rapport du CIS), pour le volet « coopération ».

En outre, depuis le deuxième Sommet de Québec, les échanges de vue et la concertation dans les domaines politique et économique, sont préparés par l'élaboration de Rapports « sur la situation politique mondiale et la situation économique mondiale », lors du Sommet de Paris et des Documents de réflexion, « sur la politique internationale et l'économie mondiale » lors des Sommets de Québec et de Dakar, dont l'examen a entraîné l'adoption de Résolutions, en nombre croissant, de Sommet en Sommet.

La Résolution sur les « Droits Fondamentaux » s'inscrit dans cette dynamique de consensus et d'affirmation politique.

Les principes et les valeurs de cette communauté

Si la référence aux valeurs partagées a toujours été une constante dans le discours sur la Francophonie, justifiant son originalité et laissant augurer de sa capacité à innover dans les solutions à apporter aux problèmes du monde contemporain, l'adoption de cette Résolution, consacrée aux « Droits fondamentaux », prend valeur d'une profession de foi plus générale et d'un engagement à agir.

C'est ainsi que dès l'origine du projet de regroupement des Pays d'expression française, l'accent est mis sur les valeurs et les idéaux que véhicule cette langue, et dont les Pays qui volontairement l'utilisent, assument l'héritage.

« Communauté spirituelle », autant que communauté de langage, la Francophonie secrète également sa propre éthique, inscrite dans les textes fondamentaux de l'Agence, qui doit guider la conception et la mise en oeuvre de projets spécifiques de coopération, plus respectueux de l'identité des partenaires.

D'après le Préambule de la Convention relative à l'ACCT, c'est, « *conscients de la solidarité qui les lie par l'usage de la langue française, considérant que la coopération internationale est une aspiration profonde des peuples, considérant que la promotion et le rayonnement des cultures nationales constituent une étape nécessaire à la connaissance mutuelle et à l'amitié des peuples participant à des civilisations différentes, désireux de promouvoir et de diffuser sur un pied d'égalité les cultures respectives de chacun des Etats membres* », que les Etats parties ont décidé d'établir cette convention.

Les Sommets ont été l'occasion de réaffirmer cette philosophie des valeurs communes, que traduit bien la devise de l'Agence : « égalité, complémentarité, solidarité », « capables d'activer des complicités intellectuelles et morales » selon le Premier Ministre du Canada, Monsieur Brian Mulroney, cette « communauté du regard », selon les termes du Président François Mitterrand, dont les Résolutions et les Déclarations finales sont l'expression formelle.

Lors du premier Sommet, le Président de la République Démocratique de Madagascar, Monsieur Didier Ratsiraka espérait qu'au sein de cette communauté, les Pays francophones trouveraient « *quelques lois éthiques et juridiques pour organiser leurs relations, afin de bouleverser la face du monde* ».

Le Président de la République du Sénégal, Monsieur Abdou Diouf, évoquant l'apartheid estimait que « cette situation interpelle gravement la « cité francophone » que nous sommes en train de bâtir, parce que l'idéal dont nous nous réclamons et que nous voulons voir appliqué à tous, sans aucune distinction, se résume en la promotion de l'humain, dans la liberté, l'égalité et la démocratie. Les principes qui fondent cet idéal procèdent de l'universel, c'est-à-dire, à la fois de la Déclaration des Droits de l'Homme et du Citoyen, de nos cultures et de nos civilisations respectives ».

Le Premier Ministre de la République de la Tunisie, Monsieur Mohamed Mzali, affirmait qu'« au travers de la culture française, nous avons, entre autre, appris ce qu'est l'esprit des lois et de quelle manière doit s'établir le contrat social. De cet apprentissage commun, il nous est resté un commun attachement à la justice sociale, à l'idéal démocratique et aux droits de l'homme ».

Dans son message, le Capitaine Thomas Sankara, Président du Conseil National de la Révolution du Burkina Faso, n'hésitait pas à dire que « *c'est enfin en français que nous chantons l'Internationale, hymne des opprimés, des "damnés de la terre"* ».

La Délégation haïtienne demandait, à travers cette Conférence, « *aux différents Chefs d'Etat et de gouvernement ici réunis, d'apporter leur soutien moral, politique et économique au nouveau Conseil National de Gouvernement et au peuple haïtien en vue de les aider à jeter les bases d'un Etat véritablement démocratique* ».

La Résolution adoptée sur l'Afrique du Sud et l'apartheid, portant condamnation de ce système, ainsi que la Résolution sur le Moyen-Orient, affirmant le droit du peuple palestinien à l'autodétermination, constituaient les premiers points d'application d'une préoccupation plus générale comme, d'ailleurs, le Rapport général, présenté par le Premier Ministre du Québec, Monsieur Robert Bourassa le précisait : « *en ce qui concerne la situation douloureuse de l'Afrique Australe, nous avons condamné avec vigueur le régime de l'apartheid et avons énoncé diverses conditions, auxquelles le gouvernement Sud Africain devrait souscrire dans les meilleurs délais. Cette préoccupation fondamentale pour le respect intégral des droits de l'homme et des droits des peuples ne vaut d'ailleurs pas que pour l'Afrique du Sud, mais a, évidemment, une portée universelle* ».

Dès le deuxième Sommet, l'affirmation de l'attachement de la Communauté francophone à ces idéaux, allait prendre la forme dorénavant d'interventions plus spécifiques sur les droits de l'homme considérés comme un objectif essentiel, à promouvoir et à faire respecter, par le « témoignage », comme y invitait le Président François Mitterrand : « *magistère de l'essentiel, a-t-on dit, notre langue est claire et précise. Elle ne se contente pas de transmettre le minimum opérationnel, comme on dit, elle organise une pensée. Le français est au sens le plus haut, une langue de culture et de civilisation : Etat, Nation, liberté, droits de l'homme, révolution... Chaque fois qu'il s'agit de libérer des hommes, autant de mots qui ont formé des idéaux et rassemblé des volontés. On en trouve la racine chez nous .*

Encore pouvons-nous témoigner ensemble de notre culture commune qui commande nos idéaux : que signifierait le mot culture sans cela ? Rechercher les moyens de témoigner partout ou se pose des questions de ce type : les droit de l'homme, le droit des peuples, le droit des peuples à exister en sécurité, le droit de toute collectivité à se voir reconnue dès lors qu'elle repose sur des données réelles. Il y a les grands thèmes du désarmement, de la sécurité collective, de l'arbitrage, qui devraient toujours présider aux échanges de vue sur la paix. Je n'oublierai pas quelques moments avant de conclure, le nécessaire développement ».

Mais le document de réflexion sur la politique internationale, soumis à la Conférence et préparé par le Canada, pays hôte du Sommet, en introduisant parmi les champs d'action de la solidarité francophone, les « droits fondamentaux », allait plus loin, en esquissant les principes *d'une action commune* : « *La tâche qui consiste à faire respecter les droits fondamentaux — droits politiques, civils ou économiques, sociaux et culturels — représente un défi majeur. Il est universellement admis de nos jours que ceux-ci constituent un objet légitime de débat et d'action sur le plan international. En dépit d'une large ratification des conventions adoptées par l'Organisation des Nations unies sur les droits fondamentaux, les moyens déployés au niveau international pour en assurer le respect demeurent insuffisants. Le Sommet représente à cet égard une occasion unique pour la communauté francophone de dégager les principes d'une action commune qui prenne notamment en compte une approche globale du développement. La libre circulation des personnes constitue également une préoccupation susceptible d'être évoquée ».*

Un « Appel solennel » au « respect des droits de la personne » était lancé par le Premier Ministre du Canada, Monsieur Brian Mulroney : « *La dignité et la liberté de l'homme commandent une morale dans la vie politique d'un pays. L'espace francophone doit avoir pour ambition de servir de guide moral pour les nations du monde .*

L'apartheid, déstabilisant et agressif, est un point d'action pour nos pays. Mais il ne saurait être le seul. La promotion et la défense des droits de la personne devraient constituer une aspiration commune à tous nos Etats. Mais les droits de la personne, c'est aussi le droit au développement économique et social, source d'émancipation et de liberté. Les ressources humaines sont le moteur comme la finalité du développement et de l'évolution des sociétés. La personne humaine, pour être à la fois le bénéficiaire et l'artisan de ce développement, doit avoir la liberté d'être et d'agir.

Le Sommet de Québec doit être une étape importante à cet égard ».

Enfin lors du troisième Sommet, à Dakar, en mai 1989, le premier en terre africaine, le document de réflexion sur la politique internationale, élaboré par la délégation sénégalaise, qui présidait le Comité International Préparatoire (CIP), identifiait les mêmes champs d'action qu'en 1987 et notamment les droits fondamentaux : « c'est le lieu et l'occasion de réaffirmer l'attachement de notre communauté au respect des droits fondamentaux. La tenue de ce troisième Sommet en terre africaine pourrait inciter les Chefs d'Etat et de Gouvernement à davantage mettre l'accent sur le droit des peuples en général, sur les droits de solidarité — droit au développement, droit à la paix et droit à l'environnement — particulièrement susceptibles de renforcer le respect et la tolérance réciproques entre nos Etats. Un engagement ferme pourrait être pris en vue de l'élimination de toutes les formes de discrimination raciale et plus particulièrement du système odieux de l'apartheid en Afrique du Sud.

Il est certain que les nombreuses références à la révolution française, dont on célébrait le bicentenaire, créèrent un climat favorable à l'examen de ce point d'importance politique particulière.

Le Président de la République du Sénégal, Monsieur Abdou Diouf, soulignait « *qu'au moment où nous nous réunissons, se commémore le bicentenaire de la révolution française et de la déclaration des droits de l'homme et du citoyen. Faisant écho à cette glorieuse page de l'Histoire de l'humanité, déclic et sève nourricière de toutes les conquêtes de libertés, les ministres chargés de la Justice dans nos pays respectifs se sont réunis en Janvier dernier, à Paris.*

Il me plaît de saluer la qualité de leurs travaux dont la pertinence des conclusions a peut-être conduit la France à soumettre, au IIIème Sommet, un projet sur la coopération juridique et judiciaire. En tout cas, cette heureuse initiative qui vise à ancrer davantage notre communauté dans le respect fondamental des libertés de l'homme et des peuples, tout en préservant la souveraineté des Etats, constitue, pour nous tous, un motif supplémentaire de satisfaction sur l'évolution de l'espace francophone que nous nous évertuons à édifier ensemble. Il s'y ajoute que, pour nous Sénégalais, ce ressourcement aux idéaux les plus élevés de liberté et de justice, véhiculés par le Français, est le meilleur moyen de consolider le socle sur lequel est en train de prendre corps et vie le droit au développement que nous prônons pour nos peuples ».

Selon le Premier Ministre du Canada, « *le bicentenaire de la révolution française nous rappelle de façon éclatante la primauté des droits de la personne. Cette célébration n'est pas uniquement un rappel historique. Elle exalte des valeurs fondamentales de liberté et de dignité humaine. Elle souligne aussi avec force l'obligation faite aux pouvoirs publics de les respecter et de les promouvoir.*

Le racisme, l'oppression du faible par le fort, l'exploitation du pauvre par le riche ne sont pas, hélas, l'apanage d'une époque révolue. La Francophonie trahira les espoirs qu'elle suscite, si elle n'est pas à la fois instrument d'égalité entre les pays et outil de justice entre les personnes. La Francophonie a démontré qu'elle a du muscle, qu'elle a du coeur. Elle doit aussi avoir une conscience ».

Le Président François Mitterrand se réjouissait que « *la coopération judiciaire et juridique soit également à l'ordre du jour. Je m'en réjouis car ce sont des domaines dans lesquels notre langue convient particulièrement. Elle est très adaptée pour définir le droit. Si l'on veut bien se reporter aux siècles derniers — plusieurs siècles derrière nous — la langue française a été en réalité un instrument puissant dans la définition des droits.*

Enfin, chers amis, vous l'avez déjà dit, cette réunion là, en 1989, a une signification particulière, puisqu'elle est celle du bicentenaire de la révolution française et de la déclaration des droits de l'homme. Je ne saurais trop souscrire à ce qui vient d'être dit par Monsieur le Premier Ministre Mulroney dont les accents m'ont touché...

Nous qui avons mis nos cultures en commun, qui cherchons à partager ce qu'il y a de meilleur en nous, ne laissons passer aucune occasion de sceller de nouveaux accords d'approfondir notre démarche. Si en ce jour, à Dakar, nous devions oublier un instant que "tous les hommes naissent libres et égaux en droits", nous aurions manqué à notre mission. Nous sommes précisément là pour faire la démonstration que nous y croyons ».

Le Président de la République de Guinée équatoriale accordait « *une mention spéciale à la France, mère fondatrice de la culture et de la civilisation francophones qui rassemblent des pays divers de par leurs origines et leurs normes politiques. La culture et la civilisation françaises, dont l'objectif politique final est de reconnaître et de promouvoir les libertés des hommes et des peuples, sont aujourd'hui la source d'inspiration des différents systèmes politiques et sociaux du monde moderne.*

Nous sommes convaincus qu'il ne peut y avoir ni paix ni sécurité internationales tant qu'on ignorera les droits fondamentaux de l'homme, l'égalité des Etats souverains et l'indépendance des peuples, et tant que subsistera un système injuste dans les relations économiques internationales qui perpétue la suprématie de certains Etats sur d'autres.

Le Sommet de Dakar doit d'autre part se soucier des graves problèmes qui sont actuellement au centre des préoccupations de la communauté internationale, dans la mesure où ils empêchent l'accomplissement des libertés des hommes et des peuples et mettent en péril la paix et la sécurité internationales ».

Enfin, dans sa déclaration, le Premier Ministre du Canada, évoquant les changements importants intervenus dans la communauté internationale depuis le Sommet de Québec, caractérisés par une amélioration des relations Est-Ouest, par un début de solutions apporté aux conflits locaux et par l'aspiration à la démocratie, qui se généralise, concluait : « *partout au monde, une chose apparaît de plus en plus clairement : les droits de la personne sont inaliénables et imprescriptibles. Un peuple privé de ses droits économiques, sociaux ou culturels, n'a pas la motivation qu'il lui faut, pour s'épanouir, et s'émanciper. Sans eux, il ne peut y avoir ni véritable paix, ni prospérité* ».

C'est dans ce contexte favorable qu'une résolution conjointe sénégalo-canadienne sur les « droits fondamentaux », dont le dispositif avait fait l'objet de négociations pendant les mois précédant le Sommet de Dakar, fut présentée à l'examen et à l'approbation de la Conférence.

La résolution sur les droits fondamentaux

Le titre de la Résolution

L'expression « droits fondamentaux » peut revêtir un sens commun ou une acception plus juridique.

Sont considérés comme droits fondamentaux, « *stricto sensu* », ceux qui, à la différence des droits dérivés, n'admettent aucune dérogation, même en période exceptionnelle. Toutefois, ce « noyau dur » ne fait pas l'objet d'un consensus. La liste peut différer selon les Actes qui les proclament et les protègent.

C'est ainsi que le Pacte international relatif aux droits civils et politiques, prévoit dans son article 4, qu'en cas de danger public et exceptionnel menaçant l'existence de la nation, et proclamé par un acte officiel, des restrictions peuvent être apportées aux droits de l'homme. Mais le paragraphe 2 de l'article 4 précise qu'aucune dérogation n'est possible à un certain nombre de dispositions du Pacte : droit de vie, interdiction de la torture, interdiction de l'esclavage et de la servitude, interdiction de l'emprisonnement pour inexécution d'une obligation contractuelle, interdiction de l'application rétroactive du droit pénal, droit à la reconnaissance de chacun à la personnalité juridique, liberté de pensée, de conscience et de religion.

De même la Charte africaine des droits de l'homme et des peuples énumère dans ses articles 3 à 7 les droits considérés comme fondamentaux : égalité devant la loi et égale protection de la loi, inviolabilité de la personne humaine, droit au respect de la dignité inhérente à la personne humaine, droit à la liberté et à la sécurité, droit pour toute personne à ce que sa cause soit entendue.

Parce que cette résolution procède d'une démarche politique, il semble que son titre se réfère plus à la notion de « droits fondamentaux » entendus comme droits essentiels, jugés comme tels par la Communauté francophone.

Le contenu de la Résolution

Cette résolution lie intimement les droits de l'individu et les droits des peuples : « *considérant qu'aux droits de l'individu doivent correspondre les droits des peuples : reconnaissant que le droit au développement est insépa- rable du droit à la vie et à la liberté* ».

Elle réalise, en cela, *un équilibre* entre une conception occidentale des droits de l'homme, plus individualiste et une conception africaine des droits de l'homme et des peuples, plus communautaire encore qu'une meilleure connaissance mutuelle, une réflexion en commun, entraînent un enrichisse- ment et une complémentarité de ces différentes conceptions, ce qui permet, de plus en plus, à la Communauté Internationale d'affirmer ces droits et d'organiser, autour, une solidarité internationale.

Comme le soulignait Monsieur Brian Mulroney, « *La promotion des conditions nécessaires à l'épanouissement de la dignité humaine comme le respect des droits de la personne sont devenus des objectifs fondamentaux en relations internationales. Le Canada en a fait l'un des principaux axes de sa politique étrangère.* » ... « *La politique canadienne d'aide publique au déve- loppement prend en compte le respect des droits de la personne et de la pro- tection de l'environnement. Nous entendons promouvoir ces valeurs partout où notre choix se fait entendre* ».

Quant à l'apport plus spécifiquement africain, il consiste en l'introduction, dans ce texte, qui s'inspire « *en ce bicentenaire de la révolu- tion française, des principes qui ont conduit à la déclaration universelle des droits de l'homme, de la notion de "droit des peuples", en général, et de celle de droit au développement* », en particulier, conformément au précédent de la Charte africaine des droits de l'homme et des peuples.

Le « droit des peuples » a été solennellement reconnu lors de l'adoption de la *déclaration universelle des droits de l'homme*, le 4 juillet 1976, à Alger. Le préambule de ce texte affirme que « *conscients d'interpréter des aspirations de notre époque, nous nous sommes réunis à Al- ger pour proclamer que tous les peuples du monde ont un droit égal à la li- berté, le droit de s'affranchir de toute ingérence étrangère et de se donner le gouvernement de leur choix, le droit s'ils sont asservis, de lutter pour leur li-*

bération, le droit de bénéficier dans leur lutte, de l'assistance des autres peuples »[2].

Toutefois, cette déclaration ne fait pas partie du droit positif.

C'est la *Charte africaine des Droits de l'homme et des peuples*, signée à Nairobi au Kénya, en 1981, entre les Etats membres de l'Organisation de l'Unité Africaine, et entrée en vigueur en 1986, qui accorde, pour la première fois, à ces principes, valeur en droit international.

La Charte, à la conception, à l'élaboration, et à l'adoption de laquelle le Sénégal a oeuvré pendant de longues années, a eu comme point de départ le Colloque organisé en 1961, à Lagos, par les juristes africains, à l'initiative de la Commission internationale de Juristes, qui lancèrent l'idée d'une Commission africaine des droits de l'homme.

Son Préambule tient compte « *des vertus de leurs traditions historiques et des valeurs de civilisation africaine, qui doivent inspirer et caractériser la réflexion sur la conception des droits de l'homme* ».

Ces principes sont :

— « *Le caractère inséparable des droits et devoirs.*

— *Le fait que la communauté est un sujet privilégié de droit, ce qui explique l'importance accordée aux droits collectifs et à la solidarité nationale et internationale.*

— *La répugnance à adopter des solutions judiciaires* »[3].

Sans que la notion de peuple soit définie, et après avoir posé le principe général que « *tous les peuples sont égaux ; ils jouissent de la même dignité et ont les mêmes droits. Rien ne peut justifier la domination d'un peuple par un autre* », la Charte énumère les différents droits des peuples : droit à l'existence, (droit à l'autodétermination, droit de libération), droit à la libre disposition de leurs richesses et ressources naturelles, droit à la paix et à la sécurité, tant sur le plan national que sur le plan international, droit à un environnement satisfaisant et global, propice à leur développement, *droit à leur développement économique, social et culturel, dans le respect strict de leur liberté et de leur identité.*

---

2   Voir l'article du professeur Edmond JOUVE, « Des Droits de l'homme aux droits des peuples », dans les Actes du Colloque de Dakar, « Langues, Cultures et Droits de l'homme dans l'espace francophone », à paraître.

3   Rapport introductif sur la Charte africaine des droits de l'homme et des peuples, présenté par Monsieur Keba M'BAYE lors d'une conférence tenue à Nairobi, du 2 au 4 décembre 1985, publication de la CIJ.

« Ce droit au développement », reconnu explicitement par la Charte africaine aux peuples, dans ses différentes composantes, avait certes déjà été consacré par les Nations unies (Charte, déclaration universelle des droits de l'homme et surtout résolutions de l'assemblée générale des Nations unies).

Mais, ces dernières portent que « le droit au développement » est un « droit de l'homme » réputé par la Résolution du 14 décembre 1981, « inaliénable ». *Enfin, le 4 décembre 1986, l'Assemblée Générale a adopté une déclaration sur le droit au développement* faisant de l'« *être humain le sujet central du développement et donc... le participant actif et le bénéficiaire du droit au développement* », mettant ainsi un terme au débat sur les véritables bénéficiaires du droit au développement, individus ou communautés. Si ce droit appartient également aux Etats, c'est au nom et dans l'intérêt de toute la population et de tous les individus[4].

Le dispositif et les termes de la résolution de Dakar sur les « droits fondamentaux » semblent perpétuer, en revanche, au premier abord, la dichotomie entre les droits reconnus à la personne, droits civils et politiques, droits économiques et sociaux, et ceux des peuples.

C'est pourquoi l'interprétation de cette résolution ainsi que la définition et la liste exacte des droits qui y sont proclamés « *objectifs fondamentaux pour l'ensemble de la communauté internationale* », nécessitent d'être mieux précisées dans l'avenir.

Mais, on peut aussi, dès aujourd'hui, procéder à une autre lecture de ce texte, comme semblent nous y inviter les propos du Président de la République du Sénégal, lors de la cérémonie de remise de son Doctorat Honoris Causa à la Sorbonne, quelques semaines avant la tenue du Sommet et apportaient leur adhésion à la conception du droit au développement, telle que précisée par les Nations unies : « *En définitive, nous plaidons pour une conception globale des droits de l'homme, qui refuse l'exclusion sociale et fait de la solidarité le ciment de l'épanouissement intégral de l'individu...* » Le droit au développement, « *ce droit nouveau, ou plutôt nouvellement formulé et accepté au plan international, intègre tous les individus comme entre les nations. Sa reconnaissance implique donc l'acceptation que les droits de l'homme comportent également le droit des nations moins riches à participer à la vie du monde. Ainsi perçu, le droit au développement devient la dimension humaine du nouvel ordre économique international. Sa réception et sa consécration de-*

---

4 Voir sur cette question, l'article du Professeur Guy FEUER: « Le droit au développement comme droit de l'homme », à paraître dans les Actes du Colloque de Dakar sus-cité.

vraient, pour cette raison, contribuer à la transition d'un droit de la communauté internationale, vers un véritable droit de l'Humanité ».

La résolution sur la « situation économique mondiale », adoptée lors du sommet de Dakar, rend compte du souci de la Communauté francophone d'intervenir pour appuyer toutes les négociations propres à favoriser le développement économique et social des pays en voie de développement.

La portée et la mise en oeuvre de la résolution

La portée de ce texte doit être évaluée en liaison avec celle des autres résolutions adoptées par le sommet de Dakar, portant sur des points spécifiques et assorties d'engagements plus explicites : résolutions sur l'Afrique australe, le Moyen-Orient, le Liban, la Namibie, L'Angola, le conflit Iran-Irak, résolutions relatives à des Fonds de solidarité, résolutions pour l'adoption des rapports du volet coopération, adoptant notamment le document « Le projet francophone, enjeux et défis », qui présente sous la forme d'une charte, l'esprit et les objectifs de la coopération multilatérale francophone : « espoir que le droit à la communication, le droit à la vie, trouvent à s'épanouir dans cet espace d'échanges et de solidarité ». Il faut d'ailleurs noter l'importance du droit « à l'identité culturelle, qui donne tout son sens à la Communauté francophone et qui s'exprime par la défense de la langue française mais aussi et surtout par la valorisation des différentes cultures nationales.

La plupart de ces résolutions tracent, en effet, généralement les modalités de l'action commune à entreprendre : adhésions ou condamnations, réunions de conférences sectorielles comme celles sur l'environnement, en 1991, mise en oeuvre de programmes de coopération, bénéficiant d'affectations de fonds spéciaux.

Ce n'est pas le cas pour cette résolution émanant d'une instance politique qui se présente comme une « *déclaration d'intention* », certes en forme solennelle, mais dépourvue de points forts obligatoires.

Texte de compromis, elle intègre des notions qui donnent toujours lieu à de nombreux débats, souvent passionnés, mais dont la définition, la portée exacte, voire la compatibilité, demandent encore à être précisées.

Sans doute ce travail de clarification sera-t-il plus facile à accomplir dans le cadre de cette communauté culturelle et politique plus restreinte.

En outre, le mécanisme de mise en oeuvre prévu par la décision « *d'en appeler au respect des droits de la personne comme au respect du droit au développement et, en cela, tant à l'intérieur qu'à l'extérieur de notre communauté* », n'a pas de force contraignante et constitue une exhortation plutôt qu'un engagement. Dans ces conditions, son opposabilité pourra difficilement être invoquée à l'égard des gouvernements, seuls chargés de l'appliquer.

Néanmoins, cette résolution est importante et semble devoir être appelée à avoir des suites.

Résultats d'une longue maturation ainsi que cela a été montré, ci-dessus, ce n'est pas une résolution de « circonstance ». Elle témoigne d'un consensus traduisant une volonté manifeste de rapprochement politique dans un domaine où il est plus facile de souligner les spécificités que les points de convergence.

Elle a été adoptée en un moment propice, où se précisent les possibilités d'un nouvel ordre international, plus sensible aux droits des individus et des collectivités. D'ailleurs, elle s'insère volontairement dans un mouvement général qui affecte les Nations unies. Elle constate, en effet, que « *l'épanouissement de la dignité humaine comme le respect des droits de la personne, sont une aspiration commune à tous nos Etats et sont devenus des objectifs fondamentaux pour l'ensemble de la Communauté internationale* ».

Notre conviction est que la résolution sur les « droits fondamentaux » peut jouer le rôle de ferment susceptible d'engendrer un comportement des Etats tendant à être conforme à ses objectifs. Dans l'immédiat, elle peut servir de texte de référence et inspirer la mise en application des résolutions spécifiques des Sommets.

C'est d'ailleurs ce qui est en cours pour la mise en oeuvre du programme de coopération juridique et judiciaire, dont le principe a été arrêté par le Sommet de Dakar, à la suite des « *propositions pour le suivi de la conférence des Ministres de la Justice des Pays ayant en commun l'usage du français* », qui s'est tenue à Paris, du 5 au 7 janvier 1989.

Cette conférence réunie à l'invitation du gouvernement français, dont le communiqué a fait état de la reconnaissance par les Etats « de l'importance de la notion de l'Etat de droit, dans (leur) organisation politique, imposant l'existence d'une justice forte et indépendante », a retenu deux axes prioritaires pour la coopération juridique et judiciaire entre les pays francophones : la formation des magistrats et des personnels auxiliaires de justice, l'aide bibliographique à la décision et la circulation de la documentation juridique et judiciaire.

Le Sommet de Dakar ayant dégagé des fonds spéciaux pour la réalisation de ce programme confié à l'Agence de Coopération Culturelle et Technique, pour son volet multilatéral, le Secrétariat de l'Agence a pris l'initiative d'élaborer un plan d'action, soumis à un comité d'experts qui s'est réuni le 14 mai 1990, et dont les grandes lignes sont : l'amélioration des conditions d'exercice de la Justice dans les pays francophones, mais aussi la promotion de l'Etat de droit et des droits des personnes dans l'espace francophone.

En effet, si le Sommet n'a pas confié expressément à l'Agence un mandat dans le domaine des droits fondamentaux, il apparait que la bonne réalisation du programme de coopération juridique et judiciaire, constituera une première réponse à la préoccupation des Chefs d'Etat, telle que contenue dans la résolution.

Pour l'avenir, le Secrétariat de l'Agence a décidé de rechercher les voies et moyens pour créer un comité de liaison avec le centre pour les droits de l'homme auprès de l'Office des Nations unies, à Genève, la direction des droits de l'homme de l'UNESCO et les organes spécialisés de la Communauté Economique Européenne et du Conseil de l'Europe, afin d'inscrire certaines de ses interventions d'information et de formation pour les droits de l'homme dans le contexte de l'effort international. En outre, l'Agence pourra d'ores et déjà consacrer un pourcentage, qu'il conviendra de déterminer avec précision, de son budget en matière de coopération juridique et judiciaire à des actions visant le soutien, la protection et la promotion des droits de la personne. Enfin, il est prévu que l'Agence organise, fin 1990, au siège, un Colloque portant sur les convergences dans les conceptions des droits de la personne, au sein de l'espace francophone et un Colloque en mai ou juin 1991, sur l'Etat de droit.

Ces colloques complèteront la réflexion déjà engagée lors du colloque organisé à Dakar, en marge du Sommet, en mai 1989, sur le thème : « Langues, Cultures et Droits de l'homme dans l'espace francophone ».

Gageons que ces échanges de vue approfondis, au sein des différentes instances concernées comme ce colloque que l'Université de Louvain a eu l'heureuse idée de tenir, complétés, espérons-le, par l'engagement des personnalités politiques, donneront à cette résolution sa pleine portée et la possibilité de répondre aux espoirs qu'elle a suscités.

Chapitre XII

L'OUA ET LA CHARTE AFRICAINE
DES DROITS DE L'HOMME[1]

Claude ROOSENS

Responsable de l'Unité des Relations internationales de l'Université catholique de Louvain

L'idée de la Charte africaine des droits de l'homme n'est pas tout à fait neuve. Elle remonte pratiquement à la période de l'indépendance, dans les années 60-61. Cette idée a ensuite fait l'objet d'une série de travaux, qui ont finalement débouché, en 1979, sur une résolution adoptée au sein de l'OUA, qui avait pour objet de mettre sur pied un groupe chargé d'élaborer cette Charte des droits de l'homme.

Cette dernière a effectivement été adoptée en 1981 (sommet de Nairobi) et est entrée en vigueur en 1986, — ce qui constitue un délai relativement bref. Un séminaire de la Division des droits de l'homme de l'ONU se tint à Monrovia en septembre 1979 ; il prépara le projet de statut d'une Commission africaine des droits de l'homme. Un groupe d'experts se réunit ensuite à Dakar, en décembre 1979, pour élaborer un projet de Charte africaine des droits de l'homme. Soumis à une conférence ministérielle de l'OUA (Banjul - janvier 1981), qui y apporta quelques amendements, le texte fut adopté à Naîrobi cinq mois plus tard.

Cette charte présente-t-elle une spécificité propre ? Quelles en sont les caractéristiques principales par rapport aux autres textes consacrés aux droits de l'homme ? Quelques-uns de ces traits principaux peuvent être relevés. Tout d'abord, elle associe les droits de l'homme et les droits des peuples. Cette caractéristique, intéressante à noter, ne va d'ailleurs pas sans poser quelques difficultés, étant données les contradictions que l'on a déjà pu noter entre

---

[1] Le texte ci-dessous contient le rapport des discussions du groupe « Droits fondamentaux en Afrique », établi dans le cadre du colloque Francophonie et Droits fondamentaux, 8 décembre 1989, Louvain-la-Neuve.

droits de l'homme et droits des peuples, et vu la compatibilité ou l'incompatibilité qu'il peut y avoir entre les deux notions.

D'autre part, on remarque également que cette charte présente un caractère global, en ce sens qu'elle traite de tous les droits de l'homme, aussi bien des droits sociaux que des droits économiques, des droits civils et des droits politiques. Il y a là une globalité qui est envisagée, une indivisibilité qui est ainsi soulignée entre l'ensemble de ces droits.

Autre caractéristique : cette charte s'est donné comme objectif, bien sûr, de promouvoir, de faire connaître ces droits de l'homme, mais en même temps, de veiller à leur respect ; c'est le rôle de la Commission Africaine des droits de l'homme et des Peuples. La composition de cette Commission reflète un certain équilibre régional africain. Ses membres, indépendants dans l'exercice de leur mission, proviennent du Sénégal, de la Gambie, du Congo, du Gabon, de l'Egypte, de la Libye, du Mali, de l'Ouganda, de la Tanzanie et de la Zambie. Le siège central de la Commission a été inauguré le 12 juin 1989, à Banjul, capitale de la Gambie. Monsieur Isaac Nguema en est le président[2].

Une remarque intéressante mérite d'être soulignée à propos du rôle de cette commission. En effet, elle n'intervient pas directement pour sanctionner. Son objectif étant la réconciliation, elle s'efforce de faire valoir ce but auprès des Etats qui peuvent s'être rendus coupables de violation de ces droits.

Une autre remarque pertinente a été formulée. Il y a lieu de tenir compte, au niveau de l'élaboration des textes en matière des droits de l'homme en Afrique, du fait que l'Afrique n'offre pas un visage unique. Il y a une diversité d'Afrique. Mais au-delà de ces diversités qui sont bien réelles, bien présentes, on trouve tout de même la possibilité de se mettre d'accord sur un minimum commun qui semble être accepté à l'intérieur de cette charte.

Quel est, s'il y en a un, le particularisme de l'Afrique en matière de droits de l'homme ? Autrement dit, y a-t-il des valeurs spécifiquement africaines, auxquelles on peut se référer pour élaborer cette réglementation, cette charte des droits de l'homme ? On a répondu positivement à cette question. Des valeurs tout à fait originales sont mises en avant, comme, par exemple, l'importance de la famille ou l'importance des minorités. Le droit à la sorcellerie, par exemple, par rapport aux religions dominantes, a été souligné. Voilà un élément original, par rapport à nos sociétés occidentales, bien que des questions similaires puissent s'y poser. La spécificité en matière de droits politiques doit également être soulignée. La référence à la démocratie occi-

---

2   Sur le fonctionnement de la Commission, voir D. TOPOUZIS, *A Charter for Human Rights*, Africa Report, july-august 1989, pp. 31-33.

dentale, à la démocratie libérale, n'est pas toujours le seul point de référence essentiel à prendre en considération. Il existe des valeurs politiques, des modes d'organisation politique propres à l'Afrique, qui sont peut-être tout aussi respectueux des droits de l'homme que le modèle d'organisation politique occidental. Ceci étant dit, des problèmes particuliers se posent, comme, par exemple, celui du parti unique. Ce dernier est-il une forme d'organisation politique qui répond bien aux droits de l'homme ? Ces questions restent ouvertes et elles ne peuvent être définitivement tranchées.

Quoi qu'il en soit, il n'est pas inutile de rappeler, au niveau de ces spécificités, que les droits de l'homme en Afrique ne constituent pas une nouveauté. Ils trouvent leur fondement dans les valeurs traditionnelles des sociétés africaines. Mais l'existence de ces valeurs traditionnelles est-elle compatible avec la référence aux autres fondements, occidentaux, par exemple, des droits de l'homme ? Nous sommes tous d'accord à ce sujet pour dire que l'important est qu'il y ait une fécondation mutuelle entre les valeurs occidentales, les valeurs africaines et d'autres, pour servir, justement, de fondement à ces Droits fondamentaux. A titre d'illustration, citons ces deux exemples extraits de la Charte. Article 17, al. 3 : « *La promotion et la protection de la morale et des valeurs traditionnelles reconnues par la communauté constituent un devoir de l'Etat dans le cadre de la sauvegarde des droits de l'homme* ». Art. 7, al. 2 : « *La peine est personnelle et ne peut frapper que le délinquant.* » (On veut ici écarter la sanction à l'égard du groupe que peut entraîner, dans certaines sociétés, la faute d'un membre de ce groupe).

Une autre spécificité est à mentionner. Elle met en valeur le particularisme africain en la matière. La différenciation entre l'individu et le groupe n'existe pas, en tant que telle, en Afrique ; la fusion de l'individu et du groupe, la participation des deux, l'un à l'autre, est naturelle et va de soi, ce qui n'est pas toujours le cas dans nos sociétés occidentales.

Toujours sur le terrain des particularités, la question de la constitutionnalisation des droits de l'homme en Afrique doit être posée. Les constitutions, là où elles existent, ont été élaborées très rapidement après l'indépendance. Elles ont fait référence aux textes occidentaux. D'où, peut-être, a-t-on faussé la vision qu'on peut avoir aujourd'hui des fondements des droits de l'homme en Afrique, car les textes occidentaux ne font évidemment pas référence aux valeurs africaines. Il semble donc qu'il y ait eu un décalage dans le temps du côté africain, dans la redécouverte de ces valeurs spécifiques à l'Afrique, que l'on doit aujourd'hui concilier avec les références occidentales.

Est ainsi défini l'essentiel des remarques faites quant aux spécificités africaines. Elles ne signifient pas le rejet des valeurs autres, étrangères, mais plutôt appel, du côté de l'Afrique, à une interpénétration de ces différentes valeurs pour constituer un fondement commun à ces droits.

Quelle est la situation concrète des droits de l'homme, aujourd'hui, en Afrique ? On peut faire valoir (bien sûr) des situations bien connues de flagrantes violations des droits de l'homme. Le régime Bokassa, ou celui de Macias Nguema, ou d'Idi Amin, ces exemples sont bien connus. Référence peut également être faite à une difficulté bien précise, à savoir que la connaissance que l'on peut avoir des violations effectives des droits de l'homme sur le terrain n'est pas toujours facile à acquérir, et n'apparaît, bien souvent, qu'après la disparition des régimes politiques qui en sont responsables. Il y a, semble-t-il, une espèce d'internationale des chefs d'états africains pour se couvrir mutuellement l'un l'autre qui rend difficile la perception et l'information relatives à ces situations concrètes.

La Francophonie peut-elle être d'un apport particulier sur le terrain des droits de l'homme ? Personne ne remet en cause l'existence d'un regroupement sur cette base linguistique, ni l'idée qu'il pourrait y avoir, au centre des préoccupations de ce mouvement francophone, cette volonté de promotion des droits de l'homme.

Quelques réserves quant à la Francophonie, et quant à l'approbation qu'on peut apporter à ses idées, ont été formulées. Il ne faudrait pas que, sous couvert du mouvement francophone, apparaisse un renforcement du rôle d'intervention que la France pourrait jouer en la matière. La France ne devrait pas être perçue comme étant le juge principal de ces violations des droits de l'homme sur le terrain africain.

Ces grandes questions ont été examinées dans la discussion. D'autres sont incidemment apparues comme la question de l'apartheid, ou le problème présent dans la discussion politique en Belgique : le lien à établir entre les accords de coopération conclus, avec des Etats africains notamment, et les clauses que l'on pourrait introduire dans ces accords de coopération, concernant le respect des droits de l'homme.

Quelques   indications   bibliographiques

BEKHECHI M-A., « La charte africaine des droits de l'homme et des peuples (Etude Juridique) », *Revue algérienne des relations internationales*, n° 6, 2e trimestre 1987, pp. 79 à 103.

GLELE M-A., « La Commission africaine des droits de l'homme et des peuples », in *Revue juridique et politique,* 5-6 (1986), pp. 939-950.

GLELE M-A., « La Charte Africaine des Droits de l'Homme et des Peuples : ses virtualités et ses limites », *Revue de droit africain*, 1985, 1, pp. 13-39.

JOUVE E., « La protection des droits de l'homme et des peuples en Afrique », *Afrique Contemporaine,* 131 (1984), pp. 17-22.

Chapitre XIII

INTÉRET ET CONTRIBUTION DE LA CHARTE DE BANJUL AU CONCEPT DE DROITS DE L'HOMME

Marcel BUZINGO

Doctorant en Droit international et comparé des droits de l'homme
Université Catholique de Louvain

Introduction

Pour mieux comprendre l'apport important de la Charte de Banjul à la notion de « droits de l'homme », il convient avant tout d'indiquer brièvement les traits essentiels de divergence interprétative qui caractérisent ces derniers. Si nous négligeons quelques nuances de peu d'importance qui n'infirment pas la tendance générale ni le bilan d'ensemble, trois conceptions différentes peuvent être dégagées de la mise en oeuvre des droits de l'homme : *la primauté de l'individu saisi de façon isolée d'abord, la suprématie accordée à la collectivité ensuite, l'interdépendance entre la personne et les communautés enfin.*

Primauté de l'individu

Dans le premier cas, l'individu appréhendé dans sa singularité reste au centre de l'édifice. La protection de ses droits passant avant toute autre considération, la prise en compte de la société ne devient impérative que par la nécessité d'entretenir un milieu sans éléments perturbateurs graves qui mineraient leur déploiement.

Conformément à cette optique, « *[la] liberté consiste à faire tout ce qui ne nuit pas à autrui* » si bien que « *l'exercice des droits naturels de chaque homme n'a de bornes que celles qui assurent aux autres membres de la société la jouissance de ces mêmes droits* »[1].

---

[1] Voy. l'article 4 de la Déclaration des droits de l'homme et du citoyen (1789), VERWILGHEN M. et BUZINGO M., *Droits de l'homme - Recueil de documents internationaux et nationaux*, Bruylant (Bruxelles) - AEDL (Louvain-la-Neuve), 1989, p. 4.

A l'analyse, la possibilité légale de suspendre certains droits aux motifs prévus par exemple dans les Conventions européenne (art.15), américaine (art. 27) ou dans le Pacte international relatif aux droits civils et politiques (art. 4) obéit à cette logique car il s'agit des dérogations temporaires dictées par le souci de sauvegarder un espace de sécurité et de paix indispensable à l'épanouissement de l'individu qui demeure toujours premier[2].

Si nous poussons à bon escient plus loin la vision de cette conception, ce dernier impose ce qu'il considère comme relevant de sa liberté fondamentale sans se voir opposer des prérogatives appartenant à tel ou tel titulaire collectif.

C'est à la société de s'adapter à ses revendications.

Ainsi par exemple, l'homosexuel réclamera d'être reconnu dans sa différence et exigera la consécration de son droit à « se marier » avec un partenaire du même sexe devant l'officier de l'état civil pour se voir ensuite accorder les mêmes avantages que les autres ménages. Soulignons que cela existe déjà dans quelques pays. Autrement dit, au nom de la primauté de la liberté individuelle, la société doit réviser ses notions classiques de « mariage » et de « famille » sans oublier les valeurs qui leur étaient traditionnellement attachées.

Dans le même ordre d'idées, des maisons de repos accueillent les personnes âgées si bien que tout individu qui le désire a le droit de s'arranger avec ses parents pour les mettre en pension, peu importe l'inconvénient de les arracher de leur milieu naturel ou de sacrifier le droit de la famille (en tant que communauté) à regrouper tous ses membres pour une vie commune.

Aussi, toujours en vertu de cette suprématie accordée à la liberté individuelle, la possibilité d'avorter pour la femme fait partie du droit de disposer de son corps, à telle enseigne que pour en fixer les limites, le législateur est contraint de revoir à la baisse la valeur que la collectivité réserve à la vie anténatale.

La sauvegarde ou l'élimination d'un foetus non souhaité dépendra légalement d'un simple calcul de semaines écoulées depuis le jour de la conception. Enfin de compte, « *[tout] ce qui n'est pas défendu par la loi ne peut être empêché* » pour reprendre les termes de l'article 5 de la Déclaration des droits de l'homme et du citoyen (1789).

---

[2] Voy. ces dispositions in VERWILGHEN M. et BUZINGO M., *op. cit.*, pp. 24, 123 et 161.

Il n'existe pas de valeurs supérieures opposables à la liberté individuelle. L'essentiel consiste à maintenir « une société démocratique » permettant le jeu des volontés particulières.

Sans entrer dans les détails, retenons que le monde occidental en général se caractérise par cette conception basée sur l'individu. Nous la trouvons spécialement dans la convention européenne et la jurisprudence de la Cour de Strasbourg.

Suprématie de la collectivité

A l'opposé de ce qui précède, la mise en oeuvre des droits de l'homme peut être conçue en rapports de subordination des droits de l'individu à ceux de la collectivité considérée comme un absolu supérieur aux êtres humains dont elle se compose, une collectivité en soi autorisée à modeler ces derniers à son image. Une poignée de dirigeants décident du modèle de l'homme nouveau qu'il convient de créer et de ses besoins fondamentaux. Affirmer le droit à la différence et l'irréductibilité de chaque individu n'ont plus de sens ici où seul un être standard prévaut.

Celui qui s'y oppose sera traité de malade mental ou de vulgaire marginal à interner dans un asile psychiatrique[3]. Au besoin, s'il est jugé irrécupérable, il n'a plus le droit à la vie[4].

A la vérité, une telle conception place au-dessus de tout une collectivité sans âme, un monstre tentaculaire qui réduit à l'esclavage et au silence celui-là même au nom duquel il prétend parler : le peuple.

La pratique des régimes totalitaires relève de cette vision. A cet égard, les images relatives à la chute de Nicolae Ceaucescu (Roumanie : décembre 1989) qui ont fait le tour du monde en constituent l'illustration spectaculaire la plus récente. En effet, au cours du fameux procès expéditif dirigé contre lui et sa femme, l'ex-président persistait à affirmer sans ambages devant ses juges que le peuple allait continuer à lutter contre les traîtres jusqu'à la victoire totale.

Il y aurait lieu de se demander de quel peuple il parlait puisque au même moment, les Roumains longtemps bâillonnés et méprisés dans leur dignité

---

[3]   Telle était la pratique des régimes communistes avant qu'ils ne s'effondrent dans les pays de l'Est. Il reste encore quelques Etats dans le monde, notamment l'Albanie et la Chine à entretenir cette conception.

[4]   On se souviendra avec effroi des 3 millions de Cambodgiens tués par le régime des Kmers rouges.

exprimaient avec violence leur révolte contre ce dictateur destructeur non seulement de leurs droits individuels, mais aussi de leurs villages.

L'interdépendance entre la personne et la communauté

N'acceptant ni la primauté de l'individu isolé, ni la suprématie de la collectivité, la conception africaine des droits de l'homme se caractérise par l'interdépendance entre les personnes (titulaires de droits certes, mais aussi sujets de devoirs) et les communautés reconnues comme sujets de droit au service de l'épanouissement de chacun de leurs membres, étant entendu qu'à leur tour, ceux-ci ont des obligations vis-à-vis d'elles. Il en résulte un équilibre harmonieux et une complémentarité que traduit la Charte de Banjul.

Originalité de la Charte de Banjul

La Charte africaine des droits de l'homme et des peuples (CHADHP) adoptée en 1981 par les Etats membres de l'OUA suscite un intérêt réel de par son originalité.

Pour mieux cerner la conception qui sous-tend cette convention régionale également dénommée « Charte de Banjul », il importe de souligner d'entrée de jeu les recommandations exprimées dès le début des travaux préparatoires :

« Il ne s'agira, pour nous Africains, ni de copier ni de rechercher l'originalité pour l'originalité. Il nous faudra faire preuve en même temps, d'imagination et d'efficacité; celles de nos traditions qui sont belles et positives pourront nous inspirer. Vous devrez donc avoir constamment à l'esprit nos valeurs de civilisation et les besoins réels de l'Afrique »[5].

En d'autres termes :

« une charte véritablement africaine devrait refléter nos traditions qui méritent d'être conservées de même que nos valeurs et les aspirations légitimes de nos peuples »[6].

---

[5] Discours du Président Senghor à l'ouverture de la réunion des experts chargés d'élaborer l'avant-projet de la Charte africaine des Droits de l'homme et des Peuples (rencontre tenue à Dakar du 28 novembre au 8 décembre 1979), CAB/LEG./67/3/Revue 1, Secrétariat Général de l'OUA, Addis Abéba, 1979.

[6] Discours du Président Gambien Sir Daouda Jawara à la conférence ministérielle de l'OUA (Banjul, 7 - 19 janvier 1981) ayant pour mission l'examen de l'avant-projet préparé par les experts, Cab./Leg./67/8, Secrétariat Général de l'OUA, Addis-Abéba, 1981.

Ces directives révèlent d'emblée la complexité de l'oeuvre dont l'ambition consiste en fin de compte, selon nous, à réussir le dépassement dialectique entre la tradition et la modernité dans le respect des spécificités culturelles enrichies par l'apport de l'universel. L'objectif visé voudrait donner aux peuples africains « le départ d'une ère nouvelle » marquée par « la valeur repensée de nos traditions »[7].

C'est pourquoi le texte de la CHADHP se prêterait difficilement à une interprétation cartésienne, tant il relève d'une autre logique. A cet égard, non seulement il consacre des droits appartenant à plusieurs titulaires différents tels que l'individu, la famille ou les peuples, mais encore il établit des liaisons frappantes en reconnaissant des devoirs, des droits de la première (civils, politiques), deuxième (économiques, sociaux, culturels) et troisième génération (droits au développement, à l'environnement, à la paix, au patrimoine commun de l'humanité).

Jamais dans le passé un traité contraignant relatif aux droits de l'homme n'avait adopté et soumis au même mécanisme de contrôle des dispositions d'une si grande diversité.

En effet, qu'il s'agisse des systèmes onusien (deux Pactes de 1966), européen (Convention de 1950 et Charte sociale de 1961) ou interaméricain (Convention de 1969 et Protocoles de 1987); tous les trois adoptent, dans des instruments séparés, les droits civils et politiques d'une part, les droits économiques, sociaux et culturels d'autre part. Le mécanisme de contrôle est chaque fois plus exigeant (à des degrés variables selon le système considéré) à l'égard de la première catégorie.

Concernant les droits des peuples, seuls les deux Pactes les reconnaissent (art. 1)

Quant aux devoirs, ils ont à peine une trace dans la Convention européenne (art. 10, S2) tandis que les Pactes ne leur trouvent de la place que dans le préambule. Pour sa part, le système interaméricain leur réserve dans la Convention un seul article (art. 32) et une dizaine d'autres (art. XXIX à XXXVIII) dans la Déclaration de 1948 qui est sans force juridique obligatoire.

Il est important de noter que le texte de ce discours constituait parmi d'autres un document de travail.

7   Discours du Secrétaire Général de l'OUA à l'ouverture de la réunion des experts chargés d'élaborer l'avant-projet de la CHADHP, cité par KEBA M'BAYE, « Rapport introductif sur la charte africaine des droits de l'homme et des peuples », *Droit de l'homme et des peuples en Afrique et la charte africaine*, Commission Internationale de juristes, Genève 1986, p. 26.

La Charte de Banjul n'obéissant pas à cette pratique habituellement suivie, d'aucuns seraient tentés de se demander si son efficacité n'est pas minée par des contradictions internes dues aux risques de conflits entre certaines de ses dispositions sur le plan de leur mise en oeuvre (oppositions : droits - devoirs; droits des communautés - droits de l'individu; droits économiques, sociaux et culturels d'une part - droits civils et politiques d'autre part; fidélité aux spécificités culturelles - respect des valeurs universelles; etc...).

Dès lors, si son « projet s'est basé sur le principe qu'une charte africaine doit refléter le concept africain des droits de l'homme » au point qu'« il était essentiel ... de montrer que les valeurs et les moeurs africaines occupent toujours une place importante dans nos sociétés »[8], il convient de reconnaître à ce texte fondamental sa propre rationalité et son originalité.

Celles-ci pourraient être proposées en sa faveur car au-delà des contradictions apparentes, il se cache véritablement dans cet instrument régional une conception des droits de l'homme qui n'est ni individualiste, ni collectiviste. Cela signifie que loin de s'opposer entre eux ou de se diluer dans les devoirs dont ils restent indissociables, les droits individuels d'une part et communautaires d'autre part énoncés dans la CHADHP sont non seulement liés de façon cohérente, mais surtout demeurent indispensables les uns aux autres, au point de constituer deux faces d'une même réalité.

A la vérité, si l'originalité de la CHADHP se déploie largement et atteint son point culminant dans ces rapports, ceux-ci se constituent d'un faisceau d'enjeux entre plusieurs exigences à première vue paradoxales, mais à l'examen en parfaite harmonie.

Conscient de cette complexité, nous nous inscrivons en faux contre ceux qui se contentent d'affirmer avec facilité que « même une analyse superficielle des dispositions matérielles et légales de la charte africaine dévoilera ses spécificités »[9].

Quelques précisions

Si nous admettons les « spécificités » de la charte africaine, nous ne prétendons pas présenter ce qui serait nécessairement « irréductible et absolument unique en son genre, mais, ce qui relevant d'aspirations profondes de

---

[8] Rapport du Secrétaire général de l'OUA sur le projet de Charte africaine des droits de l'homme et des Peuples; 37ème Session ordinaire du Conseil des Ministres (15-21 juin 1981), Secrétariat Général de l'OUA, Addis-Abéba, 1981, CM/1149(XXXVII), p. 1.

[9] MILENKOVIC S., « La Charte africaine des droits de l'homme et des peuples », *Revue de Politique Internationale*, 1984, n° 811, p. 23.

tous les hommes (par exemple valeurs universelles), s'est traduit dans le temps et dans l'espace par une réponse particulière »[10].

Nous exprimons ni moins ni plus ce qui constitue l'originalité de cette convention par rapport aux autres instruments relatifs aux droits de l'homme dont elle s'est pourtant inspirée.

Ceci dit, une objection majeure se dresse sur notre chemin : ne serait-il pas prétentieux, voir impossible de soutenir l'existence d'une « *conception africaine* » des droits de l'homme alors que le continent se caractérise par tant de diversités, notamment éthniques, linguistiques, idéologiques, religieuses et raciales ?

La question est pertinente surtout que la pluralité des systèmes juridiques traditionnels variant parfois d'une ethnie à l'autre demeure désormais admise par la doctrine[11] au point de consacrer l'appellation « droits africains » au pluriel.

Bien plus, contrairement à ce que l'on pourrait croire, les Etats issus de la décolonisation n'ont pas réussi à effacer totalement cette hétérogénéité car « *même à l'intérieur d'un même pays, et en dépit des tentatives d'uniformisation par l'introduction du droit européen, les particularismes juridiques ont subsisté* »[12].

Sans nier ces diversités, nous croyons à l'existence d'une unité culturelle qui autorise à parler au nom de toute l'Afrique[13]. C'est en creusant qu'on atteint au-delà de ces dernières le socle porteur des fondements de la Charte.

Autrement dit, pour montrer la conception africaine qui sous-tend cette Convention, il faut dégager et tenir compte du « fond juridique commun des droits traditionnels, c'est-à-dire les principes de base sur lesquels ils s'édifient »[14]. Cela appelle la nécessité de préciser dans quel sens il convient de prendre la notion de « tradition » reconnue par ailleurs dans le préambule comme ayant inspiré la CHADHP.

---

10 Déclaration de Saint-Louis sur « La place des droits de l'homme dans les traditions culturelles africaines », Saint-Louis du Sénégal, 1982, p. 4.

11 Voy. des auteurs comme M. Alliot, J. Gilissen et G. Conac repris par KAMTO M., *Pouvoir et Droit en Afrique noire*, Paris, LGDJ, 1987, p. 40.

12 *Ibidem*.

13 BIBOMBE-MUAMBA, « L'Afrique et les droits de l'homme », in GOLDIE R. M.(éd.), *Image of Man in Human Rights Legislations*; Herder, Rome 1985, p. 135.
     L'auteur se réfère en particulier à l'éminent Professeur Sénégalais feu CHEIK ANTA DIOP, *L'unité culturelle de l'Afrique noire*, Paris, Présence africaine, 1959.

14 VERDIER R., « Problématique des droits de l'homme dans les droits traditionnels d'Afrique noire », *Droits et Cultures*; n° 5, 1983, p. 99.

Il importe d'écarter l'idée d'une tradition figée, invariable depuis des centaines d'années. En effet, comment imaginer qu'elle serait restée entièrement imperméable à toute influence de l'islam, du christianisme, de la colonisation, bref, de l'apport en général des civilisations étrangères avec lesquelles elle n'a cessé d'avoir des contacts?

A la vérité, tout en la définissant à l'instar des experts réunis en mars 1982 à Saint-Louis du Sénégal comme « *un ensemble de pratiques et de représentations collectives permanentes* (où traversent différentes périodes historiques) », nous restons également en parfait accord avec eux pour considérer qu'elle connaît « *des transformations plus ou moins lentes, plus ou moins inconscientes* » et que s'agissant de n'importe quel groupe social, « plusieurs "vagues" de traditions peuvent se succéder ou se recouvrir les unes les autres ».

Dès lors, il va sans dire que « cette dialectique du permanent et du changeant est la seule approche acceptable si l'on ne veut pas "gommer" de la tradition, la dimension historique. D'où l'idée qu'il y a non pas une, mais des traditions »[15].

Intérêt et contribution de la charte

Intérêt général

Depuis la Déclaration Universelle du 10 décembre 1948, les droits de l'homme n'ont cessé de faire l'objet d'un intérêt croissant en droit international au point de constituer une branche autonome[16]. D'aucuns affirment à juste titre que leur protection représente, « *avec le droit des peuples, (...) la grande innovation du droit international de la seconde moitié du XXe siècle. Dans les deux cas, on sort de la problématique générale du droit international, qui est celle des relations interétatiques, où la souveraineté arrête la souveraineté et où le progrès du droit se fait sur la base de la réciprocité. Avec ces deux développements, la souveraineté va, désormais, se trouver arrêtée par des droits appartenant à d'autres sujets de droit que les Etats (...), l'écran de l'Etat, séparant droit interne et droit international, affaires intérieures et relations internationales, se trouve transpercé* »[17].

---

15 Déclaration de Saint-Louis, *op. cit.*, p. 5.
16 Voy. VASAK K., « Le droit international des droits de l'homme », *RCADI*, t. 140; 1974 (IV), p. 343.
17 VIRALLY M., « Panorama du droit international contemporain », *RCADI*, t. 183, 1983 (V), pp. 123-124.

D'autres auteurs abondent dans le même sens pour exprimer cette nouveauté[18].

Ce point de vue est renforcé par la jurisprudence car dans l'affaire Barcelone Traction, on s'en souviendra, la Cour Internationale de Justice a affirmé avec autorité que les droits fondamentaux de la personne humaine concernent toute la communauté internationale. La position de cette Haute Juridiction n'a pas changé car leur violation doit être examinée « indépendamment de l'existence d'un "engagement juridique" »[19] liant le pays mis en cause.

Dès lors, s'agissant de cette matière, l'article 2, §7 de la Charte des Nations unies visant le domaine réservé des Etats ne peut être valablement invoquée. La pratique de ces derniers semble de plus en plus attentive à cette évolution car non seulement la référence au respect des droits de l'homme gagne du terrain même dans des accords plutôt économiques, politiques ou culturels[20], mais encore certains gouvernements n'hésitent pas à compromettre parfois leurs intérêts en demandant à ceux qu'ils soupçonnent de méconnaître

---

18 « La protection des droits de l'homme est sans nul doute, observe le professeur Verhoeven, l'un des éléments marquants de l'évolution du droit, et singulièrement du droit international, dans la pratique contemporaine » (VERHOEVEN J., « Les traits fondamentaux de l'évolution de la protection des droits dits de l'homme dans la pratique contemporaine », PAPINI R. (dir.), *Droits des peuples droits de l'homme - Paix et Justice sociale internationale - Actes du Colloque*, Le Centurion, Paris, 1984, p. 39). De son côté, Pierre-Marie Dupuy souligne à l'instar de Michel Virally cet apport des droits de l'homme pouvant « faire substantiellement voler en éclats la règle de la non-ingérence, parce que la norme abolit la dure carapace qui distingue habituellement l'ordre interne de l'ordre international » (DUPUY P.M., « Situations et fonctions des normes internationales », BETTATI M. et KOUCHNER B., *Le devoir d'ingérence*, Denöel, Paris, 1987).

19 Activités militaires et paramilitaires au Nicaragua et contre celui-ci (Nicaragua c. Etats-Unis d'Amérique), fond, arrêt, C.I.J. Recueil 1986, p.134. La Cour précise clairement que l'absence d'un tel engagement ne voudrait pas dire que l'Etat concerné « puisse violer impunément les droits de l'homme ». Néanmoins, quand leur protection est garantie « par des conventions internationales », celle-ci « se traduit par des dispositions prévues dans le texte des conventions elles-mêmes et qui sont destinées à vérifier ou à assurer le respect de ces droits » (*ibidem*).

20 Signalons par exemple les plus récents, tels que la convention de Lomé V (signée le 15 décembre 1989) dont l'article 5 consacre les droits de l'homme de façon contraignante ou l'accord bilatéral de coopération entre le Zaïre et la Belgique de mars 1990 faisant référence dans le préambule au respect de ces derniers. Aussi, malgré son manque de force juridique obligatoire, la Résolution n° 6 sur les Droits fondamentaux adoptée au sommet de la Francophonie le 26 mai 1989 à Dakar montre une fois de plus, combien leur idéal s'infiltre incontestablement de façon progressive dans l'action de toutes les instances internationales.

gravement les droits fondamentaux et de se soumettre à des enquêtes indépendantes[21].

L'inconvénient est que les bonnes intentions guidées par l'unique volonté de défendre la dignité humaine s'inclinent assez généralement devant d'autres calculs. En effet, comme l'observe avec justesse Michel Virally, *« l'importance de l'enjeu politique va entraîner une extrême politisation d'une matière qui, par nature, devait être dominée par les seules considérations juridiques. Il n'est pas excessif de dire qu'elle est devenue ainsi, trop souvent, le domaine de l'ambiguïté et de l'insincérité, jouant sur l'équivoque des mots et sur la hiérarchie des droits »*[22].

Heureusement que ce n'est toujours pas le cas, des Organisations non-gouvernementales comme Amnesty International ne cessant de mettre en cause par-ci par-là des régimes peu respectueux de la dignité humaine.

Par ailleurs, il ne se passe de mois sans organisation de colloques, de séminaires, de tables rondes ou de conférences sur les droits de l'homme au moins quelque part dans le monde.

Quant aux conventions, résolutions ou déclarations adoptées au sein d'institutions interétatiques en faveur de ces derniers, leur nombre croissant est impressionnant.

Tout cela prouve à suffisance l'intérêt général que revêt la charte de par son contenu relatif à une matière occupant désormais une place privilégiée sur tous les continents.

Intérêt doctrinal

Pour intervenir avec efficacité en faveur des droits de l'homme sans être accusé d'imposer le point de vue d'une culture à une autre, il est absolument indispensable de s'entendre sur leur contenu. Celui-ci doit refléter l'universalité la plus large possible en tenant compte de l'identité culturelle de tout continent.

Par son originalité, la charte africaine enrichit leur compréhension et étendue car ne l'oublions pas, il s'agit d'un « idéal commun à atteindre pour

[21] Rappelons notamment la proposition du gouvernement belge à la suite de son différend avec le Zaïre suite aux événements survenus au Campus de Lubumbashi en mai 1990.
[22] VIRALLY M., *op. cit.*, p. 125.

tous les peuples » selon la belle formule de la Déclaration Universelle de 1948. Chaque nation apporte sa contribution à la détermination de cet idéal[23].

Or, au stade actuel, la conception dominante dont ils s'imprègnent, et par conséquent qu'ils véhiculent à travers le monde, demeure incontestablement celle de l'Occident. A cet égard, bon nombre d'auteurs, dénoncent abondamment cette situation.

« *Il serait présomptueux, estime avec justesse le professeur François Rigaux, de croire que les peuples européens et leurs cousins au-delà des mers qui ont défait le nazisme en 1945 inscrirent dans la Déclaration de 1948 l'héritage culturel de l'humanité entière* »[24].

La pertinence de ces réflexions se vérifie dans la mesure où d'aucuns soutiennent qu'« *à bien des égards, les africains pourraient ne pas adhérer à une Déclaration Universelle dont la philosophie générale est individualiste* »[25].

Un ancien diplomate français connaissant bien l'Afrique avouait encore tout récemment : « *Nous avons décalqué notre modèle. Nous somme des escargots qui portons nos maisons sur le dos. Constitutions, découpages administratifs : nous avons tout transposé* »[26]. On ne peut plus clair.

Cela expliquerait dans le cas de certaines constitutions sur ce continent, l'omission voulue de toute référence à cet instrument relatif aux droits de l'homme[27] adopté du temps où l'Afrique colonisée ne pouvait pas faire valoir sa conception. En effet, des 58 membres composant les Nations unies, elle

---

23 Nous partageons entièrement l'analyse du professeur Jacques Verhaegen quand il écrit : « En matière des droits de l'homme, les hommes sont sans doute trop près encore des balbutiements, l'oeuvre qui reste sur le métier est encore pour chacun trop considérable, elle concerne de façon aiguë et trop générale l'ensemble des sociétés humaines, pour qu'il soit justifié, à quelque "bonne compagnie" qu'on appartienne, d'y revendiquer pour celle-ci un brevet de "savoir-faire" particulier » (VERHAEGEN J., « La Déclaration Universelle des Droits de l'homme au regard du Droit Pénal International », *Revue de Droit Pénal et de Criminologie*, mai 1983, p. 431).

24 RIGAUX F., « Vers une conception oecuménique des droits de l'homme », *Ann. dr.*, t. XXXIV, 1-2, 1974, p.7.

25 NGUYA-NDILA Malengana, « Réflexions sur les moyens de promouvoir les droits économiques, sociaux, culturels, civils et politiques de l'homme, compte tenu des problèmes et des besoins des Pays africains », *Colloque international sur les mécanismes de protection des droits de l'homme* tenu à Kinshasa du 28 janvier au 1er février 1980, Doc. N° B/7, p. 10.

26 Voy. l'interview donnée par Guy GEORGY dans « Le Point » n° 924 du 4 juin 1990.

27 NDESHO RURIHOSE, « Le système politique africain et la protection des droits de l'homme », *Colloque international sur les mécanismes de protection des droits de l'homme, op.cit.*, Doc. N°B/5, pp. 3-4.

comptait seulement 4 Etats (y compris l'Afrique du Sud) contre 22 d'Amérique, 16 d'Europe, 14 d'Asie; l'Australie et la Nouvelle Zélande[28].

« *Trop souvent, reconnaît José Niset, dans le domaine des droits de l'homme comme dans bien d'autres, l'Europe a cédé à la tentation de l'égocentrisme, et voulu jauger à l'aune de ses traditions coutumes et philosophies des autres continents...* »[29].

Cela est d'autant plus inadmissible que « *sous le fallacieux prétexte d'une identité de la nature humaine, l'on a hâtivement exporté en pareille perspective des traditions particulières, tant dans les valeurs qu'elles reflètent que dans le langage juridique qui les exprime. Il y a là quelque subtil impérialisme, auquel, l'on ne saurait souscrire ...* »[30]

Dès lors, en s'inspirant à la fois des vertus de la civilisation africaine et des autres instruments tant régionaux qu'universels relatifs aux droits de l'homme, la charte de Banjul apporte sa précieuse contribution au rééquilibrage de la théorie attachée à ces derniers généralement connus pour leur dominante plutôt individualiste[31].

Par la consécration des devoirs, du principe de solidarité, des droits des communautés humaines depuis la famille jusqu'à la société internationale, la CHADHP renforce la dimension collective des droits de l'homme et les rend en conséquence plus riches, plus universels.

Cette Convention régionale présente ainsi un intérêt doctrinal non négligeable car il participe à l'élargissement souhaitable des concepts de cette ma-

---

28   Voy. NISET J., « Conceptions soviétiques en matière des droits de l'homme »., *Studia Diplomatica*, vol. XXVIII; 1975, n° 3, note 2, p. 282.
      Il n'est pas rare d'entendre des délégués des pays du Tiers monde rappeler par-ci par-là que « la Déclaration et les Pactes sont en grande partie le produit du libéralisme occidental; au moment de leur adoption, les régimes colonialistes et impérialistes occidentaux représentaient la majorité de la communauté internationale... » (cité par ABU-SAHLIEH, S.A.A., « La définition internationale des droits de l'homme et l'Islam », *RGDIP*, t. 89/1985/n° 3, p. 632).

29   NISET J., *op. cit.*, p. 283.

30   VERHOEVEN J., *op. cit.*, p. 55

31   Comme le relève à juste titre Jean-Bernard MARIE, ils accusent en effet dans leur développement historique une approche que « d'aucuns qualifieraient "d'individualiste", voire, "d'égocentrique" », MARIE J.B., *Droit de l'individu, droit des communautés spécificité et complémentarité*, Institut international des droits de l'homme, Strasbourg 1989, p. 1.
      D'autres auteurs soulignent également que « la notion même de "droit de l'homme" est liée à une conception individualiste et subjectiviste de l'ordre juridique positif, que d'aucuns rattachent à l'organisation capitaliste de l'économie de marché » (RIGAUX F., *op. cit.*, p. 6).

tière indiscutablement fondamentale « en y intégrant l'humanisme des peuples des autres continents »[32].

Du reste, la Charte de Banjul commence à gagner les esprits pour espérer, à long terme, l'influence inévitable de sa richesse sur les autres systèmes de pensée dans le monde. L'appel lancé lors de la « Rencontre Afrique-Europe » de Porto Novo (Benin) au Conseil de l'Europe et à ses gouvernements membres pour qu'ils oeuvrent « en faveur d'un meilleur respect des droits des personnes âgées et de leur place dans la société »[33] témoigne par exemple du rayonnement des droits de la famille contenus dans la CHADHP. Il va sans dire que ceux des autres communautés constituent une source de grande importance pour justifier les fondements d'un nouveau regard sur le droit international des droits de l'homme.

Moins évident et plus difficile à cerner est la particularité à reconnaître dans la notion de personne.

En effet, la Charte de Banjul reconnaît des droits (art. 2 à 17) et des devoirs (art. 27 à 29) à tout « individu » ou toute « personne » sans définir ni l'un ni l'autre.

Et pourtant, la précision de leur signification aurait l'avantage et le mérite de nous faire comprendre l'être humain visé par ce système régional d'un continent marqué par trois influences (animiste, musulmane, occidentale) ayant chacune sa propre conception de l'homme[34].

Cela n'étant pas le cas, l'interprétation qu'il convient d'adopter ne va pas de soi. D'une part, n'y aurait-il pas lieu de considérer que l'absence de définition des deux concepts sous-entend qu'ils ne contiennent aucune particularité au regard de leur sens courant dans les autres instruments auxquels il est fait référence, notamment la Déclaration universelle des droits de l'homme[35] ?

On aurait tendance à l'affirmer, d'autant plus que les auteurs de la Charte placent non seulement le fondement de ces derniers et la justification de leur protection internationale dans les attributs de la personne humaine en

---

32 RIGAUX F., *op. cit.*, p. 7.
33 Rapport de la rencontre Afrique-Europe (Poto-Novo, Benin, 31 août - 3 septembre 1989), p. 24.
34 NGUEMA I., « Universalité et spécificité des Droits de l'homme en Afrique », *R.J.P.I.C.*,n° 3 et 4, 1989, pp. 341 à 347.
35 Voir le préambule.

tant que telle, mais aussi ils invitent sans ambiguïté la commission chargée d'interpréter le texte de s'inspirer des dits instruments[36].

D'autre part, si nous admettons que « *la notion de personne, sujet de droit, loin d'être naturelle est une notion culturelle ... indépendante de ce que les attributs biologiques et psychologiques de l'homme peuvent avoir d'universel* »[37] il serait étonnant que les deux concepts en question ne se caractérisent par une dimension culturelle dans un texte dont la prétention majeure consiste tout justement à tenir compte des valeurs de civilisation africaine.

Leur contenu tranche avec la conception occidentale où la notion de l'homme dégagée accuse l'influence de l'antiquité gréco-latine et de l'apport judéo-chrétien comme le professeur Marcus-Helmons l'a montré[38].

Bien plus, les progrès de la science ne cessant de mettre en lumière l'incertitude qui plane sur les frontières de la personnalité juridique (son commencement, sa fin); la vie anténale et la vie finissante ou dégradée se situant dans une zone d'ombre[39], la Charte de Banjul élargit peut-être les contours de la notion de personne, sujet de droits, car il existe des milieux africains où, même au delà de la mort, les ancêtres continuent à jouir des privilèges dont les descendants encore vivants restent débiteurs.

Intérêt pratique

Il est à peine nécessaire d'indiquer l'intérêt pratique que présente la Charte de Banjul. Nous ne nous y attarderons pas.

Soulignons tout simplement qu'au moment où l'on s'interroge sur la manière d'instaurer une véritable démocratie adaptée aux réalités locales, ce texte fondamental constitue un guide précieux car les principes qu'il consacre s'inspirent des valeurs de civilisation africaine absolument incontournables

---

[36] Voir l'article 60.

[37] MEULDERS-KLEIN M.-TH., *Dictionnaire des mots-clés de la théorie juridique du droit et de la sociologie juridique. V° Personne*, UCL, s.d., p. 5.
Cette hypothèse est renforcée par le fait qu' « à chaque culture correspond un système de valeurs, une conception de l'homme, de ses droits et ses obligations dans la société » (VERDIER R., « Problématique des droits de l'homme dans les droits traditionnels d'Afrique noire », *Droits et Cultures*: (5) ; 1983, 9.97.

[38] MARCUS-HELMONS S., « L'homme et ses droits fondamentaux en Europe occidentale », GOLDIER R.M. (Editor), *Image of Man in Human Rights legislations*, Herder, Rome, 1985, p. 23.

[39] MEULDERS-KLEIN M.-Th., *op. cit.*, p. 5.

pour rendre le peuple et le citoyen tant acteurs que bénéficiaires ultimes des systèmes mis en place.

Aussi, en cas de violation des droits de l'homme, cette convention offre un cadre adéquat pour y remédier sans entrer en conflit avec les dirigeants hostiles aux pressions occidentales dans ce domaine de grande sensibilité.

Les Etats africains ont ainsi un code de conduite régional à suivre. Ils devraient le respecter scrupuleusement d'autant plus qu'il est le fruit de leurs propres réflexions.

Conclusion

Tels sont quelques éléments de la Charte de Banjul qui pourraient contribuer à l'enrichissement de la notion de « droits de l'homme ».

Il appartiendra à la commission chargée d'interpréter cette convention et à la doctrine de les développer pour que la conception africaine de ces derniers occupe la place qui lui revient en droit international.

Ainsi par exemple, on sait que celui-ci ne parvient pas à cerner la notion de « peuple » (les droits de l'homme et ceux des peuples étant interdépendants) au point qu'un des auteurs ayant approfondi la question parle d'une « introuvable définition »[40]. Et pourtant, il importe d'y parvenir car, est-il besoin de le rappeler « *un Etat peut toujours, apparemment financer et soutenir un mouvement marginal au sein d'un autre Etat, en le baptisant peuple, avec l'objectif de déstabiliser l'Etat dont relève juridiquement ce peuple. De telles pratiques existent* »[41].

Pour avancer sur la voie de solution, il serait intéressant d'interroger avec patience les sources africaines dont s'inspire en partie la Charte qui consacre les droits des communautés. Même si ses auteurs n'ont pas réussi à définir ce concept de « peuple » malgré leurs discussions et bonne volonté au cours des travaux préparatoires, il ne faudra pas y renoncer. Il y va de l'intérêt de toutes les nations.

---

40 JOUVE E., *Le droit des peuples*, Paris, PUF, collection « Que-sais-je ? », 1986, p. 7.
41 BATAILLER-DEMICHEL F., « Droits de l'homme et droits des peuples dans l'ordre international », *Mélanges Charles CHAUMONT; Le droit des peuples à disposer d'eux-mêmes. Méthodes d'analyse du droit international*, Paris, Pédone, 1984.

Chapitre XIV

L'AFRIQUE ET LES TENDANCES NOUVELLES
EN MATIERE DE DROITS DE L'HOMME

Edmond JOUVE

Professeur à l'Université René Descartes (Paris V)
Membre de l'Académie des Sciences d'Outre-mer

Les droits de l'homme sont à la mode. Ils n'en sont pas, pour autant, respectés dans tous les Etats. Selon le *Rapport 1990* d'Amnesty International, en 1989, des individus ont été détenus, pour des motifs politiques, dans plus de la moitié des pays du monde; des tortures et des mauvais traitements ont été infligés à des prisonniers dans quelque cent pays; dans vingt d'entre eux, des personnes ont « disparu » ou ont été détenues clandestinement.

Aucun continent n'échappe à ces violations des droits de l'homme. Mais leur intensité varie de l'un à l'autre. Ces atteintes au respect de la personne humaine sont en augmentation en Asie. En revanche, les événements politiques qui ont bouleversé l'Europe de l'Est ont entraîné une décrue consécutive à la libération de milliers de prisonniers politiques. Même tendance en Afrique : les changements qui s'y sont produits ont conduit à un certain nombre d'embellies[1].

Celles-ci se manifestent aujourd'hui dans les textes constitutionnels les plus récents qui font suite à l'adoption de la Charte africaine des droits de l'homme et des peuples adoptée à Nairobi le 28 juin 1981. En Namibie, par exemple, la loi fondamentale de 1990 contient une déclaration des droits, conformément aux termes de la lettre en date du 12 juillet 1982,

---

[1] L'Afrique n'a cependant pas attendu ces dernières années pour se préoccuper des droits de l'homme : cf. JOUVE Edmond, *L'Organisation de l'Unité africaine*, Paris, PUF, 1984, p. 219 et s. Cf. également, les deux dernières Conventions de Lomé liant les pays membres de la Communauté économique européenne à certains Etats appartenant à l'Afrique, aux Caraïbes et au Pacifique.

adressée au Secrétaire général de l'ONU, par les représentants de la République fédérale d'Allemagne, du Canada, des Etats-Unis d'Amérique, de la France et du Royaume Uni. Sont notamment proclamés: le droit à la vie, la liberté de la personne humaine, la liberté de circulation, la liberté de conscience, la liberté d'expression (y compris la liberté de parole et la liberté de presse), les libertés de réunion et d'association (y compris celles de former des partis politiques et des syndicats).

En d'autres pays d'Afrique, des textes actuellement en chantier font une place importante aux droits de l'homme. C'est le cas, en particulier, au Bénin et au Gabon. Dans ce dernier pays, depuis la tenue de la Conférence nationale (27 mars - 19 avril 1990), une Troisième République est en train de naître. Si l'on en juge par les 74 associations à caractère politique légalisées à la date du 31 décembre 1989, elle sera assurément marquée par le multipartisme.

Sans attendre ces textes, des systèmes originaux de protection des droits de l'homme avaient été mis en place par le truchement de diverses institutions nationales[2]. Les uns, souvent d'origine étatique, s'appuient généralement sur des textes de nature législative ou réglementaire. Les autres, d'origine informelle, empruntent le relais d'organisations non gouvernementales. Ces systèmes de protection des droits de l'homme sont, selon le cas, spécifiques ou non spécifiques.

Les systèmes de protection spécifiques

Ils sont constitués, avant tout, par des ligues nationales. Au premier rang de celles-ci, il faut citer la Ligue tunisienne des droits de l'homme. Animée par un groupe d'intellectuels, ses activités remontent à 1977 et doivent beaucoup à l'action du Professeur Dali Jazy. Elle compte une quarantaine de sections sur l'ensemble du territoire. Pour l'essentiel, cette instance surveille le déroulement des procès politiques, rédige des rapports d'enquête (sur les prisons, en 1977; sur les « émeutes du pain », en 1984) ou même des projets de textes (sur la garde à vue, notamment). La Ligue tunisienne s'est félicitée du développement du multipartisme (en particulier de la création du Rassemblement constitutionnel démocratique), de la libéralisation du Code de la presse, de la ratification de la Convention de l'ONU contre la torture et autres peines ou traitements cruels, inhumains ou dégradants.

---

[2] Cf. N'DIAYE M. R., *La protection des droits de l'homme en Afrique : le rôle des institutions nationales*, Paris, mémoire pour le DEA de Science politique, option « Etudes africaines », 1988.

L'Algérie abrite deux ligues des droits de l'homme. L'une est d'origine privée. L'autre, proche du gouvernement, a été longtemps présidée par Me Miloud Brahimi. La première a essentiellement défendu l'Association des enfants de Martyrs devant les juridictions algériennes. La seconde, officiellement reconnue le 11 avril 1987, a, en octobre 1988, publiquement dénoncé la pratique de la torture.

Il existe trois ligues des droits de l'homme au Maroc. L'Association marocaine des droits de l'homme (formée par des dissidents de l'Union socialiste des Forces populaires) a tenu son congrès constitutif à Rabat le 24 août 1979. Se voulant indépendante des partis politiques, elle a, essentiellement, participé à des actions visant à défendre les prisonniers d'opinion. Peu prisée des Pouvoirs publics, elle s'exprime dans *Solidarité*. La Ligue marocaine pour la défense des droits de l'homme — proche du parti de l'Istiqlal — défend essentiellement les valeurs de l'Islam. L'Organisation marocaine des droits de l'homme (OMDH), constituée en décembre 1988 à l'initiative du Professeur Mahdi Elmandjara, se voulait totalement indépendante à l'égard des partis politiques. A la suite de dissensions internes, son président a démissionné. Il estime aujourd'hui que la plupart de ceux qui restent au bureau national appartiennent à des partis politiques, ce qui, dit-il, porte atteinte à la « crédibilité et à l'estime » dont jouissait l'Organisation.

Créée en 1986, la Ligue mauritanienne des droits de l'homme, dirigée par M. Ghali Ould Abdelhamid, a été aussitôt reconnue par le gouvernement du président Maouya Ould Taya. Elle se veut avant tout indépendante du pouvoir politique et ouverte à une pluralité de tendances. A la suite du procès dit des « négro-africains », elle est intervenue, avec un succès partagé, en faveur des détenus politiques. Si la Ligue a pu obtenir l'amélioration des conditions de détention des détenus, elle n'a pu empêcher l'exécution de plusieurs officiers noirs ni la mort de l'écrivain Youssef Gueye.

Dans certains pays, la protection des droits de l'homme relève de Commissions ou Associations nationales.

Dans ce domaine, le Sénégal a joué un rôle de pionnier. Un décret présidentiel en date du 22 avril 1970 (révisé et complété en 1978) a institué le Comité sénégalais des droits de l'homme avec, pour mission, d'entreprendre et de promouvoir l'étude scientifique des questions d'ordre général relatives à la défense des droits de l'homme. M. Ousmane Camara, Premier président de la Cour suprême, a été nommé Président du Comité par un décret du 28 février 1988. Une Commission nationale des droits de l'homme et un Institut des droits de l'homme oeuvrent, au Séné-gal, dans le même sens.

Une autre Commission des droits de l'homme fonctionne au Togo. La loi qui l'a créée a été promulguée par le Président Eyadema. A cette occasion, le chef de l'Etat a commué en prison à perpétuité la peine capi-tale qui frappait les auteurs présumés du putsch du 20 décembre 1986. L'objectif de cette instance est de promouvoir et de protéger les droits de l'homme sur l'ensemble du territoire. Elle a également reçu pour mission d'examiner et de recommander aux Pouvoirs publics l'ensemble des pro-positions de textes relatifs aux droits de l'homme. Elle a aussi la charge d'organiser des séminaires et des colloques en ce domaine.

En 1988, deux événements importants se sont produits en matière de droits de l'homme. En premier lieu, les prisonniers politiques ont été libérés et le pénitencier de Taoudénit, situé en région désertique sur les mines de sel, a été fermé. En second lieu, le 11 décembre, l'Association malienne des droits de l'homme voyait le jour. Lors de son 30e Congrès, en juin 1989, la Fédération internationale des droits de l'homme l'acceptait comme membre à part entière. L'Association s'est dotée de commissions judiciaire et pénitentiaire qui s'occupent des cas d'éventuelles détentions arbitraires ainsi que d'une commission de la presse et de l'information qui a pris acte de l'existence d'une revue trimestrielle, *Jamana*, et d'une publication bimensuelle, *Les Echos*.

Il existe d'autres systèmes de protection spécifiques.

Le Zaïre dispose d'un Commissariat d'Etat aux droits et libertés du citoyen. Il s'agit d'un département ministériel dont la création a été annoncée par le Président Mobutu, à Kinkole, le 3 novembre 1986. Cette instance s'est vue confier la mission de mettre fin à « l'arbitraire ordi-naire ». Sa saisine intervient après épuisement des voies de recours clas-siques.

La plupart des pays anglophones d'Afrique ont, sous des dénomi-nations diverses, adopté des systèmes proches de l'« ombudsman ». C'est le cas en Tanzanie, au Kenya, au Nigéria et à l'Ile Maurice. Ce fonctionnaire, dont l'existence est prévue par la Constitution ou par la loi, a pour attribution de contrôler l'Administration. Il connaît des plaintes émanant des administrés et dénonçant une injustice ou une « malad-ministration ». Il peut enquêter, critiquer et rendre publique l'action entreprise par l'Administration.

Les organismes dont on vient de faire état ont pour fonction pre-mière de protéger les droits de l'homme. Il est d'autres instances qui, à l'occasion, peuvent remplir ce rôle, sans que ce soit leur attribution essentielle.

Les systèmes de protection non spécifiques

Il peut s'agir d'organisations de masses, telles que les syndicats. Cependant, il faut bien constater que si ceux-ci ont joué un rôle important dans la période coloniale, en matière de protection des droits de l'homme, ils ont, aujourd'hui, beaucoup perdu de leur combativité. Certains ont fait l'objet d'une sévère répression, d'autres ont été intégrés dans l'appareil d'Etat.

A l'heure actuelle, d'autres Organisations non gouvernementales, souvent de type corporatiste, s'emploient à protéger les droits de l'homme. On peut citer, parmi celles-ci: l'Union des avocats arabes, l'Union internationale des avocats et, aussi, les associations de journalistes. Les institutions religieuses agissent souvent dans le même sens.

Est-ce à dire qu'en matière de droits de l'homme, tout va pour le mieux en Afrique ? Certainement pas, et des événements récents sont là pour nous en convaincre. Evénements dont le dernier Rapport d'Amnesty International se fait l'écho. En dépit d'améliorations constatées, ici ou là, il reste que des « poches de résistance » subsistent encore sur ce continent : au Soudan, en Ethiopie, en Somalie, au Libéria, au Malawi, au Ghana, au Tchad, en Ouganda... pour ne citer que les exemples les plus flagrants.

A cet état des lieux, il convient aussi d'ajouter que, pour des raisons relevant en partie de l'histoire, les dirigeants africains sont portés, sans doute plus que d'autres, à mettre en avant la protection des droits des peuples[3]. Conformément à la doctrine de l'ONU, ils estiment que leur respect est une « condition préalable » à la jouissance des droits fondamentaux de l'homme.

---

[3]   JOUVE E., *Le droit des peuples*, Paris, PUF, 1986.

Chapitre XV

LECTURE INTERPRÉTATIVE
DE LA RÉSOLUTION DE DAKAR

Eric GOSSET, Françoise MASSART, Claude ROOSENS

Unité des Relations internationales de l'Université catholique de Louvain

Le titre le souligne, la résolution de Dakar porte sur les droits fondamentaux et non pas seulement sur les libertés fondamentales.

Droits fondamentaux, libertés fondamentales, libertés dérivées

Comme le rappelle l'*Encyclopaedia Universalis*[1], le droit positif français, établit une distinction entre les libertés fondamentales et les libertés dérivées. Les libertés fondamentales concernent les droits qui, traditionnellement relèvent de la nature humaine. Ils permettent à la personne d'affirmer son autonomie : sûreté individuelle, liberté d'opinion et de croyance. La liberté d'aller et venir, la liberté d'association, la liberté de réunion, la liberté du culte et la liberté d'établissement apparaissent comme les compléments nécessaires à leur exercice. Les libertés dérivées, par contre, concernent les droits économiques et sociaux s'adressant à « l'homme situé ». Le régime juridique français des libertés publiques établit une hiérarchie entre les libertés non fondamentales bénéficiant d'une protection moins efficace.

L'expression « droits fondamentaux » provient du droit allemand. Elle a pour caractéristique d'englober les libertés traditionnelles et les libertés dérivées. Dès 1919, la constitution du Reich allemand (dite de « Weimar »[2]) or-

---

[1] G. LESCUYER, « Libertés publiques », *Encyclopaedia Universalis*, vol. 9, Paris, 1980, pp. 985-987.

[2] Voir à ce propos J.J. VINCESINI, *Le livre des droits de l'homme. Histoire et Textes, De la Grande Charte (1215) aux plus récents pactes internationaux*, Paris, Laffont, 1985, pp. 223-238. Sur les droits fondamentaux, cf. W. GEIGER, *Grundrechte* ; W. HENKE, *Grundrechte und Grundpflichten*, Handwörterbuch der Sozialwissenschaften, Vierter Band, Stuttgart, Fischer; Tübingen, Mohr; Göttingen, Vandenhoech und Ruprecht, 1965, ss. 688-689.

ganise des droits de nature économique et social. La reconnaissance de ces nouveaux droits va de pair avec celle des droits individuels classiques. La seconde partie de ce texte constitutionnel est consacrée aux « Droits et devoirs fondamentaux des Allemands ». Ceux-ci s'adressent à l'individu (1ère section), à la vie en société (2ème section), à la religion et aux communautés religieuses (3ème section), à l'éducation et à l'école (4ème section), enfin, à la vie économique (5ème section). L'optique dans laquelle s'inscrivent les droits et devoirs fondamentaux des Allemands est donc extrêmement large. Sont, par exemple, garantis le droit de libre circulation, le droit de séjour, la liberté d'expression, le libre développement national des *populations* de langues étrangères de l'Empire, la liberté de la *personne*, le droit à l'éducation, le droit à une habitation saine, le droit des auteurs, la protection de la santé et de la maternité...

Depuis 1919, l'expression « droits fondamentaux » s'est largement répandue, on la retrouve dans les textes onusiens comme dans les constitutions nationales.

Les droits fondamentaux et les libertés fondamentales au plan universel et régional

La Déclaration universelle des droits de l'homme utilise également l'expression « droits fondamentaux de l'homme ». Le cinquième considérant du préambule dit que « *dans la charte, les peuples des Nations unies ont proclamé à nouveau leur foi dans les droits fondamentaux de l'homme, dans la dignité et la valeur de la personne humaine, dans l'égalité des droits des hommes et des femmes* » et qu'« *ils se sont déclarés résolus à favoriser le progrès social et à instaurer de meilleurs conditions de vie dans une liberté plus grande* ». On y retrouve à la fois la dimension politique, économique et sociale des droits fondamentaux. Le sixième considérant, par contre, parle plus précisément des libertés fondamentales : « *Les Etats membres se sont engagés à assurer, en coopération avec l'Organisation des Nations unies, le respect universel et effectif des droits de l'homme et des libertés fondamentales* ».

Deux ans plus tard, la Convention de sauvegarde des droits de l'homme et des *libertés fondamentales* est signée dans le cadre du Conseil de l'Europe. Elle ne traite pas des droits économiques et sociaux. Il faudra attendre 1961 et la Charte sociale signée à Turin pour pallier au silence de la Convention à leur propos. Mais la Charte sociale pas plus que la Convention ne fait référence aux « droits fondamentaux ». Elles s'en tiennent toutes les deux à la défense et au développement des *droits de l'homme et des libertés fondamentales*.

Le communiqué final de la Conférence Afro-Asiatique de Bandoeng, de 1955, traite, lui, du *droit fondamental des peuples* : les peuples ont le droit d'étudier leur propre langue et leur propre culture. La déclaration de la Conférence sur les mesures en faveur de la paix et de la coopération mondiales demande le développement d'une coopération amicale fondée sur « le respect des *droits humains fondamentaux* » en conformité avec les buts et les principes de la Charte des Nations unies. Suivant le point C du communiqué relatif aux droits de l'homme et à l'autodétermination, la conférence appuie totalement « les principes fondamentaux des droits de l'homme et déclare prendre en considération les résolutions des Nations unies sur le *droit des peuples* et des nations à disposer d'eux-mêmes qui est la *condition préalable à la jouissance totale de tous les droits fondamentaux de l'homme* ».

La déclaration sur l'octroi de l'indépendance aux pays et peuples coloniaux du 14 décembre 1960 (résolution 1514/XV de l'Assemblée générale des Nations unies) commence ainsi : « la sujétion des peuples à une subjugation, à une domination et à une exploitation étrangère constitue un *déni des droits fondamentaux de l'homme* est contraire à la Charte des Nations unies... ». Cette déclaration comme le communiqué final de la conférence de Bandoeng tente d'établir un rapprochement entre le respect des droits de l'homme et le principe de l'autodétermination. On en trouve une preuve au premier paragraphe où l'Assemblée Générale se dit « consciente de ce que les peuples du monde se sont, dans la Charte des Nations unies, déclarés résolus à proclamer à nouveau leur foi dans les *droits fondamentaux de l'homme*, dans la dignité et la valeur de la personne humaine, dans *l'égalité* de droits des hommes et des femmes, ainsi que des *nations, grandes et petites*, et à favoriser le progrès social et instaurer des meilleurs conditions de vie dans une liberté plus grande ».

La convention internationale sur l'élimination de toutes les formes de discrimination raciale[3] rappelle l'un des buts des Nations unies, à savoir « développer et encourager le respect universel et effectif des droits de l'homme et des *libertés fondamentales* pour tous sans discrimination... ».

La déclaration sur l'élimination de la discrimination à l'égard des femmes du 7 novembre 1967 rappelle aussi dans son premier considérant la foi des peuples des Nations unies dans les *droits fondamentaux de l'homme*.

La Proclamation de Téhéran, adoptée vingt ans après la Déclaration universelle, parle des droits de l'homme et des *libertés fondamentales pour tous*, sans distinction et non des droits fondamentaux.

---

3   Résolution 2106 (XX) du 21 décembre 1965 de l'Assemblée générale des Nations unies.

En 1979, la Charte africaine des *droits de l'homme et des peuples* reconnaît au 5ème paragraphe du préambule que « *les droits fondamentaux de l'être humain* sont fondés sur les attributs de la personne humaine, ce qui signifie leur protection nationale et internationale et que la réalité et le *respect des droits du peuple* doivent garantir les *droits de l'homme* ».

Les droits fondamentaux au plan national[4]

Plusieurs constitutions nationales membres ou non de la famille francophone font elles aussi référence, aux droits fondamentaux. Ainsi en est-il, outre la constitution de Weimar déjà mentionnée, de la Constitution de l'Union Soviétique de 1936, dont le chapitre 10 s'intitule « Droits et *devoirs fondamentaux du citoyen* » et qui traite comme son aînée des droits et des *devoirs*.

Le titre III de la Constitution de l'Union Indienne du 26 novembre 1949, porte également sur les « *droits fondamentaux* ». Les articles 14 à 18 concernent le droit à l'égalité. Les articles 19 à 24 traitent du droit à la liberté, les articles 25 à 28 du droit à la liberté de religion, les articles 29 et 30 des droits culturels et droits en matière d'enseignement, l'article 31 du droit de propriété, et, enfin, les articles 32 à 35 clôturent cette liste par le droit de recours en matière constitutionnelle.

La Constitution de la République Algérienne Démocratique et Populaire de 1963 utilise également l'expression « *droits fondamentaux* », notamment dans son préambule : « Les droits fondamentaux reconnus à tout citoyen de la République lui permettent de participer pleinement et efficacement à la tâche d'édification du pays ». Le premier chapitre traite des principes et objectifs fondamentaux, tandis que les articles 12 à 22 traitent des droits fondamentaux et, notamment, de l'inviolabilité du domicile, du secret de la correspondance, du droit à la sécurité, du droit de chacun à une vie décente et à un partage du revenu national, de l'instruction obligatoire, de la liberté de presse et des autres moyens de l'information, de la liberté d'association, de la liberté de parole et d'intervention publique, ainsi que de la liberté de réunion. Le droit syndical, le droit de grève et la participation des travailleurs à la gestion des entreprises sont également des droits reconnus sous ce titre, ainsi que le droit d'asile à tous ceux qui luttent pour la liberté. Par contre, en 1976, la Constitution ne parle plus des droits fondamentaux (ni dans le préambule ni dans le

---

4 L'ensemble des textes analysés ci-dessous sont cités d'après *Le livre des droits de l'homme*, *op. cit*. On ne retient ici que l'un ou l'autre exemple.

texte lui-même)[5]. Le chapitre IV s'intitule des « libertés fondamentales et des droits de l'homme et du citoyen » et l'article 39 les garantit. Mais les libertés fondamentales et les droits de l'homme et du citoyen comprennent les droits économiques sociaux et culturels ainsi que les droits politiques.

La Constitution du Togo (5 mai 1963), après avoir rappelé que l'état Togolais adhère aux chartes des Nations unies, de l'Organisation de l'Unité africaine, de la CEDEAO et à la Déclaration universelle des droits de l'homme consacre son titre II aux « *droits et devoirs fondamentaux du citoyen* » (droits et libertés de la *personne* humaine, de la famille, des collectivités locales, libertés politiques, libertés philosophiques ou religieuses, libertés syndicales, droits de propriété individuel ou collectif, droits économiques et sociaux).

On remarque donc que le concept de droits fondamentaux est utilisé depuis 1948, tant au plan universel qu'au plan régional. Ce concept est commode dans la mesure où il englobe une multitude de droits dits fondamentaux et où il s'adresse à des acteurs divers : l'homme, le citoyen ou les peuples, dans la mesure enfin où il comprend à la fois les droits individuels et collectifs, les libertés fondamentales et les libertés dérivées. On ne peut prétendre par une analyse comparée des textes qui en font état à une grande clarté. En effet, sous ce label commun, des réalités et des droits de toute nature apparaissent. Est-ce le cas également de la résolution de Dakar ?

La Francophonie et les droits fondamentaux

Les chefs d'Etat et de gouvernement ayant en commun l'usage du français ont d'abord constaté que « *l'épanouissement de la dignité humaine*, comme le respect des *droits de la personne*, sont une aspiration commune à tous nos Etats et sont devenus des objectifs fondamentaux pour l'ensemble de la communauté internationale ». En parlant de l'épanouissement de la dignité humaine, les chefs d'Etat mettent en valeur l'aspect dynamique du développement de la personne tel qu'explicité dans la Déclaration universelle à l'article 22 : « toute personne est fondée à obtenir la satisfaction des droits économiques, sociaux et culturels indispensables à sa dignité et au *libre développement de sa personnalité* ». L'épanouissement de la dignité humaine est donc le principe premier, le principe actif du droit au développement considéré comme droit de l'homme. La Conférence de Dakar rejoint en cela le Professeur R. Marcic pour qui un système de droits de l'homme et de libertés fondamentales n'est ni concevable ni applicables sans que soit nommée la

---

[5] Voir à ce propos F. REYNTJENS et rédacteurs associés, *Constitutiones africae*, vol. I, Bruylant, Bruxelles et Pedone, Paris, 1988.

« valeur centrale » qui supporte le tout. Un système de droits de l'homme et de libertés fondamentales qui ne se réfère pas à la dignité de la personne humaine ressemble à un cercle dépourvu de centre. « Cette valeur essentielle, la dignité de la personne humaine devrait être quelque peu précisée dans son contenu. Ainsi, par exemple, la loi fondamentale allemande retient deux éléments matériels : l'inviolabilité de la dignité humaine et le droit inaliénable et absolu de l'homme à la protection de cette inviolabilité par les pouvoirs publics ». La résolution de Dakar ne détermine pas de façon explicite ce qu'elle entend par dignité humaine.

Les chefs d'Etat ont choisi de parler *des droits de la personne*. Il s'agit à nouveau là d'une notion fort large. Le Professeur Mourgeon rappelle que l'on confond souvent l'homme avec l'individu. « L'individu relève d'une conception anthropologique, réduisant l'homme à sa seule physiologie. Or, les droits concernent autant l'esprit que le corps et leur destinée relève toujours d'idées. Il est donc préférable, car plus vrai, de considérer l'homme en tant que personne, à la fois corps et conscience »[6]. « La personne est, ajoute-t-il, un ensemble composite, aux besoins existentiels nombreux : lorsqu'elle ne connaît que certains droits et non ceux qui les conditionnent ou les favorisent, elle est, en fait, privée de droits, chacun d'eux étant pierre angulaire de l'ensemble ».

L'épanouissement de la personne humaine est également un thème cher aux travaux entrepris dans le cadre des Nations unies. Ainsi, le séminaire sur les relations existant entre les droits de l'homme, la paix et le développement, tenu à New-York en août 1981 à l'initiative de l'ONU, rappelle que l'épanouissement de la personne humaine en harmonie avec la communauté doit être considéré comme le principal objectif du développement.

La Charte africaine des droits de l'homme et des peuples (1981), dans on préambule (§ 3), rappelle que la liberté, l'égalité, la justice et la dignité sont des objectifs essentiels à la réalisation des aspirations légitimes des peuples africains. On parle donc ici de dignité, mais non d'épanouissement de la dignité humaine. L'article 5 stipule, quant à lui, que « tout individu a droit au respect de la dignité inhérente à la personne humaine ». L'approche, ici, est donc plus défensive. Rappelons encore que la Déclaration universelle, au considérant 5, traite également de la « personne humaine ». Ce même document, au considérant 1, rappelle que « la reconnaissance de la dignité inhérente à tous les membres de la famille humaine constitue le fondement de la liberté, de la justice et de la paix dans le monde ». La dignité est donc, ici

---

[6]   J. MOURGEON, *Les droits de l'homme*, Coll. Que sais-je, Paris, PUF, 1978, p. 5.

aussi, le principe premier, mais, cette fois encore, suivant une approche plus défensive.

On peut donc dire que la résolution de Dakar innove et va plus loin que la Déclaration universelle, ou même que la Charte africaine, en parlant de l'épanouissement de la dignité humaine. En fait, la résolution de Dakar va au-delà du constat de la valeur de la dignité. Ce constat n'est pas seulement formel, il s'agit ici d'une prise en charge de la dignité comme projet politique.

Quant au respect des droits de la personne, la résolution semble plus fidèle à la tradition occidentale des droits, suivant laquelle ceux-ci doivent être garantis pour limiter la toute-puissance de l'Etat. Ce premier considérant a sans doute pour objectif de concilier les deux groupes de partenaires, ceux du Nord et ceux du Sud.

Tous les Etats membres de la francophonie aspirent à l'épanouissement de la dignité humaine et au respect de la personne. Or, la Déclaration universelle affirme que la reconnaissance de la dignité est inhérente à tous les membres de la famille humaine. Elle n'est donc pas propre à la francophonie. Mais par cette déclaration les Etats francophones expriment leur appartenance à la communauté internationale. Ce qui laisse entendre que la francophonie pense avoir un rôle international à jouer.

En parlant d'aspiration commune, la francophonie met l'accent sur le but qui reste à atteindre, précisant que l'épanouissement de la dignité humaine et le respect des droits sont devenus des objectifs fondamentaux pour l'ensemble de la communauté internationale. On en arrive à définir ensemble l'idéal, cette aspiration commune ayant déjà été concrétisée dans certains textes, comme la Charte africaine ou la Convention du Conseil de l'Europe ; à Bandoeng déjà, on précisait que la Déclaration universelle des droits de l'homme était un but commun vers lequel devaient tendre tous les peuples et toutes les nations. Pour la Déclaration de Téhéran, « la Déclaration universelle des droits de l'homme » exprime la *conception commune* qu'ont les peuples du monde entier des droits inaliénables et inviolables inhérents à tous les membres de la famille humaine et constitue une *obligation* pour les membres de la communauté internationale ». C'est très précisément parce que cette notion d'obligation manque dans le texte de Dakar que l'on a le sentiment que dans la francophonie, la volonté politique n'existe pas encore suffisamment pour assurer effectivement l'épanouissement de la dignité et le développement de la personne pourtant promis.

La Francophonie et les droits des peuples

« Considérant qu'aux droits de l'individu doivent correspondre les droits des peuples », le commentaire de cette partie de la résolution appelle une réflexion 1°) sur la notion de peuple, 2°) sur le contenu de l'expression « droits des peuples » et 3°) sur la correspondance droits de l'individu - droits des peuples.

La notion de peuple résiste à toute appréhension exhaustive et définitive. Plusieurs critères peuvent être utilisés pour tenter de saisir cette réalité multiforme : la langue, l'histoire, les coutumes, etc... Tous se révèlent insuffisants. L'apparition de l'Etat — et de la définition y correspondant — a pu faire espérer un dépassement de la difficulté.

Il n'en a rien été. Les deux entités, même si le cadre étatique peut servir d'asile à plusieurs peuples, ne correspondent pas nécessairement, ni jamais totalement : l'Etat l'emporte fréquemment, au détriment de ses composantes, méconnaissant leurs particularités. Dans le contexte de l'après-guerre, l'ONU a limité l'application du droit à l'autodétermination aux seules colonies (cf. la déclaration 1514 du 14 décembre 1960), le droit à l'intégrité territoriale de l'Etat l'emportant par ailleurs.

Quoi qu'il en soit de cette volonté de restriction, les peuples s'imposent aujourd'hui comme des réalités effectives de la vie internationale : ils manifestent leur indépendance par rapport aux Etats en contestant l'autorité que ceux-ci prétendent leur imposer. Il y a là une affirmation d'identité, qui se suffit à elle-même, indépendante de toute reconnaissance à caractère juridique.

Le droit des peuples à l'autodétermination n'est pas épuisé par la seule accession à l'indépendance (ou l'association ou l'intégration à un Etat indépendant) des peuples colonisés. Il est riche d'une série d'autres aspects particulièrement bien mis en évidence par deux instruments internationaux, parmi d'autres, la Déclaration universelle des droits des peuples (Déclaration d'Alger, 4 juillet 1976) et la Charte africaine des droits de l'homme et des peuples (26 juin 1981). Ces droits se regroupent autour de quelques concepts globaux, comme le droit à l'existence (art. 1 de la Déclaration d'Alger ; art. 20 de la Charte africaine) aux implications multiples (droit au respect de l'identité du peuple; droit alimentaire, etc...), le droit à l'autodétermination qui conduit à reconnaître au peuple le droit de déterminer « librement son statut politique (« Tout peuple a droit à un régime démocratique représentant l'ensemble des citoyens... » ajoute l'art. 7 de la Déclaration d'Alger) et « (d'assurer) son développement économique et social selon la voie qu'il a librement choisie » (art. 10 de la Charte africaine). Autant l'autodétermination politique qu'économique revêt une dimension externe et interne. Les droits économiques des peuples participent à son application; ils en assurent l'existence et le développement (art. 8-9-10-11-12 de la Déclaration d'Alger et art. 21 de la Charte africaine). D'autres aspects de la personnalité des peuples (et de son épanouissement) sont à prendre en considération : « Tous les peuples ont droit à un environnement satisfaisant et global, propice à leur développement » (art. 24 de la Charte africaine); « Tout peuple a le droit de parler sa langue, de préserver, de développer sa culture (...); « Tout peuple a droit à ses richesses artistiques, historiques et culturelles » (art. 13 et 14 de la Déclaration d'Alger). Le peuple est donc considéré dans une dimension globale. La reconnaissance de son existence et de son autodétermination pose des exigences que la réalité présente ne rencontre guère.

Droits de l'homme individuels (que le sujet exerce seul) et droits de l'homme collectifs (qui supposent l'existence de collectivités) ont un caractère fondamental en ce sens que tous visent la valorisation de l'être humain, celui-ci ne pouvant trouver son plein épanouissement que dans le développement de tout son être. Les droits des peuples ne s'opposent pas à ceux de l'individu. Ils en sont le complément, à la fois indispensables à la réalisation des conditions propices à l'exercice de l'épanouissement individuel et manifestations des dimensions sociales et collectives de l'homme. La corrélation individu - collectivité est étroite; le lien est quasi-naturel entre les deux. Si la complémentarité apparaît évidente, leurs rapports peuvent aussi prendre la forme d'une opposition. La collectivité, si elle s'identifie à l'Etat, peut devenir totalitaire, écraser l'individu. Seule la référence à l'homme peut éviter cette situation. Tout exercice collectif d'un droit qui ne conduit pas à la promotion de l'homme ou qui, à tout le moins, en comporte l'abaissement, ne peut être toléré.

La Francophonie et le droit au développement; le droit à la vie et à la liberté

« *Reconnaissant que le droit au développement est inséparable du droit à la vie et à la liberté* ».

Droit au développement, droit à la vie et à la liberté : le 3ème considérant de la résolution tente de préciser le contenu à la fois des droits de l'individu et des droits des peuples mentionnés précédemment (2ème considérant).

Le droit au développement[7] — thème particulièrement prisé par les pays du Tiers Monde — est placé explicitement au même rang que le droit à la vie et à la liberté — essentiel pour les Etats occidentaux — dans la série des droits fondamentaux. Il se réfère de prime abord aux droits collectifs, les droits des peuples évoqués plus haut, tandis que le droit à la vie et à la liberté renvoie aux droits de l'individu, de la personne humaine, aux droits de l'homme comme tels. Mais l'« inséparabilité » qui est ici « reconnue », c'est-à-dire intériorisée, reprise à leur propre compte par les signataires de la résolution, n'est-elle que pure formule politico-diplomatique ? N'existe-t-il pas entre ces droits « fondamentaux » une inséparabilité plus profonde, qui touche à leur nature même ?

Le droit « fondamental » au développement n'est-il pas, lui aussi, un droit de l'homme ? Cela semble évident si l'on considère que « le développement intéresse "tous les hommes", "tout homme" et "tout l'homme" », selon l'expression reprise par le juge international Kéba M'Baye[8]. Facilement justifiable sur le plan politique ou moral, le droit au développement comme droit de l'homme, individuel ou collectif, peut aussi l'être sur le plan juridique, comme droit subjectif des individus et des peuples, découlant des devoirs d'intérêt public de l'Etat et de la Communauté internationale[9].

On peut d'ailleurs remarquer que le droit au développement des personnalités est intrinsèquement lié à la notion même de droit, dans la mesure où le rôle de celui-ci « n'est pas seulement d'assurer l'ordre et la paix, mais de promouvoir plus de justice dans une société constamment corrompue par l'égoïsme individuel et collectif des hommes lui-même »[10]; de même, dans l'ordre interétatique, le droit international public doit-il non seulement assurer

---

[7] A distinguer du droit *du* développement, « ensemble des règles juridiques ayant directement pour objet de promouvoir le développement économique, social, culturel des pays sous-développés », agissant par conséquent comme outil en vue du développement (R. GRANGER, « Développement économique et social. Droit », *Encyclopaedia Universalis*, vol. 6, 1985, p. 42).

[8] K. M'BAYE, 1977, cité par P. LEUPRECHT, « Droits individuels et droits collectifs dans la perspective du droit au développement », in S. MARCUS-HELMONS (éd.), *Droits de l'homme et droit au développement*, Louvain-la-Neuve, Académia; Bruxelles, Bruylant, 1989, p. 9. L'expression figure à l'origine dans l'encyclique du Pape Paul VI, « Populorum Progressio », du 26 mars 1967.

[9] A ce sujet, voir les contributions de F. RIGAUX et K. M'BAYE, dans S. MARCUS-HELMONS, *op. cit.*, pp. 5-8 et 31-71.

[10] A. TUNC, « Droit », *Encyclopedia Universalis*, vol. 6, 1985, p. 413a.

la « coexistence des libertés », mais aussi le développement des personnalités propres des peuples[11].

On notera que le droit au développement est un droit essentiellement relatif, par nature en évolution, qui ne peut être fixé une fois pour toutes, et, variable selon les époques et les endroits. Si l'on considère en effet que le bien public, fin ultime du droit, est lui-même tout relatif « en tant que les hommes sont divers selon les temps et les lieux »[12], et si l'on envisage par ailleurs le droit au développement comme poursuivant ultimement le bien des individus et des peuples, c'est-à-dire comme ordonné au « bien public », il va de soi que ce droit au développement recevra un contenu différent selon les cas, impliquant toujours de nouvelles actions.

Quant au droit à la vie et à la liberté, s'il renvoie clairement aux droits de l'individu reconnus universellement — « tout individu a droit à la vie, à la liberté et à la sûreté de sa personne »[13] —, il concerne également les droits des peuples, reconnus notamment dans le contexte de la décolonisation. Au droit à la vie correspond ainsi le droit à l'existence — « tout peuple a droit à l'existence »[14]; au droit à la liberté correspond le droit à l'autodétermination et à la souveraineté — « tout peuple a le droit imprescriptible et inaliénable à l'autodétermination. Il détermine son statut politique en toute liberté »[15].

Les signataires de la résolution soulignent l'inséparabilité du droit au développement et du droit à la vie et à la liberté. Comme ceux-ci s'entendent en même temps comme droits individuels et comme droits collectifs, ainsi que nous venons de le voir, ce n'est pas moins de huit conséquences qui découlent de ce lien :

1 – Le droit au développement collectif suppose le droit à l'existence et à la souveraineté collective.

---

[11] *Ibid.* La Charte des Nations unies proclame en préambule la résolution des signataires à « favoriser le progrès social et instaurer de meilleures conditions de vie dans une liberté plus grande », et à « favoriser le progrès économique et social de tous les peuples ».

[12] J. DABIN, « Droit. Théorie et philosophie », *Encyclopedia Universalis*, vol. 6, 1985, p. 419 b.

[13] Art. 3 de la Déclaration universelle des droits de l'homme (ONU, 1948); voir également les art. 6.1 et 9.1 du Pacte international relatif aux droits civils et politiques (ONU, 1966).

[14] Art. 1 de la Déclaration universelle des droits des peuples (Alger 1976); art. 20 de la Charte africaine des droits de l'homme et des peuples (1981). Cf. F. RIGAUX, *Pour une déclaration universelle des droits des peuples*, Lyon, Chronique sociale; Bruxelles, Vie ouvrière, 1990, pp. 128-132.

[15] Art. 5 de la Déclaration d'Alger; voir également art. 20 de la Charte africaine, F. RIGAUX, *op. cit.*, pp. 132-134.

2   –   Le droit au développement collectif suppose le droit à la vie et à la liberté des individus.

3   –   Le droit au développement des individus suppose le droit à la vie et à la liberté individuelle.

4   –   Le droit au développement des individus suppose le droit à l'existence et à la souveraineté de la collectivité.

5   –   Le droit à la vie et à la liberté individuelle implique le droit au développement des individus.

6   –   Le droit à la vie et à la liberté des individus implique le droit au développement de la collectivité.

7   –   Le droit à l'existence et à la souveraineté de la collectivité implique un droit au développement des individus.

8   –   Le droit à l'existence et à la souveraineté collective implique un droit au développement de cette collectivité.

Dans le premier cas, l'exercice par les peuples de leur droit au développement nécessite que leur soit reconnu au préalable un droit à l'existence et à la souveraineté. Il implique donc la décolonisation.

Dans le deuxième cas, la reconnaissance du droit au développement d'un peuple implique que soient garantis les droits individuels de ses ressortissants à la vie et à la liberté. On peut décrire cette situation comme celle où l'aide au développement serait liée au respect des droits de l'homme[16].

Dans le troisième cas, le plein développement de la personnalité individuelle ne peut se concevoir qu'à partir du moment où l'individu se voit garantir le droit à la vie et à la liberté. L'argument exclut la conception marxiste-léniniste de l'individu.

Le quatrième cas signifie que le plein développement, l'épanouissement des individus, sera d'autant mieux garanti que ces individus formeront un peuple maître de son destin et existant comme tel. C'est la situation où l'émancipation à l'égard du colonialisme ou d'un régime oppresseur dictatorial donne aux colonisés, aux opprimés, le sentiment de libération et d'autonomie individuelle (cf. la décolonisation, la Roumanie, dans la mesure où le peuple roumain ne se reconnaissait plus dans le régime de Ceausescu).

Avec le cinquième cas, reconnaître le droit à la vie et à la liberté des individus n'est pas jugé suffisant; il faut aussi pouvoir assurer aux individus le

---

[16] Cf. la politique du Président Carter.

plein épanouissement — le droit au développement — de leur personnalité. Les droits classiques de l'individu (première génération des droits de l'homme) appellent en complément ses droits économiques et sociaux (deuxième génération des droits de l'homme).

Parallèlement, dans le sixième cas, reconnaître le droit de l'homme individuel à la vie et à la liberté reste une phase creuse si le droit au développement de l'ensemble de l'humanité, ou de l'ensemble du peuple, si le droit à une vie meilleure et plus digne pour chaque peuple en tant que collectivité, reste lettre morte. On peut y voir la revendication principale des pays du Tiers Monde, des nouveaux Etats, à l'égard des droits de l'homme[17].

Le septième cas souligne que l'existence d'une collectivité souveraine, libre, implique que celle-ci agisse en vue du développement de la personnalité de ses ressortissants. On retrouve ici l'idée qui est à la base du concept d'Etat-providence.

Dans le huitième cas, le droit à l'existence et à la souveraineté reconnu à un peuple implique que le droit au développement de ce peuple soit également mis en oeuvre. Mais cet argument, en-dehors de toute considération des individus, peut servir à la justification du pire régime totalitaire qui soit. Le contexte de ce troisième considérant de la résolution de Dakar doit permettre d'écarter cette éventualité.

La Francophonie et les déclarations de 1789 et de 1948

« S'inspirant en ce bicentenaire de la Révolution française des principes qui ont conduit à la Déclaration universelle des droits de l'homme ».

Dans le quatrième considérant sont évoquées la Révolution française et la Déclaration universelle des droits de l'homme de l'ONU. Notons que l'accentuation du mot bicentenaire marque la volonté du sommet de Dakar de se référer, en cette année jubilaire 1989, à un patrimoine culturel commun qui évoque sans conteste l'idée de la libération à l'égard de régimes politiques rejetés; rejet de l'Ancien Régime pour les Etats démocratiques du Nord, rejet du régime colonial pour les nouveaux Etats du Sud. Ce rejet du passé se fonde, dans les deux cas, sur une nouvelle conception des droits fondamentaux : l'apparition explicite des droits naturels et politiques de l'individu en 1789; celle de ses droits sociaux, dans le contexte d'un embryon de reconnaissance des droits des peuples, avec l'ONU. La double référence — Révolution française de 1789 et Déclaration universelle de 1948 — s'impose donc dans cette

---

[17] Cf. le Préambule, 3ème alinéa des Pactes internationaux de l'ONU relatif aux droits civils et politiques, et relatif aux droits économiques, sociaux et culturels.

résolution sur les droits fondamentaux, en tant que patrimoine commun spécifique des pays francophones, qu'ils soient développés ou en voie de développement.

La référence à 1789 évoque donc inévitablement, pour ce qui concerne notre sujet, la Déclaration des droits de l'homme et du citoyen du 26 août 1789, placée en tête de la Constitution française de 1791. Elle énonce les droits intrinsèques de l'homme, « tellement inhérents à sa personne qu'ils ne sauraient être méconnus sans que, du même coup, son essence soit altérée »[18]. Il s'agit des droits de l'*individu* (liberté, propriété, sûreté, résistance à l'oppression[19] qu'il convient de protéger de toute intervention arbitraire du pouvoir. La référence à un système de valeurs « fondamentalement individualistes » caractérise ainsi ce qu'on a appelé la « première génération » des droits de l'homme[20].

On notera également que la Déclaration de 1789 proclame clairement que « le principe de toute souveraineté réside essentiellement dans la nation »[21]. Dans la mesure où la nation signifie le peuple organisé en Etat[22], la Déclaration de 1789 constitue une source de légitimité supplémentaire pour de nombreux Etats francophones issus de la décolonisation : elle justifie leurs efforts d'Etats anciennement colonisés visant à bâtir une nation qui doit sans cesse s'accommoder de la diversité des peuples appelés à la composer.

Aux principes qui constituent la première génération des droits de l'homme se sont joints, au cours de l'histoire, des principes dits de « deuxième génération », liés au développement de l'idée d'Etat-providence. Après le statut de gardien des droits individuels, le pouvoir acquiert celui de promoteur des droits sociaux. Ceux-ci enrichissent la conception originelle des droits de l'homme dans la mesure où ce qui est visé désormais, c'est « la réalisation concrète des facultés incluses dans les droits classiques »[23]. Cette

---

[18] G. BURDEAU, « Droits de l'homme. Introduction », *Encyclopedia Universalis*, vol. 6, 1985, p. 431 b.

[19] Art. 2 de la Déclaration de 1789. Droit à la liberté et à la sûreté se retrouvent dans la Déclaration de 1948 (art. 3), ainsi que le droit à la propriété (art. 17). Il n'est pas fait mention du droit de résistance à l'oppression comme tel.

[20] G. HAARSCHER, *Philosophie des droits de l'homme*, Bruxelles, Editions de l'ULB, 1987, pp. 35-38.

[21] Art. 3 de la Déclaration de 1789.

[22] « Distincte du peuple, mais prétendant le modeler à son image, la nation est le concept le plus immédiatement lié à celui d'Etat : la nation, c'est le peuple-Etat (F. RIGAUX, *Pour une déclaration universelle des droits des peuples*, Lyon, Chronique sociale, Bruxelles, Vie ouvrière, 1990, § 12, p. 17).

[23] G. BURDEAU, *loc. cit.*, p. 431 c, qui souligne la complémentarité des deux conceptions sur le plan philosophique : « le droit social tend à prolonger dans leurs

évolution est consacrée par la Déclaration universelle des droits de l'homme du 10 décembre 1948. Celle-ci proclame notamment le droit à la sécurité sociale (art. 22), le droit au travail (art. 23), le droit au repos et aux loisirs (art. 24), le droit à la santé et au bien-être (art. 25), le droit à l'éducation (art. 26), le droit à la culture (art. 27); on peut y recenser également un certain droit à la paix et au développement[24]: « toute personne a droit à ce que règne, sur le plan social et sur le plan international, un ordre tel que les droits et libertés énoncés dans la présente Déclaration puissent y trouver plein effet » (art. 28).

A ce stade d'analyse, enregistrons donc que les chefs d'Etat et de gouvernement « ayant en commun l'usage du français » reprennent à leur compte la complémentarité des droits individuels et des droits sociaux, étant entendu, comme le rappelle G. Burdeau, que ces derniers requièrent « une action positive de l'Etat sur les structures sociales »: ici encore, la solidarité francophone se place au pied du mur.

Pour conclure, à travers ces diverses interprétations, la résolution sur les droits fondamentaux dévoile tout un programme qui s'offre à la solidarité francophone. Droit à la coopération et au partenariat, promotion des droits individuels et collectifs : une action ultérieure, où la francophonie pourrait manifester sa spécificité, est désormais envisageable. Le droit au développement, droit subjectif relatif, toujours à enrichir, constitue donc sans doute, à cet égard, un terrain fertile.

---

conditions d'exercice les exigences formulées par les droits dont la doctrine classique accorde la jouissance aux individus » (p. 432 a).

[24] Il ne s'agit pas ici d'entrer dans la discussion sur la question de la pertinence ou non d'une « troisième génération » des droits de l'homme. A ce sujet, cf. G. HAARSCHER, *op. cit.*, pp. 39-46.

Quatrième partie

CEE, PAYS TIERS ET DROITS FONDAMENTAUX

Chapitre XVI

LA COMMUNAUTÉ EUROPÉENNE
ET LES DROITS FONDAMENTAUX

Françoise MASSART-PIERARD

Chargée d'Enseignement à l'Université catholique de Louvain

Pourquoi, dans un même ouvrage, porter une réflexion sur les droits fondamentaux au sein de la Francophonie et de la CEE ?

Il y a plusieurs raisons à cela :

– L'Europe est la patrie des droits de l'homme. La résolution de Dakar est apparue au moment précis où l'on fêtait le bicentenaire de la Révolution française et s'y réfère, montrant en cela le lien souhaité entre la Francophonie et l'Europe. Pourtant, sur la quarantaine de pays qui composent la Francophonie institutionnelle, la plupart des Etats sont encore jeunes et n'ont guère d'origine occidentale.

– La Francophonie rassemble des Etats appartenant à des organisations internationales qui ont chacune une approche spécifique des droits de l'homme. Plus précisément, la Belgique, la France, le Luxembourg sont membres des Sommets francophones et de la Communauté des Douze. On imagine mal que ces pays puissent tenir un discours différent au sein de l'une et l'autre de ces enceintes. Il en va de même pour les Etats ACP membres de la Francophonie.

– La CEE entretient des liens privilégiés avec de nombreux pays francophones, que ce soit dans le cadre des Conventions de Lomé ou dans le cadre d'accords bilatéraux.

– Les Conventions de Lomé III et IV liant l'Europe des Douze aux pays ACP font état de la nécessité de respecter les droits de l'homme. Deux pays, dont le premier est francophone, Haïti et la République Dominicaine ont signé la nouvelle Convention, portant le nombre des Etats ACP à 68. Lomé IV comporte un renforcement des dispositions se rapportant aux droits de l'homme et au respect de la dignité humaine. Celles-ci figurent dorénavant dans le corps même de la Convention et sont complétées par des déclarations communes condamnant l'apartheid.

– La coopération CEE-ACP a comme point commun avec la Francophonie de concerner un grand nombre de pays du Sud et un nombre limité de pays du Nord, ce qui invite à définir concrètement le « droit au développement ».

– Le Parlement européen élu depuis 1979 au suffrage universel estime avoir un rôle international à jouer en vertu de sa qualité démocratique. C'est pourquoi, il demande aux pays de l'Europe de l'Est de poursuivre leur processus de démocratisation à travers une libre autodétermination, dans le respect des principes de l'Acte final d'Helsinki. Le Parlement européen tient, en matière de droits de l'homme, le même discours à l'égard de l'ensemble des régions du monde, qu'il s'agisse de l'Europe de l'Est ou des pays du Sud. L'exigence du respect des droits de l'homme s'adresse aussi aux membres de la CEE puisque, pour adhérer à la Communauté, les conditions politiques de la démocratie doivent être remplies. Le Parlement n'est pas la seule institution communautaire à se prononcer sur les droits de l'homme. Le Conseil et la Commission s'y intéressent également.

– La CEE fait allusion dans ses textes constitutifs à un patrimoine commun de valeurs liées à l'idéal démocratique et l'OUA, dans sa Charte, demande qu'il soit tenu compte des vertus, des traditions historiques et des valeurs de la civilisation africaine qui « doivent inspirer et caractériser les réflexions sur la conception des droits de l'homme et des peuples ». La Convention de Lomé IV insiste sur l'importance d'un développement quasi autonome et auto-entretenu, fondé *sur les valeurs sociales et culturelles* pour l'épanouissement des capacités humaines dans le respect de la dignité des Etats ACP et de leurs populations. Ainsi donc, la CEE et l'OUA situent la conception des droits de l'homme sur un fond culturel et régional. Le préambule de l'Acte unique européen est explicite à ce propos : les signataires se déclarent « décidés à promouvoir ensemble la démocratie en se fondant sur *les droits fondamentaux reconnus dans les constitutions et lois des Etats membres* ». Il ne s'agit donc pas de droits fondamentaux qui s'imposeraient aux Etats membres, même en l'absence de toute obligation conventionnelle ou de toute acceptation expresse, il faut qu'ils aient été reconnus dans les constitutions nationales ou les conventions du Conseil de l'Europe.

– La CEE parle, tout comme la Francophonie, de *droits fondamentaux*, notion synthétique qui, en général, englobe les droits civils, politiques, économiques, sociaux et culturels. Les textes cités ci-dessous en témoignent. La Communauté européenne n'ignore pas le « droit de l'homme au développement », préoccupation majeure de la Francophonie et des Nations Unies. Le droit au développement se justifie par l'obligation de « justice sociale », valeur centrale pour les Européens. Ainsi, en 1973, les Neuf publiaient un document sur l'identité européenne et, y formulaient leur désir de préserver leur patrimoine commun, à savoir : « les principes de la démocratie représentative, du respect du droit, de la justice sociale et du respect des droits de l'homme qui constituent *les éléments fondamentaux de l'identité européenne* ». En 1977, le Conseil des Ministres, la Commission et le Parlement européen faisaient conjointement une déclaration sur la protection *des droits fondamentaux et de la personne humaine*[1]. Le Parlement européen, après avoir pris connaissance du rapport Spinelli sur l'Union européenne, élaborait une résolution, où il est dit que « les conditions pour l'existence même de l'Union et pour l'appartenance à ladite Union sont la démocratie pluraliste, l'état de droit, la liberté et la *sauvegarde des droits fondamentaux, civils, économiques, sociaux et culturels*, sur la base des principes contenus dans les constitutions des Etats, dans la Charte sociale européenne et dans les statuts des Nations unies »[2]. Mais on parle aussi de manière plus restrictive des droits fondamentaux au sein de la CEE. En décembre 1989, en effet, le Conseil européen adoptait une « Charte communautaire des *droits sociaux fondamentaux des travailleurs* »[3]. Le projet de traité instituant l'Union européenne (1984) comprenait un article 4 ayant pour titre « Droits fondamentaux » suivant lequel l'Union protège la dignité de l'individu et reconnaît à toute personne relevant de sa juridiction les droits et libertés fondamentaux tels qu'ils résultent notamment des principes communs des constitutions des Etats membres, ainsi que de la Convention européenne de sauvegarde des droits de l'homme et des libertés fondamentales. L'Union s'engage à maintenir et à développer, dans les limites de ses compétences, les droits économiques, sociaux et culturels qui résultent des constitutions des Etats membres ainsi que de la Charte sociale européenne.

– Certains travaux des Nations unies démontrent que l'on passe obligatoirement de la défense ou de la promotion des droits économiques et sociaux au plan interne, à celle du droit au développement sur le plan international. L'obligation de remédier à la pauvreté au plan national ou régional se prolonge au plan international, faute de quoi la crédibilité des pays riches à l'égard des pays en retard de développement, quant aux principes moraux et sociaux qu'ils défendent, s'effondrerait. « Si les pays riches tentaient de

---

[1] *JOCE*, n° C 103, 27 avril 1977.
[2] *JOCE*, n° C 77 du 19.03.1984, p. 33.
[3] Pour plus de renseignements, consulter : Commission des Communautés européennes, Direction générale de l'Emploi, des Relations industrielles et des Affaires sociales, *Europe Sociale* n° 1/90.

concentrer leurs efforts sur l'élimination de la pauvreté et du retard de développement sur leur propre territoire et, s'ils négligeaient de le faire dans les autres pays, qu'adviendrait-il des principes selon lesquels ils prétendent vivre ? Les fondements moraux et sociaux de leur propre société pourraient-ils rester intacts s'ils se lavaient les mains du malheur des autres »[4]?

Cette citation s'applique aussi à la Communauté européenne et plus encore à son Parlement qui n'hésite pas, dans ses travaux, à mentionner les statuts des Nations Unies inspiratrices de la Francophonie, comme de l'ensemble de ses membres[5].

L'idée d'une continuité dans la recherche simultanée d'un équilibre social au plan interne et externe se trouve inscrite à l'article 28 de la Déclaration universelle des droits de l'homme : « Toute personne a droit à ce que règne, sur *le plan social* et sur le *plan international*, un ordre tel que les droits et libertés énoncés dans la présente Déclaration puissent y trouver plein effet ». L'objectif de la CEE, plus encore dans la perspective du grand marché unifié de 1992, est d'assurer la « cohésion économique et sociale », de favoriser un *développement harmonieux* et, grâce à des programmes particuliers et à la Charte sociale, de lutter contre la pauvreté[6]. L'Acte unique européen parle de la nécessité de faire prévaloir les droits fondamentaux dans le cadre des relations internationales. Ce qui signifie que ces droits, au plan européen, acquièrent des dimensions nouvelles en s'élargissant au secteur social d'abord, en se donnant une dimension internationale ensuite. On remarquera dans les lignes qui suivent que de nombreuses dispositions adoptées par la CEE ont des prolongements au plan international. Le rapprochement des points de vue entre l'Europe et les pays tiers est encourageant. Il ne peut que mieux servir l'espace francophone.

---

[4]   Nations unies, Conseil économique et social, commission des droits de l'homme, rapport du Secrétaire général, Document E/CN. 4/1334, 11 décembre 1978, p. 25, in Université Catholique de Louvain, Centre des droits de l'homme de la Faculté de Droit. Droits de l'homme et Droit au Développement, Documentation colloque du 15 octobre 1985.

[5]   La résolution du Parlement européen (P.E.) à propos du rapport SPINELLI (que nous venons de rappeler à la page précédente) en est un exemple.
      V. à ce propos P.E., projet de traité instituant l'Union européenne, adopté le 14 février 1984, *JOCE* n° 77 du 19.03.1984, p. 33.

[6]   Le Parlement européen rappelle que la lutte contre la pauvreté et contre les situations défavorisées doit s'inscrire dans le cadre de la lutte pour les droits de l'homme. Voir à ce propos : rapport fait au nom de la commission des Affaires sociales et de l'emploi sur la dimension sociale du marché intérieur, Partie 2, Série A, 23.02.1989, Doc. A2 - 0399/88 p. 15.

Mais quelle est la situation précise de la Communauté économique européenne à l'égard des divers droits auxquels il est fait allusion dans le document de Dakar ? Dans une première partie, les droits de l'homme, les droits économiques et sociaux, les droits du citoyen et le droit au développement seront examinés. Ensuite, certaines perspectives seront ouvertes quant aux relations entre la CEE et les pays tiers.

Les droits de l'homme

Dans la CEE

Il faut d'abord rappeler qu'il n'y a pas de mention explicite des droits de l'homme dans les traités constitutifs. En 1957, l'objectif était pourtant de sauvegarder la paix et la *liberté*. Mais les buts avoués du Traité de Rome sont l'amélioration du niveau de vie et l'abolition de toute *discrimination de nationalité* entre les citoyens. Les raisons de l'absence d'une politique en matière de droits de l'homme au sein de la CEE tiennent sans doute d'abord aux objectifs des Communautés européennes. Déjà, lors de la création de la première Communauté européenne (la CECA), les objectifs sont clairs. L'article 2 du traité instituant la Communauté européenne du Charbon et de l'Acier précise que cette dernière « a pour mission de contribuer, en harmonie avec l'économie générale des Etats membres, et grâce à l'établissement d'un marché commun, à l'expansion économique, au développement de l'emploi et à un relèvement du niveau de vie dans les Etats membres ». Les traités relatifs à la Communauté économique européenne (CEE) et à la Communauté européenne de l'Energie atomique (EURATOM) vont dans le même sens.

L'échec de l'institution d'une Communauté politique européenne (qui aurait dû réserver une place importante aux droits fondamentaux) a provoqué chez les pères des Traités de Rome le désir d'un plus grand pragmatisme qui a relégué la défense des droits de l'homme derrière les objectifs de l'intégration économique[7].

Bien que les Traités de Rome et de Paris ignorent en apparence les droits de l'homme, ils se fondent sur des principes s'y rapportant : la non-discrimination, la libre circulation des personnes, l'égalité du droit au travail entre les hommes et les femmes. Mais ces droits relèvent plus des droits économiques et sociaux que des droits de l'homme.

Comme son nom l'indique, la CEE est de nature économique. Par conséquent, elle est née pour établir un marché commun entre les Etats

---

[7] M.A. DAUSES, « La protection des droits fondamentaux dans l'ordre juridique communautaire », *Revue trimestrielle de droit européen*, n° 6, 1984, p. 17.

membres, et non pour protéger les droits des citoyens européens. Aussi, les
libertés proclamées par le traité instituant la CEE (libre circulation des marchandises, des personnes, des services et des capitaux) sont des manifestations du libéralisme économique qui sous-tend le Traité, plus qu'une reconnaissance de droits à la personne humaine en tant que telle. L'homme est
d'abord considéré comme un agent économique. Les droits reconnus
s'appliquent aux individus dans le cadre de leur travail principalement.

Malgré un intérêt certain pour les droits de l'homme, la situation de la
CEE est peu claire. Elle n'a pas adhéré en tant que telle à la Convention de
sauvegarde des droits de l'homme et des libertés fondamentales du Conseil de
l'Europe, alors qu'elle crée, par son oeuvre législative, des obligations pour
les individus. La CEE a de plus en plus de relations juridiques directes avec
les particuliers. Elle impose des obligations nouvelles aux citoyens européens. Il apparaît dès lors normal que les compétences reconnues à la Communauté soient contre-balancées par un assujettissement formel à des droits
fondamentaux clairs et définis, afin d'assurer la protection juridique des citoyens. C'est pourquoi la Commission des Communautés européennes a présenté en 1975 un mémorandum dans lequel elle recommandait[8] que les Communautés adhèrent en tant que telles, formellement, à la Convention européenne des droits de l'homme établie par le Conseil de l'Europe en date du 4
novembre 1950. A l'heure actuelle, ce n'est toujours pas chose faite, parce
qu'un large débat s'est ouvert entre les partisans d'une adhésion à la Convention des droits de l'homme du Conseil de l'Europe et ceux qui préféreraient
l'élaboration, parallèle ou séparée, d'un catalogue de droits « communautaires » (propres à la CEE).

Malgré des lacunes évidentes, deux « *déclarations* » méritent d'être
mentionnées. L'une date de 1977 : les institutions de la Communauté s'y engagent à respecter *les droits fondamentaux* dans l'exercice de leur pouvoir[9].
En 1986, une autre déclaration a pour objet la lutte contre le racisme[10]. En
outre, les ministres des Affaires étrangères ont tenu à Bruxelles le 21 juillet
1986 une réunion de coopération politique au cours de laquelle ils ont adopté
une « *Déclaration sur les droits de l'homme* »[11]. De telles déclarations n'ont
malheureusement qu'un poids moral et politique.

C.-D. Ehlermann, directeur général du service juridique de la
Commission des Communautés européennes, dans un ouvrage consacré à la
protection internationale des droits de l'homme, plaide pour une plus grande

---

8   *Bulletin des C.E.*, supp. 2/79.
9   *JOCE* n° C 103/1, 27 avril 1977.
10 *JOCE* n° C 158/1, 1986.
11 V. *Bulletin CE* 7/8 - 1986, p. 108.

crédibilité de la CEE en matière de droits de l'homme : l'adhésion de la CEE à la Convention européenne des droits de l'homme s'inscrirait directement dans la ligne tracée par la déclaration du Conseil européen de Copenhague sur la démocratie, liée à l'adhésion de trois nouveaux Etats membres : la Grèce, l'Espagne et le Portugal. « Or, s'il est vrai que les droits de l'homme et leur protection sont un élément fondamental de l'appartenance aux Communautés, il est logique que les Communautés se soumettent à la Convention... »[12]. C.-D. Ehlermann précise encore que le renforcement de l'image de marque de l'Europe en tant que terre de liberté et de démocratie est un argument supplémentaire en faveur de l'adhésion de la CEE à la Convention, mais il ajoute : « tant que les Communautés n'ont pas accepté formellement la Convention pour elles-mêmes, il n'y a aucun droit, aucune justification morale, pour exiger des nouveaux Etats membres un comportement déterminé en matière de droits de l'homme ». Cette remarque vaut pour les pays non-membres. Pourtant, les peuples africains en arrivent à reconnaître les droits de l'homme traditionnels, bien que, comme le rappelle Mourgeon, « pour la plupart prolétaires de la société internationale, ils s'appuient sur les droits de la première et de la deuxième génération, sans même avoir besoin de répéter un individualisme qu'ils ignorent pour des raisons sociologiques ou religieuses, en Asie ou en Afrique noire et dans les sociétés islamiques »[13]. Par contre, la CEE s'intéresse au droit au développement[14], un droit cher aux pays du sud qui se précise depuis que les Nations unies prônent un nouvel ordre économique mondial[15].

La CEE et les pays tiers

L'intérêt que portent les institutions communautaires aux droits de l'homme a inévitablement des répercussions au plan international. La CEE a conscience, par exemple, de jouer sa crédibilité sur une question aussi importante que l'apartheid. Celui-ci a fait l'objet d'une condamnation de la part du Parlement européen, des ministres des Affaires étrangères et de la Commission. Une déclaration commune, annexée à la Convention de Lomé III, le

---

[12] C.-D. EHLERMANN, in « *La Protection Internationale des Droits de l'homme* », Presses universitaires de Lyon, 1981, p. 61.

[13] J. MOURGEON, « *Les Droits de l'homme* », PUF, Paris, 1988, p. 40.

[14] L'expression « Droit au développement » a été utilisée pour la première fois par KEBA M'BAYE en 1972 à l'occasion de la leçon inaugurale qu'il fit à l'Institut international des droits de l'homme sous le titre « le droit au développement comme un droit de l'homme » v. à ce propos R. DEBACKER « rencontre avec KEBA M'BAYE », *Le courrier ACP-CEE*, n° 111, sept. - oct. 1988, p. 4.

[15] La notion de droit au développement est reprise par l'ONU qui a adopté une déclaration à son propos.

condamne expressément. Une résolution sur la recrudescence du racisme en Europe a été adoptée. Elle souligne que le racisme et la xénophobie sont contraires à la dignité humaine et aux droits de l'homme. La Convention de Lomé IV est plus précise encore en ce qui concerne les droits de l'homme, car les parties contractantes y réaffirment leurs obligations résultant du droit international et leur volonté de combattre, en vue de leur élimination, tous les genres de discriminations. Cet engagement porte sur *toute situation, dans les Etats ACP ou dans la Communauté*, susceptible d'affecter les objectifs de la Convention, mais aussi sur le système d'apartheid, eu égard à ses effets déstabilisateurs à l'extérieur. C'est dire que la Convention de Lomé IV devrait avoir des effets, tant en ce qui concerne le respect des droits de l'homme en Europe, qu'en ce qui concerne les autres partenaires, et l'Afrique du Sud.

D. Frisch, Directeur général du Développement à la Commission européenne adopte une position très claire vis à vis du respect des droits de l'homme[16]. La pertinence de ses propos mérite que nous nous y attardions :

– L'homme, tous les hommes doivent pouvoir bénéficier de la coopération de la CEE, obtenir la satisfaction de leurs besoins essentiels, trouver les possibilités de leur épanouissement social et culturel.

– La coopération CEE-ACP doit apporter sa modeste contribution à la jouissance des droits économiques, sociaux et culturels de l'homme, jusque parmi les populations les plus déshéritées. C'est là un aspect fondamental de la promotion de la pleine dignité de l'homme.

– Le respect et la promotion des droits de l'homme dans leur ensemble, sous tous leurs aspects doivent être envisagés.

– Les droits les plus fondamentaux de la personne sont les droits à la vie, à la liberté, à ne pas être torturé et traité de façon dégradante.

– Les divers aspects des droits de l'homme sont indissociables.

– La Commission européenne ne se considère pas comme un gendarme des droits de l'homme à travers le monde : « ... à quel titre le serions-nous ? Faut-il d'ailleurs rappeler que les textes de Lomé III à ce sujet s'adressent aussi bien à l'Europe qu'aux ACP ? Certes, dans des cas extrêmes de violations graves des droits fondamentaux de la personne, soulevant — sans connotations idéologiques sous-jacentes — la réprobation universelle et qui rendaient dérisoires tout effort de développement, nous avons été amenés à nous prononcer publiquement et même à suspendre les

---

[16] D. FRISCH, « *Les droits de l'homme et la coopération ACP-CEE* », Séminaire sur la dignité humaine et la Convention ACP-CEE, Fondation pour la coopération culturelle ACP-CEE, Bruxelles, 10.12.1988, pp. 3-4.

aides autres que directement humanitaires, comme ce fut le cas lors du régime d'Idi Amin en Uganda. L'opinion, en Europe et dans le monde — et certainement aussi l'opinion dans les autres pays ACP —, n'aurait d'ailleurs pas compris que nous agissions autrement ».

– Il faut éviter de confondre défense des droits de l'homme et préférence ou aversion pour tel ou tel régime ou système politique.

– « C'est en matière de droits civils et politiques qu'il faut le plus tenir compte de la souveraineté des choix de chaque Etat et des différences de cultures et de traditions d'une société à l'autre, même si tous ici nous souhaitons une évolution vers des formes démocratiques appropriées ou la consolidation et l'affinement de celles-ci. D'ailleurs, sans le respect des choix socio-politiques et économiques de nos partenaires, principe fondamental de Lomé, cette convention, dans toute la diversité de ses membres, n'existerait pas. En dehors du club européen, nous n'avons pas à imposer de système politique ; nous ne sommes pas les gardiens dans les pays tiers du modèle occidental de démocratie parlementaire ».

Les droits économiques et sociaux

Dans la CEE

L'article 117 du Traité de Rome vise l'amélioration des conditions de vie et de travail de la main d'oeuvre, afin de permettre l'égalisation dans le progrès par l'harmonisation, notamment, des systèmes sociaux et procédures, et une collaboration étroite entre les Etats membres dans le domaine social (emploi, droit au travail, conditions de travail, formation professionnelle, sécurité sociale, protection contre les accidents, maladies professionnelles, hygiène du travail, droit syndical et négociations collectives). Les moyens d'y parvenir sont néanmoins timides puisqu'il s'agit de promouvoir des études, des consultations et non d'établir des textes contraignants.

Le principe de l'*égalité des rémunérations entre travailleurs masculins et féminins* est également inscrit dans le Traité de Rome (art. 119). L'Acte unique européen renforce ces dispositions. La marche vers 1993 relance le débat sur l'espace social. A Rhodes, les 2 et 3 décembre 1988, les chefs d'Etats et de gouvernement ont solennellement proclamé que « la réalisation du marché unique ne peut être regardée comme une fin en soi, mais qu'elle poursuit un objectif plus vaste qui consiste à assurer un *maximum de bien-être pour tous*, conformément à la *tradition de progrès social* inscrite dans l'histoire de l'Europe. Le dialogue social et la cohésion économique et sociale doivent constituer les deux piliers du grand marché »[17].

Les travaux de la Commission des Communautés européennes ont, jusque là, été paralysés à cause des différences importantes qui existent dans les degrés de protection sociale des Etats membres et des différences de traditions nationales. Un certain déblocage apparaît depuis que les chefs d'Etat et de gouvernement, réunis en conseil à Strasbourg en décembre 89, ont adopté *la Charte communautaire des droits sociaux fondamentaux des travailleurs*[18]. On avait imaginé un moment donner une force obligatoire à cette Charte, mais les réticences de certains gouvernements et en premier lieu du Royaume-uni, expliquent qu'on s'en soit abstenu. Aussi, l'importance de la Charte reste toute relative pour les Etats membres, vu qu'elle ne fait que servir de référence pour une meilleure prise en compte, à l'avenir, de la dimension sociale de l'évolution de la Communauté. Il existe donc, à l'heure actuelle, deux chartes sociales, celle adoptée par onze Etats membres de la Communauté européenne[19], et celle adoptée en 1961 dans le cadre du Conseil de l'Europe. A cette dernière, le problème de l'adhésion des Communautés européennes a été posé, mais à la différence de la Convention de sauvegarde des droits de l'homme, la Commission s'est prononcée contre cette adhésion, car la Charte Sociale n'aborde pas des problèmes intimement liés aux domaines d'action des Communautés européennes, comme ceux de la libre circulation, par exemple. De plus, une raison péremptoire s'oppose à l'adhésion des Communautés à la Charte du Conseil de l'Europe : seuls quatorze Etats membres l'ont ratifiée et quatre d'entre eux seulement ont accepté toutes ses dispositions.

La Charte communautaire des droits sociaux fondamentaux des travailleurs et les pays tiers.

« Acte d'identité européenne, de fidélité à ce que nous sommes, cette Charte est un message pour tous ceux qui, *à l'intérieur comme à l'extérieur* de la Communauté européenne, cherchent dans ce progrès de l'Europe des raisons d'espérer ». C'est en ces termes que J. Delors, Président de la Commission introduit la « Charte communautaire des droits sociaux fondamentaux

---

[17] V. Commission des Communautés européennes, Direction générale de l'Emploi, des Relations industrielles et des Affaires sociales, *Europe Sociale* 1/90, p. 105
[18] *Idem*, pp. 46-76.
[19] C'est-à-dire les Douze moins le Royaume-uni.

des travailleurs »[20]. Ce document répond à la nécessité de réaliser le grand Marché sur le plan social en même temps que sur le plan économique. Suivant J.-P. Soisson, Ministre français de l'Emploi du Travail et de la Formation professionnelle, la Charte est « le point d'orgue d'une longue démarche vers l'édification de l'espace social européen »[21] car « il convient de donner *aux aspects sociaux* la même importance qu'aux *aspects économiques* »[22].

« Pour assurer l'égalité de traitement, il convient de lutter contre les *discriminations sous toutes leurs formes*, y compris notamment celles fondées sur le sexe, *la couleur, la race*, les opinions et les croyances et, dans un esprit de solidarité, il importe de lutter contre l'exclusion sociale ». Ce 8e considérant de la Charte est important puisque, au départ, seules les discriminations d'ordre national étaient prévues dans le cadre des traités. Aujourd'hui, elles sont officiellement étendues aux discriminations sur la base de la couleur, de la race et de la religion. La Charte s'adresse donc aussi aux ressortissants de pays tiers européens ou non.

En vertu du 9e considérant de la Charte, les chefs d'Etat et de gouvernement estiment encore que les travailleurs en provenance *des pays tiers*, séjournant légalement dans un Etat membre de la Communauté européenne, devraient pouvoir bénéficier pour leurs conditions de vie et de travail d'un traitement *de nature comparable* à celui dont bénéficient les travailleurs de l'Etat membre concerné.

Enfin, les ministres conviennent de s'inspirer des conventions de l'OIT et de la Charte sociale européenne du Conseil de l'Europe.

En fait, la Charte communautaire consacre les progrès déjà réalisés dans le domaine social plus qu'elle n'innove. Le Conseil économique et social (CES) chargé d'élaborer des propositions a, dans l'avis qu'il a remis le 22 janvier 1989[23], établi un catalogue des droits sociaux sur lesquels les Etats étaient déjà engagés dans le cadre des diverses organisations internationales (ONU, OIT, Conseil de l'Europe). On peut donc dire que la voie suivie est la même que celle empruntée pour les droits de l'homme ; « on entérine » ce qui existe déjà au plan national et international. Les initiatives à prendre concernant la mise en oeuvre des droits sociaux relèvent, selon les cas, de la responsabilité des Etats membres et des entités qui les constituent, ou de la responsabilité de la Communauté européenne en application du *principe de la*

---

20 Introduction à la Charte communautaire des droits sociaux fondamentaux des travailleurs, CE-Commission, Luxembourg, OPO des CE, numéro du catalogue CB - 57-89, p. 21.
21 *Europe sociale* 1/90, p. 10.
22 *Idem*, p. 8.
23 *JOCE* 126 du 23 mai 1989.

subsidiarité. Par ailleurs, la Charte ne peut justifier, lors de sa mise en oeuvre, des régressions par rapport à la situation actuellement existante dans chaque Etat membre.

Le titre I de la Charte communautaire parle des *droits sociaux fondamentaux* auxquels se rattachent le droit à la libre circulation, le droit à l'emploi et à la rémunération, le droit à l'amélioration des conditions de vie et de travail, le droit à la protection sociale, le droit à la liberté d'association et à la négociation collective, le droit à la formation professionnelle, le droit à l'égalité de traitement entre les hommes et les femmes[24], le droit à l'information, à la consultation et à la participation des travailleurs, le droit à la protection de la santé et à de la sécurité dans le milieu de travail, la protection des enfants et des adolescents, des personnes âgées et des personnes handicapées. Le CES, dans ses propositions, avait souhaité que la Charte ne s'adresse pas exclusivement aux « travailleurs » mais qu'elle concerne également les consommateurs, les producteurs, les citoyens et les exclus du travail. Dans le texte définitif, les références aux droits des consommateurs, le droit à un environnement sain et à la préservation du patrimoine culturel ont été écartées. Le CES aurait voulu faire de ce document une véritable « Charte des citoyens », mais le Conseil des Ministres des Affaires sociales voulut se limiter aux droits « strictement sociaux »[25]. Les Etats veillèrent à ce que l'adoption de la Charte communautaire des droits sociaux fondamentaux n'entraîne pas une extension des compétences communautaires (telles que définies par le Traité). C'est pourquoi, le 15e considérant de la Charte précise que les Etats membres sont les premiers responsables de la mise en oeuvre des droits sociaux en vertu du « principe de subsidiarité ».

Le titre II porte sur la *mise en oeuvre* de la Charte : la Commission est invitée à *poursuivre* ses actions en cours dans le domaine social, et reçoit de la part du Conseil le mandat de présenter, au plus tard avant le 1er janvier 1990, un programme d'action et un ensemble d'instruments y afférent. La Commission est également chargée de faire régulièrement un rapport relatif à l'application des principes de la Charte. Ce rapport de la Commission est transmis au Conseil des Ministres, au Parlement européen et au Comité économique et social.

---

[24] Ce n'est sans doute pas un hasard si l'art. 153 de la Convention de Lomé IV est consacré à « Femmes et développement » et s'il parle de « revaloriser le statut de la femme, améliorer ses conditions de vie, élargir son rôle économique et social et promouvoir sa pleine participation sur un pied d'égalité avec l'homme au processus de production et de développement ».
En effet, à partir de l'art. 119 du Traité CEE une législation européenne a été établie en vue de favoriser une plus grande égalité entre les hommes et les femmes.

[25] V. à ce propos J. Cl. BODSON et V. SLAVENKAPELES, « Une Charte pour une Europe sociale », *La Revue Nouvelle*, n° 4, tome XCI, avril 1990, pp. 68-69.

Le programme d'action de la Commission[26] et les pays tiers

La Commission établit donc une communication sur son programme d'action relatif à la mise en oeuvre de la Charte communautaire des droits sociaux fondamentaux des travailleurs. Car, la méthode choisie consiste à réaliser un compromis entre, d'une part, la Charte qui n'entraîne pas d'obligations particulières si ce n'est qu'elle invite la Commission à favoriser la mise en oeuvre des droits dans le cadre d'un programme, et, d'autre part, le programme de la Commission qui peut comprendre certaines obligations, mais la nature juridique des instruments à adopter n'est pas toujours spécifiée.

La liste des nouvelles initiatives que la Commission des Communautés européennes entend mener est longue, quoique les mesures contraignantes y soient peu nombreuses. En matière d'emploi et de travail, diverses directives sont toutefois envisagées : elles porteront sur les contrats et les relations de travail, ainsi que sur l'aménagement de ce dernier. Un mémorandum relatif à l'insertion sociale des migrants ressortissants des Etats membres est également prévu. En matière de protection sociale, la Commission s'en tient à des recommandations. Quant au rôle des partenaires sociaux dans les négociations collectives, la Commission ne propose qu'une communication. Mais elle propose un « instrument communautaire »[27] concernant l'actionnariat et la participation financière des salariés, tout comme elle en prévoit un sur les procédures d'information, de consultation et de participation des travailleurs d'entreprises de dimension européenne. En matière d'égalité de traitement entre les hommes et les femmes, une directive portant sur la protection de la femme enceinte au travail est envisagée. Elle sera assortie de recommandations relatives au mode de garde des enfants et au code de bonne conduite pour la protection de la grossesse et de la maternité. En ce qui concerne le droit de grève, la Commission souligne que sa mise en oeuvre relève de la responsabilité des Etats membres en fonction des traditions et politiques nationales. Quant à la discrimination fondée sur la race, la couleur ou la religion, la Commission n'entend pas déposer de proposition de directive. Simplement, elle souligne la nécessité d'éliminer de telles pratiques « surtout dans le milieu du travail ou pour ce qui est de l'accès à l'emploi, moyennant la prise de mesures adéquates par les Etats membres et par les partenaires sociaux ».

Malgré toutes ces restrictions, la liste des droits sociaux fondamentaux mentionnés dans ce texte est importante : *le droit à la libre circulation, le droit*

---

26 Commission des Communautés européennes, *communication de la Commission sur son programme d'action relatif à la mise en oeuvre de la Charte communautaire des droits sociaux fondamentaux des travailleurs*, COM (89) 568 final, Bruxelles, le 29 novembre 1989, 54 p.

27 On remarque le « flou » de l'expression utilisée.

à la liberté du choix et de l'exercice d'une profession, le droit au congé annuel payé et au repos hebdomadaire, le droit au contrat de travail, le droit à une protection sociale adéquate, le droit au revenu minimum et à une assistance sociale appropriée, le droit à la liberté d'association et à la négociation collective, le droit à la liberté syndicale, le droit de recourir à des actions collectives comme le droit de grève, le droit à la formation professionnelle, le droit à l'égalité de traitement entre l'homme et la femme, le droit à l'information, à la consultation et à la participation des travailleurs.

La Communauté européenne a la volonté d'agir dans le domaine social. Mais elle le fait plus en garantissant certaines actions dans des champs d'application très précis qu'en garantissant de façon générale les droits économiques, sociaux et culturels.

A l'occasion de cette communication, la Commission européenne émit un avis intéressant. « Même si la libre circulation ne concerne que les travailleurs de la Communauté et leur famille, il n'est pas possible d'ignorer qu'il y a actuellement dans la Communauté plusieurs millions de *travailleurs non communautaires* ». Dès lors « la Commission propose de soumettre à ce sujet un mémorandum qui devrait faire l'objet d'un large débat avec les milieux concernés ». Ce mémorandum, qui s'inscrit dans le prolongement de la résolution du Conseil du 16 juillet 1985, mettra l'accent sur la qualité des services administratifs et sociaux fournis aux migrants, notamment dans des domaines tels que l'éducation et le logement[28].

Les droits du citoyen

Dans la CEE

A Paris, en 1974, les représentants des Etats membres chargèrent un groupe de travail « d'étudier les conditions et les délais dans lesquels on pourrait attribuer aux citoyens des neuf Etats membres des droits spéciaux comme membres de la Communauté »[29]. A partir de cette date la notion de citoyen apparaît plus fréquemment dans le jargon communautaire et des *droits spéciaux* sont attribués *aux citoyens en tant que membres de la Communauté européenne.* Ces droits ne sont donc pas universels.

En 1975, le rapport Tindemans sur l'Union européenne insiste, sur « la protection des droits des Européens », là où celle-ci ne peut plus être as-

---

28 V. à ce propos, Commission des Communautés européennes, « *communication de la Commission sur un programme d'action relativement à la mise en oeuvre de la Charte communautaire des droits sociaux fondamentaux des travailleurs* », COM (89) 568 final, Bruxelles, le 29 novembre 1989.

29 *Bulletin des C.E.*, n° 12, 1973, p. 126.

surée exclusivement par les Etats nationaux[30]. Il indique en outre les domaines où des progrès pourraient être accomplis, à savoir : les *droits fondamentaux* qu'il convient de protéger devant l'accroissement des compétences communautaires, *les droits du consommateur* et *le droit à la protection de l'environnement* .

A propos de ces deux derniers droits, la CEE avait déjà réagi lors du Sommet européen de Paris en octobre 1972. Les chefs d'Etat et de gouvernements y ont reconnu que la croissance économique doit être liée à la qualité de la vie des citoyens et à la protection de l'environnement et des ressources naturelles[31].

A peine un an plus tard (le 22 novembre 1973), les Neuf adoptent le premier programme d'action de la CEE en matière d'environnement. Depuis cette date, plus de cent actes législatifs concernant la qualité de la vie ont été adoptés. C'est fort probablement la pression du public qui a conduit les gouvernements de la CEE à élaborer une politique européenne de l'environnement. En outre, l'Acte unique européen, adopté en février 1985, reconnaît officiellement le rôle essentiel de la politique de l'environnement dans toutes les activités de la Communauté. Les droits du consommateur trouvent aussi leur origine dans la Conférence de Paris d'octobre 1972, où il est demandé aux institutions communautaires d'élaborer un programme concret en faveur de ces derniers.

En avril 1975, le Conseil des Ministres adopte un premier programme grâce auquel cinq droits sont reconnus aux consommateurs: *le droit à la protection de la santé et à la sécurité, le droit à la protection des intérêts économiques, le droit à la protection des intérêts juridiques, le droit à l'information et à l'éducation et, enfin, le droit à la représentation et à la consultation.*

Depuis, de nombreuses directives ont été adoptées. Les exemples les plus significatifs portent sur la limitation de l'emploi de certaines substances dangereuses, ainsi que la classification, l'emballage et l'étiquetage des produits en général. Ces mesures garantissent une plus grande sécurité quant aux produits consommés. Le comité ad hoc « Europe des citoyens » constitué en 1984 sous la présidence de M. Adonnino a remis, au printemps 1985, deux rapports[32].

Ces rapports concernaient l'allégement des règles et pratiques gênant les ressortissants de la Communauté (il s'agit principalement du trafic fronta-

---

[30] *Bulletin des C.E.*, supplément 1/76, p. 27.
[31] Commission des Communautés européennes « *La Communauté européenne et l'environnement* », Documentation Européenne n° 3, 1987, OPO, Luxembourg.
[32] *Bulletin des C.E.*, supplément 7/85.

lier des marchandises, du contrôle des devises, etc ...), les droits des citoyens de la Communauté (l'extension des possibilités d'emploi et de séjour), mais aussi le droit de vote aux élections européennes, le droit de vote et d'éligibilité aux élections locales[33], les actions à entreprendre dans des secteurs nouveaux comme la culture, l'éducation, la santé, la drogue, ...

Ces rapports adoptés aux Conseils européens de Bruxelles et Milan ont donné leur orientation à certains programmes de la CEE (Erasmus, Comett, Yes, Lingua). Ils ont aussi permis le lancement d'initiatives favorisant l'assouplissement des contrôles aux frontières internes de la CEE, la reconnaissance du droit de séjour, l'éligibilité et le droit de vote des non-nationaux aux élections municipales dans l'état de résidence ...[34] Certaines de ces initiatives ont abouti, d'autres font encore l'objet de discussions.

Un dossier de la Commission des Communautés européennes de juin-juillet 1987 rappelle les nouveaux droits des citoyens d'Europe[35]. Il s'agit des droits des travailleurs (égalité de traitement entre travailleurs et travailleuses, droit d'exercer son métier dans le pays de son choix et égalité de traitement dont peuvent se prévaloir les travailleurs originaires d'un autre pays de la Communauté) ainsi que des droits du consommateur (droit d'acheter et de vendre sur l'ensemble du territoire de la CEE, ...).

En général donc, l'Europe du citoyen s'appuie sur des programmes ou des actions ponctuelles issus de l'article 235 du Traité CEE[36]. Lorsque ce n'est pas le cas, elle s'appuie sur la recherche d'une plus grande effectivité des principes déjà inscrits dans le Traité de Rome, à savoir la libre circulation des personnes, des biens, des services et des capitaux. On ne peut guère prétendre que ces derniers droits sont tout nouveaux, puisqu'ils figuraient déjà dans les traités constitutifs, mais ils reçoivent des champs d'application jusque là inexplorés.

---

[33] Commission des Communautés européennes : « Citoyens d'Europe, tous électeurs aux municipales », *Dossier de l'Europe*, décembre 1988, 19/88, 11p.
V. aussi à ce propos : Parlement européen, résolution sur le droit de vote aux élections municipales des citoyens des Etats membres de la Communauté. *J.O.C.E.*, n° C 13/33, 8 janvier 1988.

[34] Commission des Communautés européennes : « Europe des Citoyens », communication de la Commission, Droit de vote aux élections municipales des citoyens des Etats membres. Proposition de directive, *Bulletin* des C.E., supplément 2/88, 41 pages.

[35] Commission des Communautés européennes : « *Citoyens d'Europe : vos nouveaux droits* », Le Dossier de l'Europe, n° 11/87, 11 p.

[36] Suivant cet article, « si une action de la Communauté apparaît nécessaire pour réaliser, dans le fonctionnement du Marché Commun, l'un des objets de la Communauté, sans que le Traité de Rome ait prévu les pouvoirs d'action requis à cet effet, le Conseil statue à l'unanimité sur proposition de la Commission et après consultation de l'Assemblée, prend les dispositions appropriées ».

D'aucuns prétendent que la citoyenneté européenne a vu le jour lorsque le Parlement Européen a, pour la première fois, été élu au suffrage universel en 1979. Pour la Commission des Communautés européennes, « une nouvelle citoyenneté est apparue qui, sans remplacer la citoyenneté nationale, s'y ajoute. Ainsi, de même que les Européens élisent leurs représentants au sein de leurs parlements nationaux, ils disposent d'un parlement commun, élu au suffrage universel direct, et chargé notamment de contrôler la Commission et le Conseil des ministres de la Communauté ».

Ainsi donc, les droits des citoyens d'Europe sont éloignés des droits fondamentaux « classiques ». Ils couvrent des domaines où les Communautés ont beaucoup à gagner en termes d'allégeance des citoyens qui voient peu à peu l'Europe apparaître dans leur vie quotidienne. C'est particulièrement vrai en ce qui concerne l'environnement ou la libre circulation des personnes (et pas seulement celle des travailleurs). Mais, bien des mesures adoptées ou envisagées, quand elles sont nouvelles, restent ponctuelles et parfois purement symboliques. C'est particulièrement vrai en ce qui concerne la santé, l'éducation ou la culture, domaines à propos desquels les traités sont restés silencieux ...

La CEE et les pays tiers

Dès le 1er programme d'action de la CEE en matière d'environnement les principes d'une politique communautaire sont établis. Certains d'entre eux intéressent au plus haut chef les pays tiers et sont traduits dans la Convention de Lomé IV :

– La politique de l'environnement peut et doit être compatible avec le développement économique et social[37].

– Le coût de la prévention et de l'élimination des nuisances doit, en principe, être supporté par le pollueur.

– La Communauté et ses Etats membres doivent, dans leur politique d'environnement, tenir compte des intérêts des pays en développement, et notamment examiner les répercussions éventuelles des mesures envisagées dans le cadre de cette politique sur le développement économique de ces pays.

---

[37] L'art. 34 de la Convention de Lomé IV reprend ce principe : « La lutte contre la dégradation de l'environnement et pour la conservation des ressources naturelles constitue pour beaucoup d'Etats ACP un impératif pressant qui requiert la conception et la mise en oeuvre de modes de développement cohérents, respectant les équilibres écologiques ».

– La Communauté et ses Etats membres doivent faire entendre leur voix dans les organisations internationales traitant des aspects relatifs à l'environnement, et apporter une contribution originale à leurs délibérations[38].

Un quatrième programme, prévu pour six ans (1987-1992) est en cours de réalisation. La Commission des Communautés européennes a fixé un certain nombre d'actions prioritaires dans le cadre de ce quatrième programme. Il en est, et pas des moindres, qui concernent l'action internationale de la CEE et notamment les pays du Sud :

– la mise en oeuvre de la Déclaration de Gênes relative à la protection de la Méditerranée ;

– l'adoption d'une réglementation communautaire au terme de laquelle les pays de la CEE devront ratifier les accords internationaux relatifs au transport des produits dangereux[39];

– l'aide à l'élaboration d'un code de conduite international en matière d'exportation de produits chimiques dangereux, notamment vers le Tiers-Monde.

– la coopération avec les pays en développement afin de conserver les forêts tropicales[40].

Lomé IV innove en s'intéressant davantage aux citoyens des pays tiers. Les travailleurs migrants, les étudiants et autres ressortissants étrangers se trouvant légalement sur le territoire d'un Etat partie à la Convention sont particulièrement concernés. Ils ne pourront faire l'objet d'aucune discrimination sur la base de différences raciales, religieuses, culturelles ou sociales, notamment en ce qui concerne le logement, l'éducation, la santé, les autres services sociaux et le travail.

---

[38]   La Convention de Lomé IV prévoit au sein de la 2e partie consacrée au domaine de la coopération ACP-CEE tout un titre (titre 1) à l'environnement. L'art. 41 prévoit plus précisément des consultations avant les discussions menées à ce sujet dans ces enceintes internationales appropriées.

[39]   Suivant l'Art. 39 de la Convention de Lomé IV la Communauté interdit toute exportation directe ou indirecte des déchets dangereux et radioactifs vers les Etats ACP et simultanément les Etats ACP interdisent l'importation directe ou indirecte sur leur territoire de ces mêmes déchets en provenance de la CEE.

[40]   Le chapitre II du titre de la Convention de Lomé IV porte sur la lutte contre la sécheresse et la désertification.

Le droit au développement ?

Dans la CEE

Il a été dit que le droit au développement est un droit inaliénable de l'homme, en vertu duquel toutes les personnes humaines et tous les peuples ont le droit de participer, de contribuer au développement économique, social, culturel et politique. Or, l'article 2 du Traité de Rome établit comme principe que la Communauté européenne promeut un *développement harmonieux* des activités économiques *dans l'ensemble de la Communauté*. Cet article a permis le lancement de politiques nouvelles en vue d'établir une meilleure cohésion économique et sociale au sein de la Communauté, à savoir, par exemple, la politique régionale et la politique sociale. Cette cohésion peut être réalisée grâce à des instruments spécifiques (les fonds structurels) et aussi grâce à certains mécanismes collectifs. Les pays du Sud et ceux situés à la périphérie de l'Europe des Douze craignent que l'unification allemande ne porte préjudice à la politique de solidarité. Lors de la session du Parlement européen qui eut lieu du 14 au 18 mai 1990 à Strasbourg le Chancelier Kohl lui-même a voulu être rassurant en déclarant : « les problèmes économiques et financiers posés par l'unification ne doivent pas être supportés par les plus faibles. En effet, l'Europe n'a de réalité que si elle permet *une solidarité entre faibles et forts* dans le but d'estomper les clivages... et les fonds structurels ne peuvent être détournés au profit de la RDA. C'est ensemble que nous devons trouver des solutions, notamment en ce qui concerne l'agriculture et l'environnement »[41].

Une récente réforme des fonds structurels a permis de mieux les ajuster aux besoins et de les doter de moyens financiers accrus. La CEE est donc soucieuse d'assurer le développement de ses membres, de tous ses membres.

La CEE et les pays tiers

Qu'en est-il des rapports avec les pays tiers ? L'article 131 du Traité de Rome, relatif à l'association des pays et territoires d'outre-mer, assigne comme but à l'association la *promotion du développement économique et social* de ces pays et territoires et, l'établissement de relations étroites entre eux et la Communauté dans son ensemble. Conformément aux principes énoncés dans le préambule du Traité de Rome, l'association doit, en premier lieu permettre de favoriser les intérêts de ces pays et territoires et leur prospérité, de manière à les *conduire au développement économique, social et culturel* qu'ils attendent.

---

[41] Parlement européen, *Le point de la session*, P.E. 142-170 / déf. p. 7 (14-18 mai 1990).

L'article 132 stipule que les Etats membres contribuent aux investissements *que demande le développement progressif* de ces pays et territoires...

Un rapprochement entre l'article 2 et l'article 131 du Traité de Rome peut être intéressant et pose, en tout cas, la question de savoir si le Traité de 1958 donne matière à applications inattendues lors de la signature. A l'occasion de la signature de la Convention de Lomé IV, Michel ROCARD, Président du Conseil de la Communauté européenne rappelait que si 80 Etats européens et ACP constituant plus de la moitié des Etats de la planète étaient rassemblés, c'était pour « procéder à un acte politique majeur : la confirmation de *notre solidarité* et de *notre volonté de progrès* ». Et d'ajouter : « les exigences de *démocratie* et de *justice sociale* que nous nous sommes fixées à Douze sont les mêmes que nous entendons respecter dans nos relations avec les pays ACP ». Continuité donc entre les valeurs inspirant les attitudes régissant les relations entre les Douze, celles les liant aux territoires d'outre-mer et celles liant les Douze aux pays ACP.

Les Conventions de Lomé sont actuellement l'aspect le plus connu de l'usage fait de la politique de coopération au développement menée par la Communauté. Elles traduisent, au niveau communautaire, l'interdépendance qu'ont tissée l'histoire, le commerce, l'économie et la culture, entre l'Europe et les pays du Sud. En 1985, Lomé III consacrait des ambitions nouvelles articulées autour des objectifs du développement rural et de la sécurité alimentaire. La Commission des Communautés européennes rappelle que la politique de Lomé a été bâtie sur quatre éléments fondamentaux : la coopération entre deux groupes régionaux, fondée sur le respect des options politiques et économiques de chaque partenaire, la coopération sûre, durable et prévisible fondée sur des arrangements juridiques contraignants fixés dans un contrat librement négocié, la coopération globale combinant tout l'éventail des instruments d'aide, le développement des échanges et, le dialogue permanent par l'intermédiaire de trois institutions communes : le Conseil des Ministres ACP-CEE, le Comité des Ambassadeurs ACP-CEE et l'Assemblée Paritaire ACP-CEE. La 4ème Convention de Lomé régira les relations CEE-ACP pendant dix ans. Un nouvel état francophone, Haïti, s'est joint à la Convention.

Les principes sur lesquels se fonde la coopération ACP-CEE sont la non-ingérence, le respect de la souveraineté des partenaires, le dialogue, la sécurité et la prévisibilité de l'aide et des avantages commerciaux. Des moyens financiers sont mis à la disposition de la coopération. Ils sont en augmentation et passent de 8,5 milliards d'ECU sous Lomé III à 12 milliards pour les cinq premières années de Lomé IV. Ces fonds proviennent du Fonds européen de Développement (FED) et des ressources propres de la Banque européenne d'Investissement (BEI). Lors de la discussion qui eut lieu au Parlement européen à Strasbourg en mai 1990, les parlementaires se montrèrent critiques à l'égard de la 4e Convention ACP-CEE estimant que si des améliorations importantes ont été apportées (référence détaillée aux droits de l'homme, priorité à l'environnement et aux ressources naturelles, mise en oeuvre d'une coopération polycentrique, accroissement du volume de l'aide de 46 % en termes nominaux et 25 % en termes réels, consolidation des mécanismes du STABEX et du SYSMIN), tout l'effort souhaité n'a pas été fait. En effet, la BEI aurait pu augmenter les moyens financiers mis à la disposition des ACP et la Communauté aurait pu davantage renforcer la coopération régionale[42].

Les grands domaines de coopération sont l'environnement, la recherche agricole et la sécurité alimentaire, le développement des services, le développement industriel, la coopération régionale et la coopération culturelle et sociale. Cette dernière a été introduite il y a cinq ans dans Lomé III. Lomé IV confirme la volonté des deux parties d'assurer *un développement autonome des états ACP, avant tout centré sur l'homme et fondé sur la culture de chaque peuple*. Les dispositions relatives à la santé et celles relatives au rôle de la femme dans le développement ont été renforcées. L'accent a été mis *sur la promotion des identités culturelles et le dialogue interculturel* en vue de stimuler les échanges, tant entre les pays ACP eux-mêmes qu'entre ceux-ci et la Communauté.

La Convention de Lomé IV comporte un nouveau chapitre sur la dette. Il constitue une innovation majeure.

La Convention de Lomé III était le premier accord ACP-CEE qui fasse spécifiquement mention du problème des droits de l'homme. Ce problème est l'une des pierres angulaires de la coopération. En septembre 1985, l'Assemblée Paritaire a adopté une résolution d'une grande portée sur les droits de l'homme qui a eu, depuis lors, des retombées importantes sur ses travaux. A chacune de ses réunions, l'Assemblée paritaire se penche sur les violations des droits de l'homme. L'article 5 de la Convention de Lomé IV s'étend longuement sur les *liens existant entre les droits de l'homme, la coopération et le développement*.

Dans une telle perspective, les politiques de développement et de coopération sont étroitement liées *au respect* et à la *jouissance des droits et libertés fondamentales de l'homme*. « Les Parties réitèrent leur profond attachement à la dignité et aux droits de l'homme, qui constituent des aspirations légitimes des individus et des peuples ». Les droits visés sont l'ensemble des droits de l'homme : un traitement non discriminatoire, les droits fondamentaux de la personne, les droits civils et politiques, les droits économiques,

---

[42] Pour plus de détails, consulter le rapport TINDEMANS, P.E., doc. A 3 90 / 90.

sociaux et culturels. Les diverses catégories de ceux-ci sont indivisibles et interdépendantes, chacune ayant sa propre légitimité.

Des droits garantis ?

La Commission des Communautés européennes est responsable de l'application des traités européens. Elle peut, en effet, engager des procédures d'infraction, de son propre chef ou après avoir été alertée par les citoyens qui estiment que le droit communautaire a été violé.

La citoyenneté européenne s'affirme aussi à travers une série de droits garantis par la Communauté et dont chacun peut se prévaloir en justice devant les tribunaux nationaux, l'unité d'interprétation étant assurée par la Cour de Justice de la Communauté.

Les particuliers peuvent invoquer directement devant les tribunaux nationaux certaines dispositions des traités européens et de la législation communautaire.

En application du règlement intérieur du Parlement européen, les citoyens, agissant seuls ou en groupes, peuvent aussi envoyer au Président du Parlement des demandes qui sont examinées par la commission des pétitions. Cette dernière peut agir en médiateur et s'adresser, si nécessaire, aux Etats membres ou à la Commission européenne[43].

Il faut aussi parler de l'activité de la Cour de Justice de Luxembourg, et d'abord rappeler qu'elle n'a de compétences que dans le champ d'application communautaire[44]. Celle-ci n'a pas toujours cru opportun de se prononcer sur des violations — supposées — de droits fondamentaux par les instances communautaires. Mais elle change d'attitude à l'occasion de l'affaire Stauder[45] en 1969. La Cour, dans son arrêt, se déclare compétente pour assurer le respect des droits fondamentaux de la personne compris dans les principes généraux du droit communautaire contre les actes du pouvoir communautaire. Mais elle ne précise pas encore de quels droits il s'agit. Un an plus tard, la Cour indique que pour la sauvegarde de ces droits elle s'inspire des traditions constitutionnelles communes aux Etats membres et des instruments internationaux concernant la protection des droits de l'homme auxquels les Etats membres ont coopéré ou adhéré[46], en l'occurrence la Convention de sauve-

---

[43] Voy. à ce propos : Parlement européen, résolution sur les initiatives visant à renforcer la coopération interinstitutionnelle pour l'examen des pétitions présentées au Parlement européen, *J.O.C.E.*, n° C 283/86, 9 octobre 1986, doc. A2-74/86.

[44] *JOCE* n° C 158/1, 1986.

[45] *CJCE* Arrêt Stauder 26/69, Rec. 1969, p. 419.

[46] A l'époque, la France n'a pas encore ratifié la Convention.

garde des droits de l'homme[47]. Aussi, d'ores et déjà, la Cour a reconnu une liste fort substantielle de droits par ses arrêts : le droit à la propriété, à l'exercice d'une activité économique, à la liberté d'association et de religion, le principe général d'égalité, l'interdiction de l'arbitraire, la protection de la famille, l'obligation de motiver les décisions individuelles et de sauvegarder les droits de la défense.

La Commission des Communautés européennes, lorsqu'elle établit ses propositions de directives, s'inspire très largement des principes reconnus par la Cour de Justice et les intègre dans la législation communautaire. Le rôle que la Cour européenne de Justice joue en matière de droits de l'homme est l'exemple d'une audace jurisprudentielle qui attend d'être formalisée dans une convention spécifique.

Le respect des droits de l'homme est aussi garanti au plan communautaire par certains mécanismes. L'élection du Parlement européen au suffrage universel depuis 1979 en est un exemple. Certains textes officiels comme l'Acte unique mentionnent la Convention européenne de sauvegarde des droits de l'homme et des libertés fondamentales, ainsi que la Charte sociale européenne élaborées dans le cadre du Conseil de l'Europe[48].

De ce qui précède il ressort que, dans la CEE, les droits fondamentaux ne sont pas seulement des droits théoriques, la jouissance effective de ces droits est voulue. Ceci vaut aussi pour les pays non européens. A la demande des Etats ACP, des moyens financiers seront consacrés à la promotion des droits de l'homme dans ces Etats, au travers d'actes concrets publics ou privés qui seront décidés en particulier dans le domaine juridique en liaison avec des organisations dont la compétence en la matière est reconnue internationalement.

Les institutions communautaires : une même approche des droits fondamentaux ?

Après cette présentation générale de la situation des droits fondamentaux dans la CEE , il y a lieu de vérifier la part prise par les différentes institutions de la Communauté chargées de ces droits. Car, il faut signaler la

---

[47] *CJCE*, 17 décembre 1970, Arrêt « Internationale Handelsgesellschaft », aff. 11-70, Rec. 1970 p. 1125 ; *CJCE*, 14 mai 1974, Nold c/Commission des CE, aff. 4-73, Rec. 1974, p. 491.

[48] D'aucuns avancent que, en vertu de la référence à la Charte sociale européenne qui figure dans le préambule de l'Acte unique, la Charte sociale fait partie du droit communautaire. Mais cette vue n'est pas majoritaire. V. ROILEY A. J., « The European social Charter and Community Law », *European law review*, 1989, pp. 80-86.

différence d' « approche » de la Commission des Communautés européennes, du Parlement européen et de la Cour de Justice.

La Commission, les droits fondamentaux et les pays tiers

D'une manière générale, on peut dire que la Commission des Communautés européennes est plus réservée que le Parlement. Elle estime ne pas avoir de compétence pour établir une politique en la matière, même si le Parlement l'invite à adopter de façon officielle un acte lui permettant d'établir une véritable politique commune en matière de défense des droits de l'homme.

Mais il faut souligner une évolution intéressante. Car, d'une part, la Commission se dote petit à petit des structures et moyens nécessaires à la poursuite de cet objectif et, d'autre part, elle procède à l'application de ces droits dans le cadre de son activité législative.

Depuis 1984, la coordination des affaires relevant des droits de l'homme a été confiée au Président de la Commission qui est assisté par un service spécialisé au sein du Secrétariat général de la Commission. Ainsi, le nouvel organigramme du Secrétariat général adopté en mai 1988 tient compte des objectifs introduits par l'Acte unique européen et encadre la coordination en matière de droits de l'homme dans une nouvelle direction, chargée de la coopération intergouvernementale des Etats membres, y compris la coopération politique. Le directeur informe et coordonne les actions des différentes directions générales ayant trait à la coopération politique européenne, notamment la Direction générale des Relations extérieures, la Direction générale du Marché intérieur, la Direction générale des Affaires sociales et la Direction générale de la Coopération au Développement.

La Commission, pleinement associée aux travaux de la coopération politique[49] en vertu de l'art. 30 de l'Acte unique européen, est bien placée pour intervenir dans le cadre de la protection des droits de l'homme dans les pays tiers. A ce titre, elle a déjà entrepris certaines démarches autonomes, par rapport notamment à l'Afrique du Sud. Elle s'engage donc sur la voie du règlement diplomatique.

Le programme de travail de la Commission pour 1987-88 comprend la lutte contre le racisme et la xénophobie. La Commission propose des actions concrètes dans trois domaines : l'information, l'éducation et la formation. Eu égard aux situations dans les pays tiers, la Commission s'attache plus parti-

---

[49] Il faut rappeler en effet que c'est dans le cadre de la coopération politique que les Etats membres mettent au point leur position commune en matière de politique étrangère.

culièrement au sort des victimes : elle a lancé un appel en faveur des six condamnés à mort en Afrique du Sud.

La Commission européenne a également établi une intéressante collaboration avec les ONG qui s'occupent des réfugiés. Enfin, des aides urgentes et alimentaires ont été offertes à l'Afrique et, des aides éducatives au Liban.

Les moyens financiers ont également été accrus. Ainsi, par exemple, le programme européen d'assistance aux victimes de l'apartheid bénéficiait de 10 millions d'ECU en 1986. Ce budget a été doublé en 1987; en 1988, il s'élevait à 25,5 millions d'ECU. Les fonds disponibles sont principalement destinés à des programmes d'aide sociale et économique, à l'éducation et la formation des sud-africains noirs et à l'assistance aux réfugiés politiques sud-africains. Cette aide est acheminée par les organisations non-gouvernementales.

C'est toutefois en tant que « gardienne des traités » que la Commission développe une action en matière des droits de l'homme (action et non politique commune). Elle s'applique dès lors à ce que les Etats membres respectent les droits fondamentaux en tant que principes du droit communautaire dans les *domaines couverts par les compétences communautaires.* Faut-il rappeler ici que le respect des droits fondamentaux et de la démocratie est une condition essentielle d'appartenance d'un Etat aux Communautés européennes ?

Ainsi donc, la Commission européenne, contrairement aux sollicitations du Parlement, refuse d'entreprendre des actions ou de mener des enquêtes à l'intérieur de la Communauté en cas de présomption de violation des droits de l'homme *lorsque le droit communautaire n'est pas mis en cause.*

Les perspectives de « l'Union européenne » amènent la Commission, moteur de la construction européenne, à développer davantage la promotion des droits fondamentaux, dans le respect, toutefois, de sa mission. Ceci est rendu possible depuis l'Acte unique européen, qui définit les objectifs de l'intégration européenne et considère que les droits de l'homme et les droits fondamentaux y jouent un rôle prépondérant.

La Commission se considère comme non compétente par rapport à des questions qui ne relèvent pas des compétences communautaires et qui, pourtant, sont soulevées par le Parlement européen : par exemple, les écoutes téléphoniques, l'objection de conscience, le droit de garde des enfants dont les parents sont de nationalités différentes, etc.

Le Parlement européen, les droits fondamentaux et les pays tiers

Le Parlement européen a tendance à affirmer de plus en plus sa vocation d'assemblée à vocation internationale. Mais, en même temps, il assouplit sa position à l'égard du problème des droits fondamentaux.

C'est sans doute le Parlement européen qui a l'activité la plus intense en matière de droits fondamentaux. Il accueille les pétitions émanant des citoyens. Il établit des rapports et adopte des résolutions sur les droits de l'homme, tant *en ce qui concerne l'intérieur de la Communauté que l'extérieur.* Il établit des commissions d'enquête. Il adresse des questions écrites et orales à la Commission et au Conseil des Ministres. Il en informe l'opinion publique. Ses interventions portent tantôt sur des cas spécifiques ou sur la politique à suivre. Plusieurs commissions parlementaires s'intéressent aux droits de l'homme : la commission juridique et des droits du citoyen, la commission des pétitions, la commission des droits de la femme, et la commission institutionnelle, qui vient de demander une révision des traités et veut introduire une « déclaration des droits et libertés fondamentaux » dans les Traités, à la suite de la convocation en 1990 d'une conférence intergouvernementale[50]. Au sein du Parlement européen, plusieurs commissions sont compétentes à l'égard des *pays tiers* : la commission politique (depuis 1984) et la commission « développement et coopération » qui traite, notamment, des aides d'urgence et des aides alimentaires. Au sein de l'Assemblée Paritaire ACP-CEE, il faut noter l'existence d'un groupe de travail sur les droits de l'homme depuis 1984, l'activité des délégations interparlementaires, ainsi que celle du bureau de l'Assemblée chargé de la violation des droits de l'homme.

Le Parlement européen condamne régulièrement les violations des droits de l'homme dans le cadre des débats d'urgence. Il adopte à leur suite une série de résolutions car il croit avoir une importante responsabilité en cette matière. C'est ce qui justifie la demande faite à la Commission de proposer au Conseil des Ministre un « *acte communautaire* » *qui donnerait un fondement légal à la Communauté pour promouvoir les droits de l'homme* comme le mentionnent les déclarations de 1977 et 1986 sur la démocratie, ou le préambule de l'Acte Unique européen, ou même le préambule des accords liant la Communauté aux pays tiers. Le Parlement estime qu'un engagement verbal de la Communauté est insuffisant ; il propose qu'un commissaire soit chargé de ces questions. Il souhaite en outre que soient développés les *systèmes régionaux de protection des droits de l'homme* dans le cadre de la coopération liant les pays ACP et les autres pays du tiers-monde à la Communauté.

---

[50] Parlement européen, rapport fait au nom de la commission institutionnelle sur la Déclaration des droits et libertés fondamentaux, rapporteur général : M. KAREL DE GUCHT, 20.03.1989, P.E. Doc. A 2-3/89/A et P.E. Doc A 2-3/89/B.

Les rapports annuels sur les droits de l'homme dans le monde et la politique communautaire en matière de droits de l'homme permettent de saisir de manière précise la philosophie du Parlement. Ces rapports s'en tiennent essentiellement à la question du *respect de trois « droits fondamentaux universellement reconnus »* : le droit à la vie, le droit au respect de l'intégrité physique et morale de la personne humaine et le droit d'être jugé par un tribunal indépendant lors d'un procès équitable. Cette limitation à trois droits fondamentaux provient des controverses existant parmi les juristes et intellectuels défenseurs des droits de l'homme à propos des définitions de ces droits.Il ne faudrait cependant pas conclure trop vite à un manque d'intérêt de la part du Parlement pour les autres droits et notamment ceux de la troisième génération[51].

Comment le Parlement européen voit-il son rôle en matière de droits de l'homme ? Il estime ne pouvoir demeurer un observateur neutre et non engagé, étant donné son caractère international et le fait que les parlements élus au suffrage universel concrétisent le développement des droits des peuples.

Le Parlement européen regrette les répartitions parfois confuses des compétences au sein de la commission politique du Parlement qui, en octobre 80, a créé un groupe de travail sur les droits de l'homme. Ce groupe a été ultérieurement élevé au rang de sous-commission à la suite des élections européennes de 1984. La compétence de cette dernière a toujours été la protection des droits de l'homme dans les pays tiers. Par contre, la commission juridique et des droits du citoyen, avec la commission des pétitions, se penche sur les droits de l'homme dans la Communauté.

Le Parlement européen dénonce l'attitude contradictoire de la Commission des Communautés européennes qui, à la fois, soutient ne pas être compétente relativement à des programmes spécifiques d'éducation en matière des droits de l'homme, lancés par l'UNESCO par exemple et, d'autre part, apporte une aide financière aux travaux de cette institution, en particulier sur la base de l'article 303 du budget de la Communauté.

Il se réjouit, par contre, de l'attitude positive de la Coopération politique européenne (CPE) qui, depuis 1986, établit un mémorandum sur les activités des Douze en matière des droits de l'homme et du fait que ce soit devenu pratique courante.

Le Parlement européen entend porter une attention toute spéciale aux civils et enfants victimes des conflits armés. Ce problème a fait l'objet d'une

---

[51] Voy. par exemple : Parlement européen, Commission institutionnelle, document de travail sur les droits économiques et sociaux, rédacteur : Mme Conceptio FERRER I CASALS, 7 octobre 1988, Doc. FR/RR/678988, P.E. 127 111/B/déf.

attention particulière durant l'année 1989, déclarée « Année de l'Enfant » par les Nations Unies qui achèvent actuellement l'élaboration d'une « Convention internationale des droits de l'enfant ».

La Cour de Justice

La Cour de Justice a, elle aussi, progressivement revu sa position. Au départ, elle estimait ne pas pouvoir traiter de l'application des droits fondamentaux dans la Communauté, du fait qu'il s'agissait de problèmes relevant du droit constitutionnel national. Depuis 1969, elle développe les divers aspects de la protection des droits fondamentaux des citoyens de la Communauté. Ainsi, suite aux arrêts de la Cour, l'acquis communautaire s'enrichit, puisque certains droits fondamentaux ont progressivement été intégrés dans l'ordre juridique communautaire. Aux droits de l'homme et aux libertés fondamentales concernant la vie économique, justifiés par la nature du traité de Rome, tels que la propriété, la liberté d'activité économique, s'ajoutent actuellement d'autres droits : la liberté d'association, le principe général d'égalité, l'interdiction de l'arbitraire, la protection de la famille.

Le Conseil, les droits fondamentaux et les pays tiers

Les ministres des Douze s'intéressent, eux aussi, aux droits de l'homme et, plus particulièrement dans le cadre de la Coopération politique européenne. Ils ont pris l'habitude de faire des démarches communes, plus souvent de manière confidentielle, auprès des gouvernements étrangers en cas de violation flagrante des droits de l'homme. Le Conseil de coopération européenne a d'ailleurs créé un Comité de travail sur les droits de l'homme. C'est dire que les ministres se donnent les moyens d'agir en la matière.

Dans la « Déclaration sur les droits de l'homme » de juillet 1986, les ministres des Affaires étrangères rappellent que les Douze recherchent le *respect universel des droits de l'homme* et que la sauvegarde de ces droits est le *devoir légitime et permanent de la communauté mondiale* et *de chaque nation individuellement*. Les expressions de la préoccupation suscitée par les violations de ces droits ne sauraient, disent-ils, être considérées comme une ingérence dans les affaires intérieures d'un état. Le respect des droits de l'homme est un élément important dans les relations entre l'Europe et les pays tiers[52].

---

[52] *Bulletin* C.E. 7/8 - 1986 p. 108.

La CEE et la Francophonie : quels rapprochements ?

A l'avenir, diverses ouvertures sont possibles. Elles sont dues à l'internationalisation de l'activité de la CEE. La Communauté participe à la formation du droit international relatif à la protection des droits de l'homme. Elle siège au sein de divers organes internationaux et contribue dès lors à la formation de la doctrine relative à la promotion des droits de l'homme. Elle participe comme observateur aux travaux du Conseil de l'Europe relatif aux droits de l'homme. La participation de la CEE aux Nations unies intéressera sans doute davantage la Francophonie. Cette participation est réglée par l'article 229 du Traité CEE et par la résolution 3208 de l'Assemblée générale des Nations unies du 11 octobre 1974. La Communauté participe aux sessions et travaux de l'Assemblée générale ainsi qu'à ceux des organes qui en émanent.

De plus, en vertu de l'article 238 du Traité, la Communauté peut conclure, avec un Etat tiers, une union d'Etats ou une organisation internationale, des accords créant une association caractérisée par des droits et obligations réciproques, des actions en commun, et des procédures particulières. Il y a là, peut être, une opportunité de rapprochement avec la Francophonie à ne pas manquer.

L'Europe des Douze insiste sur le fait qu'elle n'a pas le pouvoir d'intervenir, quand il y a violation. Les problèmes se règlent au plan pratique par des démarches discrètes à haut niveau et des explications franches. Toutefois, dans les cas de violation extrême ou massive, la Communauté estime pouvoir suspendre de facto l'aide économique, même si *l'aide humanitaire reste acquise*[53]. Cette même attitude sera probablement adoptée lors de l'application de la Convention de Lomé IV.

Le Parlement européen ne veut pas faire preuve d'eurocentrisme. Il reconnaît que des atteintes aux droits de l'homme peuvent survenir et surviennent, dans les Etats membres de la Communauté et, que nos gouvernements sont souvent loin d'être irréprochables. Aussi, dans tous les dialogues avec des pays tiers sur les droits de l'homme, il convient d'admettre le principe de la réciprocité et d'être disposé à recevoir des critiques aussi bien qu'à les émettre.

---

[53] Dans des cas extrêmes de violations graves soulevant la réprobation universelle, la Commission a été amenée à se prononcer publiquement et même à suspendre les aides qui n'ont pas de caractère directement humanitaire comme ce fut le cas lors du régime d'Idi Amin en Uganda.

On retiendra particulièrement cette phrase du rapport De Gucht au Parlement européen[54] : « aujourd'hui, plus que jamais, les problèmes des droits de l'homme dans le monde sont liés entre eux et, il est difficile de mener une croisade morale pour l'amélioration des critères des droits de l'homme dans les autres pays tout en refusant aux autres le droit de juger vos propres actes. C'est dans une telle position, quelque peu singulière, que se trouvent les Etats-Unis, dont la lutte pour les droits de l'homme est affaiblie du fait qu'ils ne sont pas partie prenante aux principaux traités internationaux qui prévoient une possibilité de contrôle. La position du Parlement, qui sépare nettement l'examen des violations des droits de l'homme à l'intérieur et à l'extérieur de la Communauté, relève de la même démarche contestable ».

Malgré ces observations, le rapporteur estime que le « système européen est, d'une manière générale, progressiste et très développé ». Le Parlement européen pense également que la Communauté européenne ne devrait pas critiquer le système des Nations unies sans tenter réellement d'y apporter des améliorations ou d'accroître son efficacité. C'est pourquoi, il appartient aux Douze d'agir de concert et de faire pression pour améliorer le système en soulignant l'importance du respect des dispositions en vigueur et des résultats obtenus. Dans ce contexte, le Parlement européen devrait examiner la possibilité de demander un statut d'observateur auprès de certaines organisations des Nations Unies concernant les droits de l'homme. Il pourrait le faire également auprès du Conseil de l'Europe ou de l'OUA.

Une autre évolution favorable pourrait résulter de l'Assemblée Paritaire CEE-ACP. Lors d'une session à Strasbourg qui eut lieu du 15 au 19 janvier 1990, les députés européens proposèrent de faire de l'Assemblée Paritaire une véritable assemblée parlementaire. Cette Assemblée Paritaire, qui réunit aujourd'hui 68 représentants des pays ACP et 68 députés du Parlement européen, a été à l'origine de nombreuses innovations dans la Convention de Lomé, et notamment en matière de droits de l'homme. Le Parlement européen a adopté par 34 voix (contre une et 6 abstentions) le rapport de Madame Napoletano, demandant que l'Assemblée CEE-ACP soit dotée des moyens financiers nécessaires et de l'autonomie de gestion financière correspondante. Il a donc invité le bureau du Parlement, en coopération avec les commissions compétentes, à réexaminer et évaluer les dispositions financières en vigueur.

Appuyant sa « sous-commission des droits de l'homme », le Parlement européen, cherche depuis longtemps à encourager le développement des systèmes régionaux de protection des droits de l'homme, que ce soit en Amé-

---

[54] Voy. à ce propos : Parlement européen, rapport fait au nom de la commission politique sur les droits de l'homme dans le monde et la politique communautaire en matière de droits de l'homme en 1987-1988 par K. DE GUCHT, PE Doc. A 2329/88.

rique Latine, en Afrique, en Asie ou dans le Monde Arabe[55]. Il estime que l'on tient plus facilement compte du point de vue des amis voisins que de celui de la communauté internationale en tant que telle. Il admet, quoique cette idée soit avancée avec des nuances et quelques réserves, que la promotion des droits de l'homme suive un modèle régional. Il se réjouit de l'entrée en vigueur, le 21 octobre 1986, de la « Charte africaine des droits de l'homme et des peuples », à présent ratifiée par une trentaine de pays africains. Car cette Charte prévoit, au sein de l'OUA, la création et l'organisation d'une Commission africaine des droits de l'homme et des peuples, composée de 11 membres agissant à titre personnel. Il espère que les recommandations de la Commission africaine, bien que non contraignantes, permettront de réaliser des progrès en Afrique. Cette Commission est maintenant opérationnelle. Lors d'une de ses réunions, il a été convenu de poursuivre la coopération avec un certain nombre d'organisations gouvernementales et intergouvernementales, notamment la Communauté européenne[56].

Le Parlement européen affirme que la promotion des droits de l'homme constitue un aspect légitime de la politique de développement. Le fait que les dispositions de Lomé III relatives aux droits de l'homme ont permis de réaliser certains progrès au sein de l'Assemblée ACP-CEE présente pour lui un intérêt particulier. Ainsi donc, le dialogue sur les droits de l'homme s'est amélioré puisque certains pays africains se montrent disposés à répondre aux critiques qui leur sont faites et que des résultats positifs ont été obtenus grâce au dialogue avec différents pays.

En ce qui concerne l'Afrique et les pays ACP, le Parlement est d'avis que l'autorité morale de la Communauté en matière de droits de l'homme demeurera en grande partie tributaire de sa politique à l'égard de l'Afrique du Sud. La Communauté doit continuer à faire pression sur ce régime, afin qu'il mette un terme à la répression et donne satisfaction aux aspirations de la population noire. Un exemple positif d'action communautaire est le financement par la CEE du « programme de mesures positives concernant l'Afrique du Sud ».

Le Parlement avait invité, dans un premier temps, la Commission des Communautés européennes à introduire une référence à la protection des droits et libertés dans les accords conclus avec les pays tiers. Aujourd'hui, les rapports du Parlement n'insistent plus sur la formule de la conditionnalité, ils sollicitent seulement l'adoption de formules qui ont une portée plus symbolique.

---

[55] P.E., rapport K. DE GUCHT, Doc. A 2329/88 (déjà cité), p. 32.
[56] *Idem*, p. 35.

La Commission des Communautés européennes reconnaît le lien positif entre l'effort de développement et la promotion de la dignité humaine. Elle estime de son devoir d'intervenir pour que ce principe se traduise concrètement dans les faits. Dans les cas de violation des droits de l'homme, la Commission, plutôt que de s'ériger en juge vis-à-vis de ses partenaires et d'établir un lien juridique précis entre des cas de violation et son aide au développement pouvant déboucher sur des sanctions, préfère apprécier *cas par cas* la meilleure manière de contribuer à la promotion des droits de l'homme et d'intervenir pour leur défense d'une façon positive. Elle rejoint en cela les orientations prises par l'UNESCO dans le cadre de son Comité des droits de l'homme.

Conclusion

L'emploi des termes « droits de l'homme », « droits fondamentaux » et « libertés fondamentales » n'est pas uniformisé au sein des institutions européennes. Il a, en tout cas, suivi une évolution. Dans le préambule de l'Acte unique, les droits fondamentaux concernent les droits de l'homme, les libertés fondamentales et les droits inscrits dans la Charte sociale européenne, notamment la liberté, l'égalité, la justice sociale.

La philosophie qui inspira la Convention de Lomé IV est proche de celle de la résolution de Dakar : attachement à la dignité de l'homme et à l'ensemble des droits de celui-ci (droits civils et politiques, économiques, sociaux et culturels), respect et promotion de ceux-ci, facteur fondamental d'un véritable développement, référence aux aspirations légitimes des individus et des peuples.

Dans la Convention de Lomé IV toutefois, « chaque individu a droit dans son propre pays ou dans le pays d'accueil, au respect de sa dignité et à la protection de la loi », ce que la résolution de Dakar ne mentionne pas. Les actions de coopération de la CEE s'inscrivent dans cette perspective positive, où le respect des droits de l'homme est reconnu comme un facteur fondamental d'un véritable développement et, où la coopération elle même est conçue comme une contribution à la promotion de ces droits.

La CEE n'est pas exemplaire du point de vue du respect des droits de l'homme puisqu'elle n'a pas ratifié la Convention du Conseil de l'Europe et qu'elle n'a pas adopté sa propre Charte. Pour ce qui est des droits sociaux, elle a opté pour une autre méthode. Chacun des Etats membres n'ayant pas adhéré à la Convention du Conseil de l'Europe, la Communauté européenne a adopté sa propre Charte sociale, charte qui est assortie d'un programme d'actions positives. Ce qui montre la volonté de la CEE d'aller de l'avant pour

des raisons fort simples sans doute, liées au développement du marché intérieur et qui visent à éviter ce que l'on appelle le dumping social.

La déclaration commune relative au respect des droits fondamentaux
d'avril 1977 parle des droits fondamentaux tels qu'ils résultent de la Convention de sauvegarde des droits de l'homme et des libertés fondamentales ainsi
que des constitutions des Etats membres. L'accent est mis sur les droits
traditionnels.

On retrouve au sein de la CEE la même confusion dans le vocabulaire
relatif aux droits fondamentaux que celle que l'on trouve dans d'autres instances internationales et notamment au sein des Sommets Francophones.

Quant à la promotion du droit au développement (sans que l'expression
n'apparaisse dans les textes), on pourrait dire qu'elle rejoint une des préoccupations principales de la Communauté européenne (v. l'art. 2 du Traité de
Rome ou le chapitre 1 de la Convention de Lomé IV se rapportant aux objectifs et principes de la coopération). L'utilisation des Fonds structurels, dont
les moyens ne cessent d'augmenter, devrait aider à la jouissance de ce droit.
Par le biais de la politique de l'environnement, la CEE défend des droits nouveaux, notamment le droit à l'éducation et à l'information, le droit à un environnement sain, le droit à la réparation des dommages, le principe du pol-
lueur-payeur et, ces principes s'appliquent aux pays du Sud. On remarque de
la part de la Communauté européenne et des pays tiers, une ouverture plus
grande aux réalités d'autrui.

La Communauté européenne contient deux éléments moteurs quant au
respect et à la promotion des droits fondamentaux : il s'agit du Parlement et de
la Cour de Justice. S'agissant des relations avec les pays ACP, ce rôle devrait revenir à l'Assemblée paritaire. Celle-ci pourrait d'ailleurs être considérée comme le laboratoire d'expériences pour d'autres pays.

S'il fallait présenter l'activité communautaire en quelques mots, ceux de
pragmatisme et de progressivité s'imposeraient. L'accent est donc mis sur le
caractère perfectible des droits fondamentaux. La méthode communautaire qui
consista lors de l'adoption de la Charte communautaire des droits sociaux
fondamentaux à assortir une déclaration d'un programme d'action est intéressante en ce qu'elle associe l'ambition à la modestie, l'idéalisme au réalisme,
les principes aux actes, les droits à leur réalisation. Elle pourrait peut-être inspirer la Francophonie qui adopta simultanément à Dakar deux résolutions,
dont l'une (n° 6) garde un caractère abstrait et l'autre (n° 18) parle de solidarité
concrète, mais elles n'ont guère créé de liens entre elles. La prudence caractérise également la Communauté européenne car les droits de l'homme et les
droits sociaux reconnus au plan communautaire sont ceux qui figurent dans
les constitutions et les législations des Etats membres. Mais leur « consolida-

tion » au plan européen n'en constitue pas moins un progrès, car la Communauté en tant que telle n'a pas reçu, de la part des Traités, des compétences propres en la matière. Une étude comparée des constitutions et des législations des Etats membres des sommets francophones ainsi qu'un relevé des instruments internationaux concernant la protection des droits de l'homme auxquels ils ont coopéré ou adhéré peuvent fournir des indications permettant d'offrir le ciment nécessaire à la confection d'un espace francophone respectueux des droits fondamentaux et de leur épanouissement.

Le caractère sectoriel de la Communauté européenne explique que celle-ci tend à l'effectivité de certains droits bien précis, mais aussi qu'elle éprouve des difficultés à accepter des textes généraux contraignants. Seule l'unification politique de l'Europe permettrait de franchir ce pas. L'intégration politique servirait sans doute aussi les pays du Sud, ne fût-ce que parce que, dans ce cadre-là, le multilatéralisme de l'aide serait mieux assuré que dans le cadre d'une communauté économique où la participation bilatérale des Etats membres est encore dominante.

CONCLUSION GENERALE

Françoise MASSART-PIERARD

Chargée d'enseignement à l'Université catholique de Louvain

Il a fallu attendre les années soixante et la décolonisation pour assister simultanément à la mondialisation de la lutte pour les droits de l'homme et à la prise en compte du Tiers monde. Ceci suffit sans doute à expliquer l'extension de la notion de droits de l'homme à celle de droits de l'homme au développement[1].

A cette même époque se crée la première organisation non gouvernementale d'envergure mondiale, Amnesty International, chargée de faire libérer les prisonniers d'opinion.

La déclaration finale de la Conférence de Bandoeng affirme l'adhésion pleine et entière des participants à la Charte des Nations unies et à la Déclaration universelle des droits de l'homme. La Conférence de Bandoeng ajoute à la conception traditionnelle des droits de l'homme celle du droit des peuples à étudier leur propre langue et culture.

Ainsi, avec la décolonisation, une nouvelle notion accompagne, voire remplace les droits de l'homme, celle de droit des peuples. Puis, la notion même de droits de l'homme s'élargit pour comprendre les nouvelles formes de coopération économique, sociale, politique, culturelle, sanitaire et sportive. La lutte pour les droits de l'homme ne peut plus être dissociée d'une action concrète menée dans les pays du Tiers monde. C'est pourquoi Sa Sainteté le Pape Jean XXIII, dans son encyclique « Pacem in Terris » parle d'une solidarité efficace. C'est pourquoi aussi, selon le pape Paul VI, le développement ne peut être qu'intégral.

La Résolution de Dakar est la première à s'inspirer des principes de la Déclaration universelle des droits de l'homme dans un cadre qui n'est ni uni-

---

[1] Voir à ce propos in « *L'Etat du Tiers Monde* » sous la direction d'Elio COMARIN, Droits de l'Homme, Sylvaine Villeneuve, Paris, Editions de la Découverte, 1987, pp. 312-317.

versel, ni régional, mais dans un espace mondial où s'imbrique le patrimoine commun qui provient de l'utilisation d'une même langue.

Pour être mondiale, la Francophonie n'est pas cependant mondialiste au sens où l'entend M. Stelio Farandjis[2]. Suivant cet auteur, le mondialisme est opposé à l'internationalisme dans ce sens qu'il oblitère les différences nationales, les efface, les dilue, comme il ignore ou traverse indifféremment toutes les formes de communauté culturelle. L'universel, ici, tend à nier toute forme de pluriel. La Francophonie aspire à l'universel, en transcendant les communautés particulières ou spécifiques, mais sans effacer les différences ou les dissoudre. Elle s'inspire d'un véritable humanisme qui s'inscrit à la fois dans un lieu et dans un temps. La Francophonie transcende aussi les organisations régionales auxquelles appartiennent ses membres. Celles-ci souhaitent cependant favoriser la coopération internationale en tenant compte de la Charte des Nations unies et de la Déclaration universelle des droits de l'homme, dénominateurs communs. Ceci vaut pour l'OUA, née en 1963 à Addis-Abeba, comme pour la Communauté Economique Européenne, dont les travaux du Parlement s'inspirent largement de ceux de l'ONU. En 1979, à la demande de plusieurs Etats africains, la Charte africaine des droits de l'homme voyait le jour au Liberia, le besoin s'étant fait sentir de proclamer d'urgence en Afrique les droits imprescriptibles de l'être humain. Paradoxalement, la Communauté Economique Européenne n'a pas encore ratifié la Convention Européenne des droits de l'homme. Une telle adhésion ne serait pourtant pas inutile, dans la mesure où les sociétés occidentales, et plus particulièrement encore une communauté économique comme la CEE, ont tendance à porter leur intérêt à l'homme considéré dans une perspective économique plutôt qu'à le reconnaître comme personne.

Comme le rappelle Georges Balandier, les nations « équipées » ont aussi leurs faiblesses sociologiques[3]. « La qualité des relations humaines y a cédé le pas devant le système abstrait des règles, des prescriptions, des contrats et des contraintes; les personnes se sont effacées devant les agents économiques, politiques et sociaux. La cohésion sociale ne trouve une vigueur que par le recours aux expédients et par le jeu des passions ».

Au sein de la Francophonie, c'est le facteur culturel qui rassemble. Comme le rappelait Charles Hélou[4] « à la différence des biens matériels qui

---

2   Agence de Coopération Culturelle et Technique, « *L'avenir des pays francophones dans le développement mondial* », Actes du colloque tenu à l'Ecole internationale de Bordeaux du 25 au 29 mars 1985, Paris, p. 75.

3   G. BALANDIER « Inventer des sociétés neuves », in *L'état du Tiers monde* sous la direction d'Elio COMARIN, (Editions de la Découverte), Paris, 1987, p. 40.

4   C. HELOU, Agence de la coopération culturelle et technique, *op. cit.*, p. 13

ne peuvent être partagés qu'en se divisant, les biens culturels se multiplient en se partageant ». Or, les droits de l'homme font partie du patrimoine culturel de l'humanité.

La Francophonie offre donc un milieu plus favorable pour discuter des droits de l'homme, matière culturelle, parce que des liens de solidarité y existent, et que l'on espère les approfondir.

La Résolution de Dakar sur les Droits fondamentaux détermine un consensus sur le projet politique à réaliser progressivement : l'épanouissement de la dignité humaine. Mais elle manque d'une détermination franche d'agir pour les droits de l'homme. Toutefois, si on rapporte à la Déclaration de Dakar, telle que reprise dans la résolution n° 18, les chefs d'Etat et de gouvernement ont manifesté leur volonté de lancer des actions concrètes et significatives. En adoptant la forme d'une déclaration, la résolution est évidemment tournée vers les membres de la Francophonie à laquelle elle s'adresse, mais elle est également tournée vers l'extérieur qui obtient un certain pouvoir de contrôle. La Déclaration peut être comprise comme un serment où l'on prend à témoin non seulement les membres, mais aussi le monde extérieur. La Déclaration de Dakar sur les droits fondamentaux ne peut être isolée de l'ensemble des documents qui ont été adoptés lors des sommets, et qui prouvent que la communauté francophone veut exprimer un lieu de solidarité agissante. En d'autres termes, les chefs d'Etat et de gouvernement, dans la résolution n° 18, se sont engagés à lancer une série d'actions concrètes pour favoriser le développement nécessaire à l'exercice des droits fondamentaux de la solidarité. Si ces actions concrètes ne suivent pas, on peut considérer que le projet francophone s'effondre de lui-même. Les actions significatives, dont parlent les chefs d'Etat et de gouvernement, et qui sont destinées à relever les grands défis de notre temps, s'adressent aussi à cette grande cause du respect de l'épanouissement des droits de l'homme.

Le champ culturel constitue l'assise de la Francophonie, mais si on se limite au plan culturel strict, on n'aboutira pas à établir les formes de coopérations techniques dont est chargée l'ACCT afin de soutenir la mise en oeuvre du projet culturel.

Les Francophones ont un rôle important à jouer au sein des instances de l'ONU du fait de leur appartenance à une même langue. Les pays francophones peuvent y avoir plus de poids. Au sein de la Francophonie, on dépasse le clivage Nord-Sud, ce qui explique que les Francophones au sein des organisations universelles ont pu jouer ensemble un rôle très actif à propos de la décolonisation de la Namibie. La Francophonie, qui aspire à l'universel mais constitue une entité plus restreinte, peut faire preuve d'une détermination plus pointue du fait du partage d'une langue commune. Dès lors, les droits de l'homme et des peuples y trouvent plus facilement leur compte. Elle détermine une manière plus précise d'envisager les relations Nord-Sud. Les sommets francophones sont importants dans la mesure où ils parviennent à déterminer les grands principes qui doivent régir les relations entre les différents membres et les relations de ceux-ci avec l'ensemble de la communauté internationale. Lors de l'examen du volet politique, les pays du Sud s'expriment librement sur pied d'égalité. Ces grands principes ne peuvent toutefois suffire, c'est pourquoi le volet relatif à la coopération est indispensable pour rendre ces principes effectifs et permettre la jouissance des droits fondamentaux dans toute la communauté francophone.

Les sociétés africaines et non-occidentales se sont ralliées à la Déclaration universelle des droits de l'homme, qui date d'une époque où le poids des pays du Nord était prépondérant aux Nations unies. Actuellement, les Etats européens sont ouverts à l'élargissement des droits de l'homme à l'ensemble des droits fondamentaux incluant le droit au développement. La Convention de Lomé IV est très significative de cette évolution. La coopération est conçue comme une contribution à la promotion des droits de l'homme. Elle s'inscrit dans une perspective positive, où le respect des droits de l'homme est reconnu comme un facteur fondamental d'un véritable développement. Elle reconnaît que la politique de développement est étroitement liée au respect et à la jouissance des droits et libertés fondamentales de l'homme. L'attachement à la dignité et aux droits de l'homme constituent des aspirations légitimes des individus et des peuples. Les droits de l'homme y visent l'ensemble de ceux-ci considérés comme indivisibles et interdépendants. La Convention CEE-ACP s'adresse, comme la Déclaration de Dakar, aux droits fondamentaux de la personne.

Née récemment, forte des liens de solidarité qui unit ses membres, la Francophonie peut favoriser l'apparition d'un nouvel humanisme qui permettra aux civilisations et aux cultures d'être en rapport fécond. C'est Georges Balandier encore qui rappelle que, « pour la première fois dans l'histoire de l'espèce, des expériences humaines très variées, parce que divergentes depuis un lointain passé, sont totalement confrontées les unes avec les autres. C'est de leur affrontement, puis de leur adaptation mutuelle aux problèmes de ce temps, que doit surgir un humanisme neuf qui les rendra compréhensibles les unes aux autres et fera apparaître des valeurs moins particulières »[5]. Ce n'est qu'à ce prix que l'on verra naître des « solidarités inédites et non plus des compétitions et des échanges inégaux rappelant l'âge archaïque de l'économie

---

5   G. BALANDIER, *op. cit.*, p. 40.

internationale »[6]. La Francophonie est toute désignée pour favoriser ces solidarités inédites.

[6]   G. BALANDIER, *op. cit.*, p. 41.

BIBLIOGRAPHIE

Ouvrages

Actes du premier Colloque interuniversitaire, *Universalité des Droits de l'homme et diversité des Cultures*, Fribourg, Editions Universitaires de Fribourg, 1984.

AGENCE DE COOPERATION CULTURELLE ET TECHNIQUE, *L'avenir des pays francophones dans le développement mondial*, Actes du colloque tenu à l'Ecole Internationale de Bordeaux du 25 au 29 mars 1985, Paris.

AGI M. (ed.), *Pour les droits de l'homme. Mélanges en l'honneur de l'ADLF*, Paris, Librairie des Libertés, 1983.

AGI M., *De l'idée d'universalité comme fondatrice du concept des droits de l'homme, d'après la vie et l'oeuvre de René Cassin*, Antibes, Alp'Azur, 1980.

AMNESTY INTERNATIONAL, *Au-delà de l'Etat, le droit international et la défense des droits de l'homme*, Paris, Editions francophones d'Amnesty International, 1985.

AURENCHE G., *L'aujourd'hui des droits de l'homme*, Paris, Nouvelle Cité, 1980.

AVLARD A., *Les déclarations des droits de l'homme*, Paris, Payot, 1929.

BALLALOUD J., *Droits de l'homme et organisations internationales*, Montchrestien, 1984.

BECET J.-M. ET COLARD D., *Les droits de l'homme, dimensions nationales et internationales*, Paris, Economica, 1982.

BECET J.M., *Les droits de l'homme*, Paris, Economica, 1982.

BERCIS P., *Pour de nouveaux droits de l'homme*, Paris, Lattès, 1985.

BETTATI M. et KOUCHNER B., *Le devoir d'ingérence. Peut-on les laisser mourir ?*, Paris, Denoël, 1987.

BOCHENSKI J.M., NIEMEYER G. (ed.), *Handbuch des Weltkommunismus*, München-Freiburg, K. Alber, 1958.

BRUYER R. (dir.), *Les sciences humaines et les droits de l'homme*, Bruxelles, Mardaga, 1984.

CARRERE D'ENCAUSSE H., *Le grand défi. Bolchéviks et nations, 1917-1930*, Paris, Flammarion, 1987.

CASSESE A. et JOUVE E. (dir.), *Pour un droit des peuples*, Paris, Berger-Levrault, 1978.

CHAPAL Ph., *L'Alliance atlantique et les droits de l'homme*, Paris, Pédone, 1984.

CHAPELLE P., *La Déclaration universelle des droits de l'homme et le catholicisme*, Paris, L.G.D.J., 1967.

COHEN-JONATHAN G., *Progrès scientifique et technique et droits de l'homme*, Paris, Pédone, 1984.

Coll., *Les clauses échappatoires en matière d'instruments internationaux relatifs aux droits de l'homme*, Bruxelles, Louvain-la-Neuve, Bruylant, Cabay, 1982.

COMARIN E. (dir.), *L'état du Tiers monde*, Paris, La Découverte, 1987.

COMMISSION NATIONALE CONSULTATIVE, *Les droits de l'homme en question*, Livre Blanc, France, 1989.

Commission nationale consultative, *Les Doits de l'homme en question*. 1989, Livre blanc, France, 1989.

CONNOR W., *The National Question in Marxist-Leninist Theory and Strategy* , Princeton (N.J.), Princeton UP, 1984.

COURTOIS S., LAZAR M., *Le communisme*, Paris, MA éditions, 1987.

DRAI R. et al., *Multinationales et droits de l'homme*, Paris, P.U.F., 1984.

DUVERGER M., *Constitutions et documents politiques*, Thémis, Paris, P.U.F., 1952.

ELKOVHENE M., *Les garanties fondamentales de la personne en droit humanitaire et droits de l'homme*, Dordrecht, Boston, Lancaster, Nÿhoff, 1986.

FATTAL A., « Le Liban et la Charte internationale des droits de l'homme », *Mélanges Pelloux-Robert*, Lyon, Hermès, 1980, pp. 211-218.

FAURE Ch., *Les déclarations des droits de l'homme en 1789*, Paris, Payot, 1988.

FERLE T., *La ligue des droits de l'homme*, Paris, Bonne presse, 1935.

FERON F. et PLANTU, *Les droits de l'homme*, Paris, Hachette, 1987.

FISCHER G., *Armement, développement, droits de l'homme, désarmement*, Bruxelles, Paris, Bruylant, Faculté de droit, Paris V, 1985.

GANSHOF VANDER MEERSCH W.J., *L'adhésion des Communautés européennes à la Convention européenne des droits de l'homme*, Bruxelles, Bruylant, Vander, 1981.

GAUCHET M., *La révolution des Droits de l'Homme*, Paris, Gallimard, 1989.

HAARSCHER G., *Philosophie des droits de l'homme*, Bruxelles, Editions de l'Université libre de Bruxelles, Laïcité et pédagogie, 1987.

HERSCH F., *Le droit d'être un homme*, Paris, UNESCO, Robert Laffont, 1968.

HIRSCH E. (ed), *Christianisme et droits de l'homme*, Paris, Librairie des Libertés, 1984.

HUMANA Ch., *Guide mondial des droits de l'homme*, Paris, Buchet-Chastel, 1985.

INSTITUT D'ETUDES EUROPEENNES, *Les droits de l'homme, en droit interne et en droit international*, Université libre de Bruxelles, Presses Universitaires de Bruxelles, 1968.

ISRAEL L., LABORIT H., PECES-BARBA G. et alii, *Pour les droits de l'homme* (Mélanges en l'honneur de l'A.D.L.F.) Choisy-le-Roi, Librairie des Libertés, 1983.

JAUDEL E., *Le juste et le fort. A la défense des droits de l'homme sur trois continents*, Paris, Grasset, 1989.

JEAN PAUL II (Pape), *Les droits de l'homme*, Cité du Vatican, Commission pontificale, 1980.

JOUVE E., *Le Tiers monde dans la vie internationale*, Paris, Berger-Levrault, 1984.

JOUVE E., *Le droit des peuples*, Paris, P.U.F. 1986, « Que sais-je ? », n° 2315.

JOUVE E., *Les Relations internationales du Tiers Monde et droit des peuples*, 2e édition, Paris, Berger-Levrault, 1979.

KIS J., *L'égale dignité. Essai sur les fondements des droits de l'homme*, Paris, Seuil, 1989.

LABICA G., BENSUSSAN G. (eds.), *Dictionnaire critique du marxisme*, 2ème éd., Paris, P.U.F., 1985.

LACHANCE L., *Le droit et les droits de l'homme*, Paris, P.U.F., 1959.

LAGELEE G., *La conquête des droits de l'homme*, Paris, Le Cherche Midi, 1988.

LEFORT C., *Droits de l'homme et politique*, Paris, Payot, 1980.

LOSCHAK D., *L'étranger et les droits de l'homme*, Paris, Editions de l'Université et de l'enseignement moderne, 1981.

MADIOT Y., *Droits de l'homme et libertés publiques*, Paris, Masson, 1976.

MARCOU G., *Réflexions sur l'origine et l'évolution des droits de l'homme*, Paris, Editions de l'Université et de l'enseignement moderne, 1981.

MARCUS-HELMONS S. (ed.), *Droits de l'homme et droit au développement*, Louvain-la-Neuve, Bruxelles, Academia et Bruylant, 1989.

MARIE J.B., *Glossaire des droits de l'homme*, Paris, Maison des sciences de l'homme, 1981.

MARIE J.B., *La Commission des droits de l'homme de l'ONU*, Paris, Pédone, 1975.

MARITAIN J., *Autour de la nouvelle déclaration universelle des droits de l'homme*, Paris, Sagittaire, 1949.

MARITAIN J., *Les droits de l'homme et la loi naturelle*, Paris, 1946.

MAYER D., DEMICHEL A., EMLERMANN C.-D., VANGEENBERGHE F., *La protection internationale des Droits de l'homme*, Lyon, Presses Universitaires de Lyon, 1981.

MELANGES R., *Cassin*, Paris, Pédone, 1969-1974.

MODINOS P., *Projet de création d'un institut international des droits de l'homme*, Strasbourg, 1960.

MORANGE J., *Les libertés publiques*, Paris, P.U.F., « Que sais-je ? », 1979.

MOURGEON J., *Les droits de l'homme*, Paris, P.U.F., « Que sais-je ? », 1978.

NGOM B., *Les droits de l'homme et l'Afrique*, Silex, 1984.

ORGANISATION DES NATIONS-UNIES, *Droits de l'homme*, recueil d'instruments internationaux, New York, 1978.

OWEN D., *Les droits de l'homme*, Paris, R. Laffont, 1979.

PAPINO R., *Droits des peuples, droits de l'homme*, Paris, Centurion, 1984.

PELLET A., *Le droit international au développement*, Paris, P.U.F., « Que sais-je ? », 1978.

PETZODL H., *La Convention européenne des droits de l'homme*, Köln, Berlin, Bonn, Munchen, Heymans, 1981.

PINTO R., *Régionalisme et Universalisme dans la protection des droits de l'homme*, in Melanges Pinto, (Paris-Sorbonne, 1984, pp. 303-320).

RAYMOND J-F., (dir), *Les enjeux des droits de l'homme*, Paris, Larousse, 1988.

ROLLAND P. et TAVERNIER P., *La protection internationale des droits de l'homme*, Paris, P.U.F., « Que sais-je ? », 1989.

ROUX J., *Précis historique et théorique du marxisme-léninisme*, Paris, R. Laffont, 1969.

SCHNEIDER B., *L'Afrique face à ses priorités*, Club de Rome, Paris, Economica, 1987

SIMON A. (Monseigneur), *L'Eglise catholique et les droits de l'homme*, Bruxelles, La Renaissance du Livre, 1963.

SIMON M., *Les droits de l'homme*, Lyon, Chronique sociale, 1985.

SOULIER G., *Nos droits face à l'Etat*, Paris, Seuil, 1981.

THOM F., *Le moment Gorbatchev*, Paris, Hachette, 1989.

TORRELLI M., *Les droits de l'homme et les libertés publiques par les textes*, Montréal, Les Presses de l'Université de Québec, 1972.

UNESCO, *Violation des droits de l'homme, quel recours, quelle résistance*, Paris, 1984.

VASAK K. (dir. publ.), *Les dimensions internationales des droits de l'homme. Manuel destiné à l'enseignement des droits de l'homme dans les universités* , Unesco, Paris, 1978

VASAK K. et autres, *Les dimensions internationales des droits de l'homme*, UNESCO, 1978.

VASAK K., *Pour une 3e génération des droits de l'homme*, Genève, La Haye, Comité international de la Croix-rouge, Nijhoff, 1984, pp. 837-854.

VELU J., *Les effets directs des instruments internationaux en matière de droits de l'homme*, Bruxelles, Swinnen, 1981.

VERDOODT A., *Naissance et signification de la Déclaration Universelle des droits de l'homme*, Louvain, Warny, 1964.

VILLEY M., *Le droit et les droits de l'homme*, Paris, Presses Universitaires de France, 1983.

VILLEY V., *Le droit et les droits de l'homme*, Paris, PUF, « Que sais-je ? », 1983.

VINCENSINI J.-J., *Le livre des droits de l'homme. Histoire et textes. De la Grande Charte (215) aux plus récents pactes internationaux*, Paris, R. Laffont, 1985.

Articles

« Actes du Colloque de Dakar sur le développement et les Droits de l'Homme », *Revue sénégalaise de droit*, vol. 11, n° 22, 1979.

BADINTER R., « Les droits de l'homme face aux progrès de la médecine, de la biologie, et de la biochimie », *Débat*, 36 (1985), pp. 4-14.

BARBEROUSSE S., « Au-delà de l'idéologie occidentale des droits de l'homme. Le droit à la vie, le droit à l'égalité et à l'humanité sans partage », *Homme et la société*, 85-86 (1987), pp. 58-72.

BASSAH A., « Droits de l'homme et Africanité », *Recueil Penant*, 94, 785 (1984), pp. 284-289.

BEKHECHI M-A., « La charte Africaine des Droits de l'Homme et des Peuples (Etude Juridique) », *Revue algérienne des relations internationales*, n° 6, 2e trimestre 1987, pp. 79 à 103.

BRIMO A., « Les principes généraux du droit et des droits de l'homme », *Archives de Philosophie du droit*, 28 (1983), pp. 257-270.

CARRERRE D'ENCAUSSE, H., « Communisme et nationalisme », *Revue française de science politique*, vol. XV, n° 3, juin 1965, pp. 466-498.

CHENAL A., « Droits de l'homme et libertés politiques dans l'aire arabo-musulmane », *Homme et la société*, 85-86 (1987), pp. 51-57.

COHEN-JONATHAN G., « La France et la Convention européenne des droits de l'homme », *Revue trimestrielle de droit européen*, 23, 2 (1987), pp. 255-272.

COHEN-JONATHAN G., « René Cassin et la conception des droits de l'homme », *Revue des droits de l'homme*, 1985, pp. 68-85.

COLAS D., « Les marxistes et la question nationale » in *Revue française de science politique*, vol. XV, n° 3, juin 1965, pp. 466-498.

COLLARD D.(1984 - 1978), « Les droits de l'homme trente ans après la déclaration Universelle », *Studia Diplomatica*, Vol XXXI, 5 (1978), pp. 555-574.

COLLARD D., « La déclaration universelle des Droits de l'homme à 40 ans », *Défense nationale*, (01) 1989, pp. 65-80.

COLLARD D., « Relations internationales et diplomatique des droits de l'homme », *Défense nationale*, 1987 (10), pp. 85-100.

DANIEL J., « Les droits de l'homme comme religion des incroyants », *Débat*, 43 (1987), pp. 105-126.

« Déclaration, Déclaration universelle des droits de l'homme », *Bulletin des Communautés européennes*, 21, 12 (1988), pp. 33-34.

DJORDJEVIC J., « Les libertés et les droits de l'homme dans le monde aujourd'hui », *Revue de politique internationale* 650 (1977), pp. 1-5.

« Dossier, Dossier droits de l'homme », *Liaisons*, 287 (1988).

« Droits de l'homme : Morale et société », *Cahier de l'actualité religieuse et sociale,* 142 (1977), pp. 325-330.

« Droits de l'homme ? », *Chronique sociale de France*, numéro spécial, 2 (1980), pp. 3-44.

« Droits de l'homme au présent », *Homme et la société*, 85-86 (1987), pp. 143-182.

EIDE A., « Le développement : impératif catégorique des droits de l'homme », *Forum*, Conseil de l'Europe, 2 (1983).

EISSEN M-A., « La Cour européenne des droits de l'homme », *Cahiers de droit*, 25, 4 (1984) pp. 873-934.

FERRY L., « Le fondement universel des droits de l'homme », *Communications*, 43 (1986), p. 27-54.

GALLISOT R., « Les droits de l'Homme comme idéologie de l'homme blanc ? Comme religion ou comme pratique sociale ? », *Homme et la société*, 85-86 (1987), pp. 7-12.

GALLISSOT R., « La Révolution des droits de l'homme a des limites », *L'Homme et la société*, n° 94, 1989/4, L'Harmattan, Paris.

GAUCHET M., « La déclaration des Droits de l'homme et du Citoyen », *Commentaire*, 43 (1988), pp. 783-790.

GHEBALI V.Y., « La réunion d'experts d'Ottawa sur les droits de l'homme », *Défense nationale*, 1986 (03), pp. 89-102.

GLELE M-A., « La Commission Africaine des droits de l'homme et des peuples », *Revue juridique et politique*, 5-6 (1986), pp. 939-950.

GLELE M-A., « La Charte Africaine des Droits de l'Homme et des Peuples : ses virtualités et ses limites », *Revue de droit africain*, 1985, 1, pp. 13-39.

GRAJON M-C., « La politique des Droits de l'homme et son application », *Notes et études documentaires*, 4619 - 4620 (1980), pp. 58-72.

HORS B., « Europe - Tiers monde. Du droit à la santé aux droits de l'homme. Le retour de l'ethnocentrisme », *Homme et la société*, 85-86 (1987), pp. 13-22.

HOUTART Fr., « Sociologie et droits de l'homme », *Recherches sociologiques*, 1989 (01), pp. 1-11.

IMBERT J., « Les droits de l'homme en France », *Notes et études documentaires*, 4781 (1985), pp. 5-144.

JOUVE E., « La protection des droits de l'homme et des peuples en Afrique », *Afrique Contemporaine* 131, (1984), pp. 17 à 22.

LANTZ P., « Qu'entend-on au juste par Droits de l'homme ? », *Homme et la société*, 85-86 (1987), pp. 73-85.

LECOMTE P., « Militants des droits de l'homme aux frontières de la politique », *Esprit* 1984 (6), pp. 61-76.

LEFORT C., « Les droits de l'homme et l'état providence », *Esprit*, 1985 (11), pp. 65-79.

LENAERTS K., « Les rapports entre 'juridictions suprêmes' dans l'ordre juridique institué par la Convention européenne des droits de l'homme », *Cahiers de droit européen*, 19 2/3 (1983), pp. 186-206.

« Les droits de l'homme oublié », *Revue nouvelle*, 89, 1989 (05-06), pp. 3-5.

LEUPRECHT P., « Pour une éducation aux droits de l'homme », *Forum*, Conseil de l'Europe, 2 (1986).

LUSTIGER J-M., « L'Eglise, la révolution et les droits de l'homme », *Débat*, 1989 (55), pp. 3-21.

M'BAYE K., « Le droit au développement comme un droit de l'homme », *Revue des droits de l'homme*, Vol. V-2-3 (1972), pp. 503 à 534.

MARARASSO L., « Droits de l'homme et droit des peuples », *L'Homme et la société*, n° 85-86, 1987, pp. 125-129.

MARCIL - LACOSTE L., « Droits de l'homme. Les dilemmes de l'égalité », *Homme et la société*, 85-86 (1987), pp. 112-124.

MARINIC D., « Les droits de l'homme à la XXXIVe session à l'Assemblée générale », *Revue de politique internationale* 715 (1980), pp. 8-10.

MARINIC D., « Les Nations unies et la protection et promotion des droits de l'homme », *Revue de politique internationale*, 721 (1980), pp. 9-12.

MASSART-PIERARD Fr., « Le retour obligé des libertés et des droits de l'homme au sein de la C.E.E. », *Progrès*, 99, décembre 1985.

MATARASSO L., « Droits de l'homme et droits des peuples », *Homme et la société*, 85-86 (1987), pp. 125-129.

MILZA P., « Droits de l'homme. Le combat de la France », *Politique internationale*, 41 (1988), pp. 25-46.

MURS, « Les droits de l'homme face aux progrès des connaissances », *Futuribles*, 140 (1990), pp. 65-68.

NAIR S., « Droits de l'homme et revendications sociales (le cas du Maghreb) », *Homme et la société*, 85-86 (1987), pp. 40-50.

NGUEMA J., « Université et spécificité des Droits de l'Homme en Afrique », *Le Courrier ACP*, n° 118, Novembre-décembre, 1989, pp. 16 à 17.

NISET J., « Droits de l'homme et devoirs de l'homme », *Studia diplomatica*, 2 (1987), pp. 123-140.

PANIER C., « Le triangle des droits de l'homme », *Revue interdisciplinaire d'études juridiques*, 13 (1984), pp. 181-200.

PANIKKAR R., « La nation des droits de l'homme est-elle un concept occidental ? », *Diogènes* 120 (1982), pp. 87-115.

PAYE J., « Pour une éducation aux droits de l'homme », *Revue de la direction générale de l'organisation des études*, 19, 9 (1984), pp. 15-18.

PETTITI L., « Paix, développement et droits de l'homme », *Cahiers de droit*, 28, 3 (1987), pp. 649-674.

PLANTEY A., « Le terrorisme contre les droits de l'homme », *Revue du droit public et de la science politique*, 1 (1985), pp. 5-14.

RIALS S., « Ouverture : généalogique des droits de l'homme », *Droits - Revue française de théorie juridique*, 2 (1985), pp. 3-12.

RIGAUX F., « Droit international et droits de l'homme in Journal des tribunaux », 107, 5485, (1988), pp. 700-705.

RIGAUX F., « Le nouveau droit de filiation à l'épreuve des droits de l'homme », *Annales de droit de Louvain*, 47, 3/4, 1987, pp. 379-404.

RIOT - SARCEY M., « Universalité des droits, la Liberté en question dans la France du 19e siècle », *Homme et la société*, 85-86 (1987), pp. 86-97.

ROLLAND P., « La nouvelle procédure d'examen des communications concernant la violation des Droits de l'homme à l'UNESCO », *Revue internationale des sciences administratives*, 3 (1980), pp. 266-274.

RONDOT P., « Islam et déclaration des droits de l'homme », *Défense nationale*, 1985 (01), pp. 25-34.

SAGAR ABOV D., « Des droits de l'homme et des peuples », *Revue juridique et politique*, 3-4 (1985), pp. 837-852.

SIERPINSKY B., « Droits de l'homme, droits des peuples. De la primauté à la solidarité », *Homme et la société*, 85-86 (1987), pp. 130-142.

SONDAG A., « Les oubliés des droits de l'homme », *Projet,* 174 (1983), pp. 1-5.

TEMPLE S., « La ligue des droits de l'homme », *Promovere*, 41 (1985), pp. 19-24.

TOPOUZIS D., « Charter for Human Rights », *Africa Report*, july-august 1989, pp. 31-33.

URIBE VARGAS D., « La 3e génération des droits de l'homme », *Recueil des cours. Académie de droit international*, 184 (1984), pp. 355-375.

URJEWICZ C., « La crise des nationalités en URSS », *Problèmes politiques et sociaux,* Paris, n° 616, 29 septembre 1989.

VANBOVEN T., « Les Nations-Unies et les droits de l'homme », *Annales de Droit de Louvain*, 43, 3 (1983), pp. 165-176.

VANDIJCKE R., « Les droits de l'homme et leurs modes d'emploi. A propos de la Charte constitutionnelle de 1982 », *Sociologie et sociétés*, 1 (1986), pp. 139-152.

VERDE ALDEA J., « Dimension internationale des droits de l'homme. Deux facettes contradictoires », *Bulletin Fondation André Renard*, 162-163 (1987), pp. 51-54.

VERGLERIS P., « Démocratie et droits de l'homme », *Forum*, Conseil de l'Europe, 2 (1983), pp. 9-10.

VERMEYLEN P., « Un ardent défenseur des droits de l'homme », *Promovere*, 46 (1986), p. 49.

YAKEMTCHOUK R., « Le dilemme de la démocratie et du respect des droits de l'homme », *Studia diplomatica*, 1 (1986), pp. 47-48.

Documents

Le dossier de l'Europe
  La Communauté Européenne et les droits de l'homme,
  Commission des Communautés européennes, Avril 1989, 5/89.

Asbjorn EIDE,
  Guide de poche sur le développement des institutions et mécanismes de protection des droits de l'homme
  Conseil de l'Europe, mai 1989.

Rapports faits au nom de la Commission institutionnelle sur la déclaration des droits et libertés fondamentaux
  Parlement Européen,
  Rapporteur : M. Karel L. G. E. DE GUCHT
  PE Doc A 2-3/89/APE Doc A 2-3/89/B

Rapport fait au nom de la Commission politique sur les droits de l'homme dans le monde et la politique Communautaire en matière des droits de l'homme en 1987-1988.
Parlement Européen
Rapporteur : M. Karel L. G. E. DE GUCHT
PE Doc A 2-329/88

Groupe Jacques Leclercq, *Les hommes et leurs droits*, Dossier interfaces, Louvain-la-Neuve, Ciaco, 1988.

AMNESTY INTERNATIONAL, *Violations des droits de l'homme dans l'espace francophone international*, Dakar, mai 1989.

Nations unies, *Activités de l'ONU dans le domaine des droits de l'homme*, New-York, Nations unies, 1986.

« La question nationale en URSS : hier et aujourd'hui », *Supplément STP*, Moscou, n° 4, 1989.

HENDRICKX M.M., *Le problème d'un Etat multinational en URSS*, mémoire de licence en affaires publiques et internationales, Louvain-la-Neuve, UCL, septembre 1989.

FRANCOPHONIE : 3e CONFÉRENCE DES CHEFS D'ETAT, DE GOUVERNEMENT ET DE DÉLÉGATION

Résolutions adoptées (Dakar, 26.5.1989)

Rés. n° 1 :

Résolution sur l'Afrique australe, l'Apartheid
et la déstabilisation régionale

Les chefs d'Etat, de gouvernement et de délégation des pays ayant en commun l'usage du français,

Ayant à l'esprit la résolution sur l'Afrique australe adoptée au Sommet de Québec,

Tenant compte de la poursuite par le gouvernement sud-africain, d'une politique inacceptable de l'apartheid, unanimement condamnée par la Communauté internationale et contraire à toutes les valeurs proclamées dans la Déclaration universelle des droits de l'homme,

Constatant que l'Afrique du Sud persiste dans ses actions de déstabilisation à l'encontre des autres pays de la région,

Déplorant le maintien en détention de nombreux prisonniers politiques, notamment de Nelson Mendela,

Conscients de la menace que l'Afrique du Sud, par sa politique d'apartheid, continue à faire peser sur la paix et la sécurité internationales et de la nécessité d'exercer sur elle des pressions pour l'amener à initier les mutations nécessaires,

Réitèrent leur rejet ferme et résolu du système odieux et inique de l'apartheid, générateur d'injustice et de violence,

Condamnent vigoureusement les actions de déstabilisation perpétrées par le régime sud-africain à l'égard des Etats voisins et exigent du gouvernement de Prétoria qu'il mette un terme à cette politique,

Demandent à la Communauté internationale d'intensifier ses actions et d'adopter des sanctions efficaces et concrètes à l'encontre du gouvernement de Prétoria, en vue de l'abolition du système de l'apartheid, de libérer Nelson Mendela et les autres prisonniers politiques, de lever l'état d'urgence, enfin, de reconnaître l'ANC et le PAC et dialoguer avec eux de l'instauration d'un système démocratique et égalitaire en Afrique du Sud.

Instruisent le CIS, dans le cadre de ses travaux, d'accorder une attention particulière à l'évolution de la situation en Afrique australe et de faire état de cette évolution dans son rapport au prochain Sommet.

Rés. n° 2:

Résolution sur la Namibie

Les chefs d'Etat, de gouvernement et de délégation des pays ayant en commun l'usage du français,

Ayant à l'esprit la résolution sur l'Afrique australe adoptée au Sommet de Québec,

Réaffirment le droit inaliénable du peuple namibien à la liberté et à l'indépendance nationale dans une Namibie unie, droit reconnu à tous les peuples par la charte de l'Organisation des Nations-unies,

Se félicitent de la signature du protocole de Brazzaville (13 décembre 1988) et de la signature à New York, le 22 décembre 1988, de l'accord tripartite portant sur un règlement d'ensemble des problèmes du Sud-Ouest africain et plus particulièrement sur l'accession prochaine de la Namibie à la souveraineté nationale,

Lancent un appel à toutes les parties impliquées, en vue de l'application concrète de ces accords et de la mise en oeuvre de la résolution 435 du Conseil de sécurité des Nations unies sur l'indépendance de la Namibie, tout en réaffirmant le droit de la Namibie indépendante à préserver son intégrité territoriale,

Décident de soutenir les actions d'aide au retour sur leur territoire des namibiens exilés ainsi que leur réinsertion.

Rés. n° 3 :

Résolution sur le Moyen-Orient

Les chefs d'Etat, de gouvernement et de délégation des pays ayant en commun l'usage du français,

Ayant à l'esprit la résolution du Sommet de Québec sur le Moyen-Orient,

Réaffirmant leur reconnaissance du droit à l'autodétermination du peuple palestinien,

Soulignant la nécessité urgente de parvenir à un règlement juste et global au Moyen-Orient qui prévoit une coexistence pacifique de tous les Etats de la région,

Soucieux de l'apaisement des tensions dans cette région,

Convaincus que l'instauration de la paix au Moyen-Orient serait de nature à renforcer la détente et à contribuer ainsi à la paix et la sécurité internationales,

Considérant que les concessions faites par l'OLP portant notamment sur la reconnaissance formelle des résolutions 242 (1967) et 338 (1973) du Conseil de Sécurité constituent une contribution positive à un règlement pacifique des conflits dans la région,

S'engagent à oeuvrer en vue de la convocation d'une Conférence internationale de la paix sur le Moyen-Orient, sous les auspices des Nations unies, avec la participation de toutes les parties concernées y compris l'OLP ainsi que les cinq membres permanents du Conseil de Sécurité, conformément aux résolutions 242 et 338;

Décident d'appuyer les efforts déployés par certains Etats et par le Secrétaire général de l'ONU en vue de la convocation rapide de cette conférence.

Rés. n° 6 :

Résolution sur les droits fondamentaux

Les chefs d'Etat, de gouvernement et de délégation des pays ayant en commun l'usage du français,

Constatant que l'épanouissement de la dignité humaine comme le **respect des droits de la personne** sont une aspiration commune à tous nos Etats et sont devenus des objectifs fondamentaux pour l'ensemble de la Communauté internationale,

Considérant qu'aux droits de l'individu doivent correspondre les droits des peuples,

Reconnaissant que le droit au développement est inséparable du **droit à la vie et à la liberté,**

S'inspirant en ce **bicentenaire** de la révolution française, des principes qui ont conduit à la déclaration universelle des droits de l'homme,

Décident d'en appeler au respect **des droits de la personne** comme au respect du droit au développement et, en celà, tant à l'intérieur qu'à l'extérieur de notre Communauté.

Rés. n° 18 :

Déclaration de Dakar

Nous, chefs d'Etat, de gouvernement et de délégation réunis à Dakar, les 24, 25 et 26 mai 1989,

Considérant après Paris et Québec, que notre communauté francophone se fondant, d'une part sur l'usage en commun de la langue française, d'autre part sur la richesse et la diversité de ses traditions, de ses langues et de ses cultures, est devenue une réalité politique, économique et culturelle fondamentale dans la vie de nos Etats et en même temps un facteur d'équilibre entre les Nations,

Considérant que les Sommets sont le lieu privilégié d'expression et de renouvellement d'une solidarité essentielle pour la construction d'un espace commun francophone de dialogue et de coopération,

Considérant que c'est le contenu concret des réalisations qui fera la valeur de notre projet et que la consolidation de l'espace francophone passe par une coopération multilatérale exemplaire qui se fonde sur l'action et la modernité,

A ces fins, nous, chefs d'Etat et de gouvernement,

Réaffirmons notre volonté de continuer de développer au sein de notre espace commun de solidarité et de coopération, des actions concrètes et significatives, multilatérales et multiformes pour relever les défis de notre temps dans les domaines de l'agriculture et de l'environnement, de l'énergie, de la culture et de la communication, de l'information scientifique et du développement technologique, des industries de la langue, de l'éducation et de la formation,

Décidons que l'éducation et la formation constituent un domaine stratégique d'intervention, à la fois pour la préservation et la diffusion, tant de la langue française que des langues et cultures nationales, pour la consolidation de la communauté francophone en favorisant la compréhension et l'adhésion de la jeunesse à nos objectifs pour la réalisation du développement économique des Nations;

Prenons solennellement l'engagement de contribuer à la création d'un contexte économique international plus équitable, aux fins de promouvoir, dans les pays en développement, membres de notre communauté, un processus d'amélioration de leur situation économique;

Nous félicitons du renforcement de la fonction et du rôle de l'Agence de Coopération culturelle et technique dans la dynamique des Sommets, qui constitue un jalon essentiel dans l'ancrage d'une francophonie multilatérale.

Incitons les autres instances internationales à partager notre volonté politique commune, de créer et de développer une pareille dynamique favorable à la promotion des relations culturelles, économiques, scientifiques et technologiques et d'oeuvrer à l'instauration d'une paix solide et durable dans le monde.

Annexe 2

PAYS ENTIEREMENT OU PARTIELLEMENT DE LANGUE FRANÇAISE AYANT ADHÉRÉ AUX TRAITÉS INTERNATIONAUX ET RÉGIONAUX RELATIFS AUX DROITS DE LA PERSONNE[1]

	Pacte intern. rel. aux droits économiques sociaux et culturels (1976)	Pacte intern. rel. aux droits civils et politiques (1976)	Protocole facultatif du Pacte intern. rel. aux droits civils et politiques (1976)	Convention contre la torture et autres traitements cruels, inhumains ou dégradants (1987)	
Belgique	S	X		S	CEDH/X
Bénin					CADHP/X
Burkina Faso					CADHP/X
Burundi					
Cameroun	X	X	X	X	CADHP/S
Canada	X	X	X	X	
Cap Vert					CADHP/X
Congo	X	X	X		CADHP/X
Côte d'Ivoire					
Dominique					
Djibouti					
Egypte	X	X		X	CADHP/X
France	X	X	X	X	CEDH/X
Gabon	X	X		S	CADHP/X
Guinée	X	X	S	S	CADHP/X
Guinée-Bissau					CADHP/X
Guinée Equatoriale	X	X	X		CADHP/X

---

1 Cette annexe est extraite du Rapport d'Amnesty International, *Violations des droits de l'homme dans l'espace francophone international*, Dakar, 24-27 mai 1989.

	Pacte intern. rel. aux droits économiques sociaux et culturels (1976)	Pacte intern. rel. aux droits civils et politiques (1976)	Protocole facultatif du Pacte intern. rel. aux droits civils et politiques (1976)	Convention contre la torture et autres traitements cruels, inhumains ou dégradants (1987)	
Haïti					CADH/X
Laos					
Liban	X	X			
Luxembourg	X	X	X	X	CEDH/X
Madagascar	X	X	X		
Mali	X	X			CADHP/X
Maroc	X	X		S	
Mauritanie					CADHP/X
Monaco					
Niger	X	X	X		CADHP/X
Rép. Centrafricaine	X	X	X		CADHP/X
Rwanda	X	X		X	CADHP/X
Ste-Lucie					
Sénégal	X	X	X	X	CADHP/X
Seychelles					
Suisse				X	CEDH/X
Tchad					CADHP/X
Togo	X	X	X	X	CADHP/X
Tunisie	X	X		X	CADHP/X
Vièt-Nam	X	X			
Zaïre	X	X	X		CADHP/X

Légende :

CADHP : Charte africaine des droits de l'homme et des peuples, entrée en vigueur le 21.01.86

CEDH : Convention européenne des droits de l'homme, entrée en vigueur le 03.09.53

CADH : Convention américaine des droits de l'homme, entrée en vigueur le 18.07.78

X : Ratification ou adhésion

S : Signature

LA PEINE DE MORT DANS LES PAYS FRANCOPHONES[2]

Pays abolitionnistes pour tout crime

(Pays dont les lois ne prévoient pas la peine de mort)

France, Haïti, Luxembourg, Monaco, Vanuatu.

Pays partiellement abolitionnistes

(Pays dont les lois ne prévoient la peine de mort qu'en des circonstances exceptionnelles comme en période de guerre ou pour des crimes relevant de la loi militaire)

Canada, Seychelles, Suisse.

Pays abolitionnistes en pratique

(Pays dont les lois prévoient la peine de mort, mais qui ne la mettent pas en pratique)

Belgique, Comores, Côte d'Ivoire, Djibouti, Madagascar, Niger, Sénégal, Togo.

Pays non abolitionnistes

(Pays qui recourent à la peine de mort)

Algérie, Bénin, Burkina Faso, Burundi, Cameroun, Congo, Dominique, Egypte, Gabon, Guinée, Guinée-Bissau, Laos, Liban, Mali, Maroc, Maurice, Mauritanie, République centrafricaine, Rwanda, Sainte-Lucie, Syrie, Tchad, Tunisie, Viêt-Nam, Zaïre.

---

2   Ces données sont également extraites du Rapport d'Amnesty International, *op. cit.*

Annexe 3

INSTRUMENTS INTERNATIONAUX RELATIFS
AUX DROITS DE L'HOMME[1]
Conventions

Conventions générales

Universelles

1. Pacte international relatif aux droits économiques, sociaux et culturels (ONU), 16 décembre 1966 : entrée en vigueur le 3 janvier 1976.

2. Pacte international relatif aux droits civils et politiques (ONU), 16 décembre 1966 : entrée en vigueur le 23 mars 1976.

3. Protocole facultatif se rapportant au Pacte international relatif aux droits civils et politiques (ONU), 16 décembre 1966 : entrée en vigueur le 23 mars 1976.

Régionales

4. Convention européenne des droits de l'homme, 4 novembre 1950 : entrée en vigueur le 3 septembre 1953.

4a. Protocole additionnel à la Convention européenne des droits de l'homme, 20 mars 1952 : entrée en vigueur le 18 mai 1954.

4b. Protocole n° 2 à la Convention européenne des droits de l'homme, attribuant à la Cour européenne des droits de l'homme la compétence de donner des avis consultatifs, 6 mai 1963 : entrée en vigueur le 21 septembre 1970.

4c. Protocole n° 3 à la Convention européenne des droits de l'homme, modifiant les articles 29, 30 et 34 de la Convention, 6 mai 1963 : entrée en vigueur le 21 septembre 1970.

---

[1] Cette annexe est extraite de J.-B. MARIE, *Glossaire des droits de l'homme*, Paris, Editions de la Maison des sciences de l'homme, 1981, pp. 329-339.

4d. Protocole n° 4 à la Convention européenne des droits de l'homme, reconnaissant certains droits et libertés autres que ceux figurant déjà dans la Convention et dans le premier protocole additionnel à la Convention, 16 septembre 1963 : entrée en vigueur le 2 mai 1968.

4e. Protocole n° 5 à la Convention européenne des droits de l'homme modifiant les articles 22 et 40 de la Convention, 20 janvier 1966 : entrée en vigueur le 20 décembre 1971.

5.   Accord européen concernant les personnes participant aux procédures devant la Commission et la Cour européenne des droits de l'homme, 6 mai 1969 : entrée en vigueur le 17 avril 1971.

6.   Charte sociale européenne, 18 octobre 1961 : entrée en vigueur le 26 février 1965.

7.   Convention américaine relative aux droits de l'homme (OEA) 22 novembre 1969 : entrée en vigueur le 18 juillet 1978.

Conventions spécifiques

Génocides, crimes de guerre, crimes contre l'humanité

8.   Convention pour la prévention et la répression du crime de génocide (ONU), 9 décembre 1948 : entrée en vigueur le 12 janvier 1951.

9.   Convention sur l'imprescriptibilité des crimes de guerre et des crimes contre l'humanité (ONU), 26 novembre 1968 : entrée en vigueur le 11 novembre 1970.

10. Convention européenne sur l'imprescriptibilité des crimes contre l'humanité et des crimes de guerre, 25 janvier 1974 : pas en vigueur.

Esclavage, traite des êtres humains, travail forcé

11. Convention relative à l'esclavage, signée à Genève le 25 septembre 1926, et amendée par le protocole en date du 7 décembre 1953 (ONU) : entrée en vigueur le 7 juillet 1955.

12. Convention supplémentaire relative à l'abolition de l'esclavage, de la traite des esclaves et des institutions et pratiques analogues à l'esclavage (ONU), 7 septembre 1956 : entrée en vigueur le 30 avril 1957.

13. Convention pour la répression de la traite des êtres humains et de l'exploitation de la prostitution d'autrui (ONU), 21 mars 1950 : entrée en vigueur le 25 juillet 1951.

14. Convention de l'OIT (n° 29) concernant le travail forcé, 1930 : entrée en vigueur le 1er mai 1932.

15. Convention de l'OIT (n° 105) concernant l'abolition du travail forcé, 25 juin 1957 : entrée en vigueur le 17 janvier 1959.

Asile

16. Convention de l'OEA sur l'asile, 20 février 1928 : entrée en vigueur le 21 mai 1929.

17. Convention de l'OEA sur l'asile politique, 26 décembre 1933 : entrée en vigueur le 28 mars 1935.

18. Convention de l'OEA sur l'asile diplomatique, 28 mars 1954 : entrée en vigueur le 29 décembre 1954.

19. Convention de l'OEA sur l'asile territorial, 28 mars 1954 : entrée en vigueur le 29 décembre 1954.

Liberté de l'information

20. Convention relative au droit international de rectification (ONU), 31 mars 1953 : entrée en vigueur le 24 août 1962.

Conventions relatives à la protection catégorielle

Etrangers, réfugiés, apatrides

21. Convention relative au statut des apatrides (ONU), 28 septembre 1954 : entrée en vigueur le 6 juin 1960.

22. Convention sur la réduction des cas d'apatridie (ONU), 30 août 1961 : entrée en vigueur le 13 décembre 1975.

23. Convention relative au statut des réfugiés (ONU), 31 janvier 1967 : entrée en vigueur le 22 avril 1954.

23a. Protocole relatif au statut des réfugiés (ONU), 31 janvier 1967 : entrée en vigueur le 4 octobre 1967.

24. Convention de l'OUA régissant les aspects propres aux problèmes des réfugiés en Afrique, 10 septembre 1969 : entrée en vigueur le 20 juin 1974.

Travailleurs

25. Convention de l'OIT (n° 87) concernant la liberté syndicale et la protection du droit syndical, 9 juillet 1948 : entrée en vigueur le 4 juillet 1950.

26. Convention de l'OIT (n° 98) concernant l'application des principes du droit d'organisation et de négociation collective, 1er juillet 1949 : entrée en vigueur le 18 juillet 1951.

27. Convention de l'OIT (n° 122) concernant la politique de l'emploi, 9 juillet 1964 : entrée en vigueur le 15 juillet 1966.

28. Convention de l'OIT (n° 135) concernant la protection des représentants des travailleurs dans l'entreprise et les facilités à leur accorder, 23 juin 1971 : entrée en vigueur le 30 juin 1973.

Femmes

29. Convention sur les droits politiques de la femme (ONU), 31 mars 1953 : entrée en vigueur le 7 juillet 1954.

30. Convention sur la nationalité de la femme mariée (ONU), 20 février 1957 : entrée en vigueur le 11 août 1958.

31. Convention sur le consentement au mariage, l'âge minimum de mariage et l'enregistrement des mariages (ONU), 10 décembre 1962 : entrée en vigueur le 9 décembre 1964.

32. Convention interaméricaine sur la concession des droits politiques à la femme (OEA), 2 mai 1948.

33. Convention interaméricaine sur la concession des droits civils à la femme (OEA), 2 mai 1948.

34. Convention de l'OEA sur la nationalité de la femme, 26 décembre 1933 : entrée en vigueur le 29 août 1934.

Combattants, prisonniers et personnes civiles en temps de conflit armé

35. Convention de Genève pour l'amélioration du sort des blessés et des malades dans les forces armées en campagne, 12 août 1949.

36. Convention de Genève pour l'amélioration des blessés, des malades et des naufragés des forces armées sur mer, 12 août 1949.

37. Convention de Genève relative au traitement des prisonniers de guerre, 12 août 1949.

38. Convention de Genève relative à la protection des personnes civiles en temps de guerre, 12 août 1949.

39. Protocole additionnel aux Conventions de Genève du 12 août 1949 relatif à la protection des victimes des conflits armés internationaux (Protocole I), 10 juin 1977.

40. Protocole additionnel aux Conventions de Genève du 12 août 1949 relatif à la protection des victimes des conflits armés non internationaux (Protocole II), 10 juin 1977.

Conventions relatives aux discriminations

41. Convention internationale sur l'élimination de toutes les formes de discrimination raciale (ONU), 21 décembre 1965 : entrée en vigueur le 4 janvier 1969.

42. Convention internationale sur l'élimination et la répression du crime d'apartheid (ONU), 30 novembre 1973 : entrée en vigueur le 18 juillet 1976.

43. Convention de l'OIT (n° 100) concernant l'égalité de rémunération entre la main-d'oeuvre masculine et la main-d'oeuvre féminine pour un travail de valeur égale, 29 juin 1951 : entrée en vigueur le 23 mai 1953.

44. Convention de l'Unesco concernant la lutte contre la discrimination dans le domaine de l'enseignement, 14 décembre 1960 : entrée en vigueur le 22 mai 1962.

44a. Protocole instituant une Commission de conciliation et de bons offices chargée de rechercher la solution des différends qui naîtraient entre Etats parties à la Convention concernant la lutte contre la discrimination dans le domaine de l'enseignement, 10 décembre 1962 : entrée en vigueur le 24 octobre 1968.

45. Convention de l'OIT (n° 111) concernant la discrimination en matière d'emploi et de profession, 25 juin 1958 : entrée en vigueur le 15 juin 1960.

46. Convention sur l'élimination de toutes les formes de discrimination à l'égard des femmes (ONU), 18 décembre 1979.

Déclarations

Déclarations générales

1. Déclaration universelle des droits de l'homme (ONU), 10 décembre 1948.

2. Déclaration américaine des droits et devoirs de l'homme (OEA), 2 mai 1948.

Déclarations spécifiques

3. Déclaration sur l'octroi de l'indépendance aux pays et aux peuples coloniaux (ONU), 14 décembre 1960.

4. Déclaration sur la race et les préjugés raciaux (UNESCO), 27 novembre 1978.

5. Déclaration sur la protection de toutes les personnes contre la torture et autres peines ou traitements cruels, inhumains ou dégradants (ONU), 9 décembre 1975.

6. Déclaration sur l'asile territorial (ONU), 14 décembre 1967.

7. Déclaration sur le progrès et le développement dans le domaine social (ONU), 11 décembre 1969.

8. Déclaration universelle pour l'élimination définitive de la faim et de la malnutrition (ONU), 17 décembre 1974.

9. Déclaration sur l'utilisation du progrès de la science et de la technique dans l'intérêt de la paix et au profit de l'humanité (ONU), 10 novembre 1975.

10. Déclaration concernant la promotion parmi les jeunes des idéaux de paix, de respect mutuel et de compréhension entre les peuples (ONU), 7 décembre 1965.

11. Déclaration des principes de la coopération culturelle internationale (UNESCO), 4 novembre 1966.

Déclarations relatives à la protection catégorielle

12. Déclaration des droits de l'enfant (ONU), 20 novembre 1959.

13. Déclaration sur la protection des femmes et des enfants en période d'urgence et de conflit armé (ONU), 14 décembre 1974.

14. Déclaration des droits du déficient mental (ONU), 20 décembre 1971.

15. Déclaration des droits des personnes handicapées (ONU), 9 décembre 1975.

16. Ensemble des règles minima pour le traitement des détenus (ONU), 1955.

Déclarations relatives aux discriminations

17. Déclaration des Nations unies sur l'élimination de toutes les formes de discrimination raciale, 20 novembre 1963.

18. Déclaration sur l'élimination de la discrimination à l'égard des femmes (ONU), 7 novembre 1967.

TABLE DES MATIERES

Troisième partie
FRANCOPHONIE ET DROITS FONDAMENTAUX

Quatrième partie
CEE, PAYS TIERS ET DROITS FONDAMENTAUX